東京都主任試験

# 「法律科目」
# 【過去問・要点整理】

[過去の出題を体系的に整理]

- ●地方自治法
- ●財務会計
- ●地方公務員法
- ●行政法
- ●憲法

昇任・昇格試験スタンダード研究会

公人の友社

# はしがき

「一冊を勉強すれば、択一法律がＯＫの本が欲しい」。

そんな受験者の声に応えるために、本書を作成した。

確かに、第一戦の現場の職員は忙しい。主任試験候補の職員たちには、日々の仕事にも頑張らなければならないし、雑用も結構多いのである。主任試験の受験を薦められても、受験準備のための時間が持てない。そんな悩める職員のためにと、『東京都主任試験「法律分野」【過去問・要点整理】』を編集した。

ご存知のように、択一は、基本的には職員ハンドブックから出題される。でも、職員ハンドブックに掲載されていない憲法、行政法などからも出題される。本書では、地方公務員法、地方自治法、財務会計、行政法、憲法、各種法令等についての要点を整理した。

おおむね、この一冊で法に関連する用が足りるようにした。

言うならば、択一問題に必要な法律知識を、「過去10年間の出題を体系的に整理した一冊」と思ってもらいたい。他の基本書を利用することも一つであるが、多忙な職員には、これ一冊で勝負と思ってもらってもいいのではないかと思う。

まずは、本書を一読してから、そして問題集に当たってもらいたい。問題集はどれでもよい。本書を問題集と並行して利用することにより、知識の確認を行うことができると考える。

択一問題55問のうち75％は、今般整理した法律分野から出題されている。そんなことも念頭に、紹介されている分野に力点を置いて、読み込んでもらいたい。

本書が、主任試験に挑戦する職員の皆様の一助になれれば、幸甚である。


昇任・昇格試験スタンダード研究会

# 目 次

## 1 地方自治法

## 2　財務会計

## 3　地方公務員法

# 4 行政法

# 5 憲法

# 1　地方自治法

## ■ 1　地方自治の意義

● 憲法と地方自治 ——憲法は、地方自治の重要性にかんがみ、1章を設けて地方自治に関する基本原則を規定している。

□憲法92条は、地方公共団体の組織及び運営に関する事項については、「地方自治の本旨」に基づいて、「法律」で定めるとしている。（18出）

・憲法で規定する「地方自治の本旨」は、自治体に自治権を保障する「団体自治」と、住民に地方自治参加の権利を保障する「住民自治」から成り立っている。

□憲法93条①は、地方公共団体に「議会」を設置しなければならないとしている。

□憲法93条②は、地方公共団体の組織は、いわゆる「首長制（大統領制）」を採用するとしている。そして地方公共団体の長と議員は住民が直接選挙するとしている。

・一部事務組合の議員の選挙方法は「規約」によるとされている。規約で定めれば住民の直接選挙が可能であるが、「直接選挙の規定はない」。（18出）

□憲法94条は、地方公共団体の「行政権」として財産の管理、事務の処理、行政の執行と、「立法権」としての条例制定権を保障している。だが「司法権はない」。

□憲法95条は、「一の地方公共団体」のみに適用される「特別法」は、住民の投票に付し、過半数の同意がなければ制定できないとしている。（18出）

・憲法95条に基づく特別法としては、「首都建設法」や「広島平和祈念都市建設法」などがある。

● 団体自治と住民自治

□ 団体自治 ——団体自治とは、地方公共団体の事務の処理が住民によって構成され、国家から独立したものとして認められる地域的団体を通して行われ、その団体自身の機関により、団体の名と責任において行われる。

・団体自治とは、国等による地域団体への関与を必要最小限度にとどめて、地方公共団体の事務は地域団体の創意と責任において処理させる考え方をいう。（18出）

・団体自治は国とは「別個」の団体、すなわち、地方公共団体が「組織」と「自治権」を持つ。

・団体自治は法的に独立し、「国の指揮監督等の関与をできるだけ排除する」。

□ 住民自治 ——住民自治とは、地方の政治や行政は「地域住民」がこれに参加し、住民自らの責任においてその運営を行う考え方をいう。（18出）

● 地方公共団体の種類 ——地方公共団体は、「普通地方公共団体」と「特別地方公共団体」の2種類に、さらに、「普通地方公共団体」は2層7種類（都道府県と市町村）、「特別地方公共団体」は3種類（特別区、地方公共団体の

組合及び財産区）に区分される。
・「特別区」は、市町村とは機能が若干異なる点もあるが、「基礎的な地方公共団体」として位置づけされている。（21出）
・「財産区」は、市町村及び特別区の「一部の区域」を構成要素とする特別地方公共団体であるから、複数の地方公共団体による設置ではない。（21出）
□市となる要件には、次のものがある。

| ① | 人口「5万以上」を有すること。 |
|---|---|
| ② | 中心の市街地を形成している区域内にある戸数が全戸数の「6割以上」であること。 |
| ③ | 商工業その他の都市的業態に従事する者及び同一世帯に属する者の数が全人口の「6割以上」であること。 |

・指定都市——指定都市は、人口「50万以上」の政令で定める市であり、都道府県が法律又は政令で定めるところにより処理する事務の一部を処理する権能が認められている。（21出）
・中核市——中核市は普通地方公共団体の一つであり、人口「20万以上」の政令で指定する市である。（21出）
・特例市は、「廃止」されている。（21出）
□町となる要件には、「都道府県の条例」に定める町としての要件を備えていることがある。
□村となる要件は、「特にない」。
・人口は、成立要件であるが、存続要件ではない。その後人口が減っても市が町村になるわけではない。

## ■■ 2　地方公共団体の住民　■■

● 住民 とは、自治法10条1項「市町村の区域内に住所を有する者は、当該市町村及びこれを包括する都道府県の住民とする」。（22出・令3出）　いわゆる、本人の意思にかかわらず、「住所」を有する事実があれば「自治法上」、当然に住民である。
○ 自治法上の住民
　①住民は、「自然人」、「法人」を問わない。（22出）
　②自然人については、性別、年齢、行為能力の有無を問わない。
　③住民は、日本人であると「外国人」とを問わない。
　③住民は、選挙権などの有無を問わない。
　④住民は、住民登録の有無を問わない。（22出）ただし、法人や外国人には次の制限がある。
　□法人には、住民としての権利義務に制限がある。

□外国人には、選挙権、被選挙権や直接請求権の行使等に制限がある。

○ 住所認定

□自然人の住所は、生活の本拠地をもって住所としている。（民法 22 条）

□法人の住所は、主たる事務所の所在地（民法 50 条、一般社団法人・一般財団法人法 4 条）、会社法による法人は本店の所在地（会社法 4 条）をもって住所としている。

○ 住民記録 ——自治法は、「市町村」は別に法律に定めるところにより、その住民の住民たる地位に関する正確な記録を整備して置かなければならない。この規定で「住民基本台帳法」が定められている。

・住民基本台帳は、住民の居住関係の公証、選挙人名簿の登録その他住民に関する事務処理の基礎となる。

○ 住民の権利義務 ——住民は、その属する地方公共団体の役務の提供を等しく受ける権利を有する権利と（22 出）、その負担を分任する義務を有している。

・負担には、地方税のほか使用料や手数料も含まれる。（22 出）

・住民は、法律の定めるところにより、その属する地方公共団体の選挙に参与する権利を有する。（22 出）

## ■ 3　地方公共団体の名称と事務所

● 地方公共団体の名称 ——名称は、次のように定められる。

□都道府県の名称は・・・・・・・・・・・・・・・・・「法律」で定められる。

・この法律は、憲法 95 条の特別法として住民投票に付される。（30 出）

□市町村、特別区、財産区の名称は・・・・・・・・・・「条例」で定められる。

・協議——市町村及び特別区の名称を変更するときは条例で定められるが、条例を定める前にあらかじめ知事に協議する必要がある。（30 出）

・知事は、市町村の名称変更の協議があった場合に、その名称が不穏当である場合や当該条例の議決そのものが違法又は無効であるときには、認めないことができる。

・手続——市町村及び特別区の名称を変更したときは、直ちに「知事」に変更後の名称及び名称変更日を「報告」しなければならない。（30 出）

・知事は、名称変更の報告を受けたときは「総務大臣に報告し」、通知を受けたとき総務大臣は、直ちにその旨を「告示」するとともに、これを国の関係行政機関の長に通知しなければならない。

・名称変更に伴う総務大臣の告示は効力要件ではない。

○町・字の名称——市町村区域内の町若しくは字の名称変更は自治法 260 条による。

- 市町村の区域内の町又は字の名称を「変更」しようとするときは、当該市町村の議会の議決を経る手続規定があるが、「条例で定める必要はない」。(30出)
- 市町村の区域内の町・字を「廃止」しようとするときは、当該市町村長が当該市町村の議会の議決を経て定めるとともに、「市町村長」は当該処分について告示しなければならない。「知事に届け出る規定はない」。(令元出)

□地方公共団体の組合・・・・・・・・・・・・・・・・・・「規約で定められる」
- 地方公共団体の組合の名称を変更するときは、「規約」で定め、名称の変更は、総務大臣又は知事への協議を必要とせず、変更後の届出で足りる。(30出)

● 地方公共団体の事務所──事務所は、住民の便利性を考慮し、交通事情、他の官公庁との関係等に適当な配慮を払うべきことから、事務所の位置の決定及び変更には慎重な手続を必要としている。
- 条例事項──都道府県、市町村及び特別区は、当該団体の「事務所」(庁舎)の位置を定め又は変更するときは、当該議会で「出席議員の3分の2以上」の同意を得て「条例」で定める。

○ 行政機関の施設
□都道府県は「支庁」及び「地方事務所」を、市町村は「支所」及び「出張所」、地域自治区の事務所を「条例」で設置できる。この条例の議決は「過半数」の議決で足りる。
□地方公共団体は、「その他の施設」として、「法律又は条例」の定めるところにより、「保健所」、「警察署」「その他の行政機関」を設置できる。この条例の議決は「過半数」の議決で足りる。

## 4 地方公共団体の区域

● 地方公共団体の区域 は、住民の範囲及び自治権の及ぶ範囲を地域的に確定するものである。(27出)
- 区域の範囲は、「陸地」だけでなく、「河川」「湖沼」などの水面、「領海」「上空」「地下」にも及ぶ。(令元出)
- 都道府県は、市町村を包括し、都道府県にある市町村の区域を合わせたものが都道府県の区域となる。
● 区域の変更 には、「廃置分合」、「境界変更」及び「所属未定地域の編入」の3つがある。
① 廃置分合 ──廃置分合とは、地方公共団体の廃止や新設を伴う場合をいう。
- 種類──廃置分合は、法人格の変動を伴う区域の変更で、地方公共団体の新設又は廃止を伴う区域の変更をいい、「分割」「分立」「合体」「編入」の4つ

の種類がある。(令3出)

□ 分割 とは、一の地方公共団体を廃止して、その区域を分けて、新たに数個の地方公共団体を設置することをいう。

□ 分立 とは、一の地方公共団体の一部を分けて、その区域をもって新たな地方公共団体を設置することをいう。(令元出)

□ 合体 とは、二つ以上の地方公共団体を廃止して、その区域をもって一の地方公共団体を設置することをいう。

□ 編入 とは、ある地方公共団体を廃止して、その区域を既存の他の地方公共団体の区域に編入することをいう。

② 境界変更 ——境界変更とは、地方公共団体の新設又は廃止を伴わない、単に境界の変更を生ずるに止まる場合をいう。すなわち、「法人格の変動は伴わない場合」をいう。(令3出)

③ 所属未定地域の編入 ——所属未定地域の編入とは、「従来どの地方公共団体の区域に属さなかった地域を地方公共団体の区域に編入する場合」と、「市町村の区域に新たな土地が生じた場合」の編入をいう。

□従来どの自治体にも属さなかった区域——「内閣が決定する」。

・従来地方公共団体の区域に属しなかった地域を市町村の区域に編入した場合において財産処分を必要とするときは、「関係地方公共団体が協議」して定める。(22出)

□市町村に新たな土地が生じた区域——「知事が告示する」。

・海底隆起や埋立地などにより新たな区域が生じたときは、市町村長は、当該議会の議決を経て「知事」に届け出て、「知事が告示する」ことで決定される。(27出)


● 区域変更の手続

■ 都道府県の場合 ——都道府県の廃置分合及び境界変更は、「法律」で定められる。(22出・27出・令元出)この法律は、憲法95条の特別法に該当し、「住民投票」による過半数の同意が必要である。(令元出)

○ 例外 ——都道府県の場合には、次の2つの「例外」がある。

□自動的変更——都道府県の境界にわたる「市町村の境界変更」があるとき、又は「所属未定地域を市町村の区域に編入」したときは、都道府県の境界も自動的に変更される。

□申請に基づく変更——都道府県の境界にわたる市町村の境界変更は、都道府県の境界変更を伴うため、「関係都道府県」と「市町村」の「申請」に基づき、「総務大臣が定める」。

○申請に基づく都道府県合併(自治法6条の2)——上述のほか、「①2つ以上の都道府県の廃止及びそれらの区域の全部による一の都道府県の設置」、又は

「②都道府県の廃止及びその区域の全部の他の一の都道府県の区域への編入」は、関係都道府県の「申請」に基づき、「内閣」が「国会の承認」を経て定める。

・当該申請には、関係都道府県の議会の議決を経る必要がある。また申請は、総務大臣を経由して行う。

・処分があったときは、総務大臣は直ちにその旨を告示しなければならない。告示によって効力が生ずる。

・財産処分──都道府県の廃置分合又は境界変更において財産処分を必要とするときは、法律に特別の定めがある場合を除き、関係地方公共団体が「協議」してこれを定め、この協議については関係地方公共団体の議会の議決を経なければならない。（24出・令元出）

■　市町村の場合

①市町村の廃置分合及び境界変更は、関係市町村の「申請」に基づき「知事」が当該議会の議決を経て定める。（27出）なお、「市」の「廃置分合」については、知事はあらかじめ総務大臣と協議し、同意を得なければならない。（22出・令3出）

②知事は、市町村の廃置分合又は境界変更の処分を行ったときは、直ちにその旨を総務大臣に届け出る必要がある。それを受理した総務大臣が告示する。（24出・令3出）区域変更の効力は「告示」によって生じる。（24出）

●　市町村の境界の調停及び裁定

□市町村の境界に争いが「ない」ときは、知事が関係市町村の意見を聴いて決定し（その意見については関係市町村の議会の議決を経る）、知事は直ちにその旨を総務大臣に届け出る必要がある。（27出）

□市町村の境界に争いが「ある」ときは、知事は、「関係市町村の申請」に基づき「自治紛争処理委員」の調停に付することができる。（24出）

・裁定──上述の「調停により市町村の境界が確定しないとき」、又は境界争論があり「全ての関係市町村から知事に裁定を求める申請があるとき」は、「知事」が境界の裁定を行う。

・当該申請には、関係市町村の「議会の議決」を経なければならない。

・当該境界が確定した場合には、知事は直ちにその旨を「総務大臣」に届け出なければならない。届け出を受けた総務大臣が「告示」する。

・出訴──市町村の境界に関する知事の裁定に不服があるとき、関係市町村は、裁定書の交付を受けた日から「30日以内」に裁判所に「出訴」することができる。

●　公有水面の手続──公有水面とは、河川、海、湖水のほか、用排水路、池、沢、運河など公共の用に供する水面又は水流で、その基盤が国の所属に属するものをいう。

①公有水面のみに係る「市町村の境界変更」は、自治法7条1項の規定にかか

わらず、関係市町村の同意を得て「知事」が当該都道府県の議会の議決を経て定め、直ちにその旨を総務大臣に「届出」なければならない。

②公有水面のみに係る「市町村の境界変更で都道府県の境界にわたるもの」は、自治法7条3項の規定にかかわらず、関係地方公共団体の同意を得て「総務大臣が定める」。

③**争論がある場合**——公有水面のみに係る市町村の境界に関し「争論がある」ときは、自治法9条1項及び2項の規定にかかわらず、「知事」は申請に基づくことなく「職権により」、「自治紛争処理委員の調停」に付することができる。調停に付す際の国への協議規定はない。（22出）

・公有水面の当該自治紛争処理委員の調停により「市町村の境界が確定しないとき」、又は全ての関係市町村の「裁定の同意があるとき」は、「知事」は、関係市町村の意見を聴いて「裁定」できる。

・上述の裁定に不服ある市町村は、決定書の交付を受けた日から「30日以内」に出訴できる。

● 市町村の適正規模の勧告 ——知事は、市町村が規模の適正化を図るのを援助するため、市町村の廃置分合又は市町村の境界変更の「計画を定め」、これを関係市町村に「勧告」することができる。（22出・令3出）

## 5 自治法における選挙

○ 選挙権 ——議会の議員及び長の選挙権を有する者は、次の要件が必要である。

・**要件①**——①「日本国民」で、②「年齢満18歳以上」で、③「引き続き3か月以上」当該市町村の区域に住所を有する者は、議員及び長の選挙権を有する。（25出・令2出）

・**要件②**——選挙権を行使するためには、欠格事項に該当せず、かつ選挙人名簿に登録する必要がある。

・知事の選挙において選挙権を有する者が3箇月以内に同一都道府県内で2回以上住所を移したとしても、「住民基本台帳」に登録されている者は、選挙権を失わない。（令2出）

○ 被選挙権 ——議会の議員及び長の被選挙権を有するためには、次の要件が必要である。

・**要件**——被選挙権は、「立候補時点で」資格年齢に達している必要がある。（令2出）

□**議員**——議員は、「日本国民」で「年齢満25歳以上」である者は議員の被選挙権を有する。

□**知事**——知事は、「日本国民」で「年齢満30歳以上」の者は、都道府県の区

域内に住所を有しなくても、知事の被選挙権を有する。（25出・令2出）
□ **区市町村長**——区市町村長は、「日本国民」で「年齢満25歳以上」の者は、区市町村長の被選挙権を有する。「引き続き3箇月以上」の当該市町村の区域内に住所を有する要件を「必要としない」。（25出・令2出）
・**有効投票数**——議員又は長となるためには、「公職選挙法」の規定に基づく選挙において、所定の「有効投票数」（有効投票の総数の1/4）を取得する必要がある。

## ■ 6 地方公共団体の事務

● **地方公共団体の事務**——地方公共団体は、「地域における事務」及びその他の事務で法律又はこれに基づく政令により処理するものを処理する。（29出）
・地方公共団体の事務は、自治事務と法定受託事務とに分かれる。地方公共団体が処理する事務のうち、「法定受託事務以外の事務を自治事務という」。（29出）
・法定受託事務は、さらに第一号法定受託事務と第二号法定受託事務に分かれる。

○ **都道府県と市町村の事務分担**
□ 「都道府県」は、普通地方公共団体の事務のうち、①広域にわたるもの、②市町村の連絡調整に関するもの、③その規模又は性質において市町村が処理することが適当でないものを処理する。（22出）
□ 「市町村」は、普通地方公共団体の事務のうち、都道府県が処理する事務を除いた事務を処理する。ただし都道府県の事務のうち、その「規模又は性質」において市町村が処理することが適当でないと認められる事務は、当該市町村の規模や能力に応じて処理できる。

○ **事務の特徴**
① **事務の位置づけ**——事務は、「自治事務」と「法定受託事務」の2つに区分されている。「固有事務、団体委任事務及び行政事務」に区分されていたのは、法改正前の区分である。（令4出）
□ **自治事務**は、普通地方公共団体が処理する事務のうち法定受託事務を除いた事務である。（控除方式である。）自治事務の具体的な事務の種類は、自治法の別表に列挙されていない。（20出）
□ **法定受託事務**のうち、第一号法定受託事務は「国」が本来果たすべき役割に係る事務であり、第二号法定受託事務は「都道府県」が本来果たすべき役割に係る事務である。（20出・26出）
・**第一号**——「第一号法定受託事務」は、法令により「都道府県」及び「市町村」が処理する事務である。この事務は、国が本来果たすべき事務であり、かつ「国」において適正な処理を確保する必要がある事務である。（22出・29出・令4出）

- 第二号——「第二号法定受託事務」は、法令により市町村が処理する事務のうち、都道府県が本来果たすべき事務であり、かつ都道府県において適正な処理を確保する必要がある事務である。（22出）
- 処理基準——各大臣は、所管に属する「法定受託事務」に関して、都道府県及び市町村が事務を処理するに当たりよるべき「処理基準」を定めることができる。（20出・29出・令4出）処理基準は法定受託事務に限られる。（26出）
- 自治事務も法定受託事務も、ともに、当該地方公共団体の事務として処理される。

②条例の制定——自治事務も法定受託事務も、ともに、法令の根拠の有無を問わず、法令に違反しない限り条例で制定することができる。（20出・29出・令4出）

③法令等との関係——自治事務も法定受託事務も、ともに、法令に違反して事務を処理してはならない。これに反する行為は「無効」となる。

- 関与——「各大臣」は、市町村の自治事務の処理が法令の規定に違反していると認める場合、又は著しく適正を欠きかつ明らかに公益を害していると認める場合に、「緊急を要するときその他特に必要があると認めるとき」は、自ら当該市町村に対し違反の是正又は改善のため必要な措置を講ずべきことを求めることができる。（26出）

④議会等との関係——

□自治事務は、議会の権限（議会の検査権等）及び監査の権限については、「労働委員会の権限事務」及び「収用委員会の権限事務」を除き「原則として及ぶ」。

□法定受託事務は、議会の権限（議会の検査権等）及び監査の権限については、「収用委員会の権限事務」のほか、「国の安全」「個人の秘密」に関する事務を除き「原則として及ぶ」。（26出）

⑤国への審査請求——「自治事務」は、原則として国の行政庁等に対する審査請求はできないが、「法定受託事務」は、国の行政庁等に対する行政不服審査法による審査請求が可能である。（26出）

- 法定受託事務に係る都道府県の執行機関の処分についての審査請求は、「他の法律に特別の定めがある場合を除くほか」、「当該処分に係る事務を規定する法律又はこれに基づく政令を所管する「各大臣」に対して行う」。（自治法255条の2②）（29出・令4出）

⑥代執行——「自治事務」は、原則として代執行を行わないようにしなければならないが、「法定受託事務」については、原則として代執行ができる。

⑦国家賠償法適用——「自治事務及び法定受託事務、ともに」、国家賠償法が適用される。

⑧条例による事務処理の特例——都道府県は、知事の権限に属する事務の一部について、市町村との協議の上、条例で定めるところにより、市町村が処理

することとすることができる。（20出）
○　国の配慮――国の直接執行は「自治事務のみにあり」、国が法律・政令により処理することとなる「自治事務」を定めるときには、国は、地方公共団体が地域の特性に応じて処理することができるように特に配慮することが自治法に明記されている。

●　事務処理の原則――自治法では、次の地方公共団体が行う事務処理の原則を定めている。
①法令適合の原則――法令適合の原則とは、地方公共団体は、法令に違反して事務を処理してはならないとする原則をいう。
・市町村及び特別区は、都道府県の条例に違反して事務を処理してはならず、法令及び都道府県条例に違反する行為は「無効」である。
②住民福祉の原則――住民福祉の原則とは、地方公共団体（都道府県及び市町村）は、住民の福祉の向上に努めなければならないとする原則をいう。（努力規定である）。（22出）
③能率化の原則――能率化の原則とは、地方公共団体は、「最少の経費で最大の効果」を挙げるように努めなければならないとする原則をいう。（努力規定である）。（22出）
④合理化の原則――合理化の原則とは、地方公共団体は、常に組織及び運営の「合理化」に努めるとする原則をいう。（努力規定である）。
・地方公共団体は、他の地方公共団体と協力して「規模を適正にする」。（努力規定である）。
・都道府県と市町村は、事務処理に当たって、相互に「競合」しないようにする。（努力規定である）。
⑤総合性・計画性の原則――総合性・計画性の原則とは、地域における行政を「自主的」かつ「総合的」に実施する役割を広く担うものとする原則をいう。
・この原則に基づく基本構想を定める義務規定は廃止されたが、基本構想を定めることはできる。

### 7　条例

●　条例――条例の制定権は「憲法」に由来する。憲法にいう「条例」は広義の条例であり、地方公共団体の自主法を総称する。
○制定事務――条例は、自治事務であろうと法定受託事務であろうと、法令に違反しない限り、「自治法第2条第2項の地方公共団体の事務」に関して制定できる。「法の委任を必要としない」。（25出・令3出）
・義務と制限――地方公共団体が住民に「義務を課し又は権利を制限する場合」

には、法令に定めがある場合を除き、必ず条例で定めなければならない。(20
出・25 出)

・長は、新たに予算を伴う条例案については、必要な予算上の措置が的確に講
ぜられる見込みが得られるまで、議会に提出できない。(28 出)

○内部的事項——地方公共団体の「内部的事項」を定めることは「長の権限」
であるが、自治法には地方公共団体の内部的事項に関して「条例」で定める
ことを義務づけるものがある。また自治法以外にも、例えば、地教行法、地
公法その他の法律において、この種の規定を持つものがある。

○長の専属的事項——地方公共団体の「長の専属的権限」に属する事項は、条
例で定めることができない。規則で定めることになる。(25 出)

○制約——条例は「法令」に違反してはならない。条例が法令に抵触するときは、
その限度で「無効」となる。

□上乗せ条例とは、法令による規制を上回る条例をいう。個々の法令の規定の
趣旨・目的等に照らし、違法かどうかで判断される。(20 出)

□横出し条例とは、法令の対象外の事項を規制の対象とする条例をいう。法令
と同一の目的で、法令の規制していない事項について規制する条例である。(20
出)

・法規性——条例は、一般に「法規的な性質を持つ」。

・優劣——条例と法律の間には原則として「優劣はない」。ただし、条例が法律
に抵触するときは無効となる。(22 出)

・都道府県の条例が義務を課し又は権利を制限する条例である場合には、市町
村条例に優先する。(28 出)

・市町村は、都道府県の条例に違反し事務処理ができない制約を受けることか
ら、市町村は、都道府県の条例に違反する内容の条例を制定することができ
ない。(20 出・23 出)

○条例による事務処理の特例——都道府県は、知事の権限に属する事務の一部
を、条例の定めるところにより、市町村が処理することとすることができる。
(22 出)


● 条例の制定手続

①条例の提案権——条例の提案権は、原則として「長」及び「議会の議員」・「委
員会」にある。(20 出・23 出・30 出)

・専属①——庁舎や出張所の「設置条例」や長の直近下位の「組織条例」の提
案権は、「長」に専属している。(20 出・23 出)

・専属②——議会の委員会条例や議会事務局の設置条例の提案権は、「議員又は
委員会」に専属している。

・議員の条例の提案権は、「議員定数の 12 分の 1 以上」の連署が必要である。

②**条例の議決**──条例は、原則として出席議員の「過半数」による。ただし、「事務所の設置条例」に限り、出席議員の「3分の2以上」の特別多数議決が必要である。(30出)

・**再議①**──条例の制定改廃の議決について異議がある場合、長は、その送付を受けた日から「10日以内」に「理由を示して」再議に付すことができる。(30出)

・**再議②**──条例の議決が越権又は違法である場合は、知事は「理由を示して」再議に付さなければならず、また、再議に付してもなお同一の議決がある場合には、総務大臣に審査の申し立てをすることができる。(30出)

③**条例の議決書の送付**──条例の制定改廃の議決があったとき、議会の議長は、議決日から「3日以内」に議決書を長に送付しなければならない。

④**公布**──条例は、公布によって条例としての効力が発生する。

・長は、条例の送付を受けた日から、「再議その他の措置を講じる場合を除き」、その日から「20日以内」に公布しなければならない。(23出)「20日以内」とされているのは「再議」が送付を受けた時から10日以内とする関係からである。

・公布に当たっては、長の署名が必要である。

⑤**施行**──条例は、特別の定めがある場合を除き、公布の日から「10日」を経過した日から「施行」される。(23出・30出・令3出) 例外として、施行は公布の日以前に遡ることもできる。(23出)

⑥**報告の廃止**──市町村は知事に、都道府県は総務大臣に報告する義務規定は「廃止」されている。

・**条例事項**──条例で定めるべき主なものには、次のものがある。
①地方公共団体の基本的な事項（都道府県以外の名称変更、事務所の位置、条例及び規則の公布）、②議会の組織、運営に関する事項（議員定数、議決事件を定める、委員会の設置）、③執行機関の組織に関する事項（附属機関の設置、職員定数）、④給与に関する事項（報酬及び費用弁償、給料、手当及び旅費）、⑤その他（分担金、使用料、加入金及び手数料、公の施設の「設置」及び「管理」）(23出・令4出)、・公の施設の管理運営者が行政委員会の場合も、条例で定める。(24出)

● **条例の効力** には、次の効力がある。

□**地域的効力**──条例及び規則は、原則として、当該地方公共団体の区域内に限定される。同時に、原則として、住民だけではなく、その地方公共団体の区域内にいる全ての人（旅行者等を含む）に対して効力が及ぶ場合がある。(24出・令3出)

・**例外**──条例が区域外において「当該住民以外の者」に対しても適用される場合がある。例えば、公の施設の区域外設置、事務の委託の場合、公租公課の強制徴収を行う場合がある。(28出)

□**属人的効力**——条例及び規則は、職員の給与や勤務時間に関する場合や情報公開条例における開示請求権のように、特定の人に追随して効力が及ぶ場合がある。

□**時間的効力**——条例及び規則は、一般的法令と同様に、公布、施行された日から執行又は廃止された日まで効力が及ぶ。

・条例は、公布及び施行時から効力が生じるが、ただし、住民の権利利益の侵害を生ずるようなことなく、むしろ、利益をもたらす場合には「遡及適用」が認められる。（23出・28出）

● 罰則 ——条例に違反した者に対して、「2年以下の懲役」若しくは「禁錮」、「100万円以下の罰金」、「拘留」、「科料」若しくは「没収の刑」又は「5万円以下の過料」を科する旨の規定を設けることができる。（20出・25出・28出・令3出）なお、令和7年から「懲役と禁錮を併せて」「拘禁刑」となる。

## ■■ 8 規則 ■■■■■■■■■

● 規則 ——憲法94条の条例は、一般的には、「自治立法権」を意味すると解されており、その自治立法権には「条例」及び「規則」がある。

・規則は、長が定めるもののほか、行政委員会や議会も、規則を定めることができる。（24出）

・「長」、「行政委員会」や「議会」は、法令又は当該団体の条例若しくは規則に違反しない限り、その権限に属する事務に関し規則その他の規程を定めることができる。（22出・29出・令元出）

・法令や条例に違反する規則は「無効」である。

・規則の制定には、議会の議決を必要としない。（27出・令元出・令4出）

○ 制定範囲 ——

①規則は、法令又は条例の委任等がなくても、住民の権利義務に関する法規たる性質を有するものを定めることができる。（令元出）例えば、公物管理権に基づくものを定めることもできる。

・「住民に義務を課し又は権利を制限する場合」は「条例事項」であり、規則で定めることはできない。（29出）

②規則は、地方公共団体「内部」の事務処理について定めることができる。内部の事務処理には「財務規則」や「事務分掌を定める規則」がある。これらは直接住民に関するものではなく、地方公共団体の内部的な組織及び運営に関する規定を内容とする。

③長は、「行政委員会の権限事項」について、規則を定めることはできない。（令4出）

・**事務**——規則は、自治事務であると法定受託事務であるとを問わず制定でき

る。（27 出・令元出）

- 優劣——条例と規則の間には原則として「優劣はない」。ただし、両者が抵触
  した場合は条例が優先する。
- 報告——規則は、条例と同様に、知事や総務大臣に対し報告する義務はない。
- 公布等①——規則は、条例と同様に、効力を発生させるためには公布手続が
  必要である。（22 出・29 出・令元出・令 4 出）
- 公布等②——規則は、法令又は条例に特別の定めがある場合を除き、公布の
  日から起算して「10 日」を経過した日から施行される。（29 出）
- 適用——規則は、制定する内容が適用を受ける者に「不利益な場合」には、
  条例の場合と同じく、遡及して適用することができない。（22 出・令元出）
- ○罰則——規則で、行政上の「秩序罰」としての性格の 5 万円以下の「過料」
  を定める規定を設けることができる。（22 出・27 出・29 出・令元出）　この
  過料は、地方公共団体の長が科する。
- 規則で「刑罰」を定める規定を設けることはできない。（29 出・令 4 出）、ただし、
  例外的に「法律の委任」がある場合に限り、刑罰を定めることができる。（24 出）
- 規則には「過料」の規定を設けることができるが、刑罰ではないため刑法総
  則は適用されない。過料については、地方税の滞納処分の例により「強制徴収」
  ができる。（令元出）
- ○効力——規則の効力は、原則として当該地方公共団体の区域内に限定される
  が（22 出）、その対象は当該団体の「住民に限られない」。
- 公の施設が区域外に設置され利用される場合は、区域外に効力が及ぶことも
  ある。（22 出・27 出）

## ■ 9　直接請求

- ● 直接請求 ——直接請求は、間接民主制を補完し、住民自治の理念を実現
  する手段として保障されている住民の参政権である。（令 2 出）
- [1] 条例の制定改廃請求 ——条例の制定改廃請求は、選挙権を有する者の総
  数の「50 分 1 以上」の連署をもって、その代表者から地方公共団体の「長」
  に請求される。（令 3 出）
- 請求事項——条例の制定改廃の請求は、地方税、分担金、使用料及び手数料
  の条例の制定改廃請求はできない。（27 出・29 出・令 3 出）使用料のうちに
  は地方公営企業の料金、学校の授業料も含まれ、条例の制定改廃請求はでき
  ない。ただし、「国民健康保険料」は直接請求の「対象となる」。
- 請求者——条例の制定改廃の請求者は、公職選挙法に基づき選挙人名簿に登
  録されている者に限られる。（27 出）
- 代表者①——条例の制定改廃請求の代表者は、「長」に代表者証明書の交付を

申請する。

- **代表者②**──代表者は、選挙権を有する者であり、その数は1人でも複数でも構わないが、「選挙管理委員会の委員」及び「選挙管理委員会の職員」に限り、代表者になることができない。
- **署名運動**──公務員に限らず、条例の制定改廃の請求者の署名に関し、その地位を利用して署名運動をした場合に、自治法74条の4に該当する場合には、罰則規定の適用を受けることがある。（23出）
- **受理**──長は請求を受理したときは、「直ちに」請求の要旨を公表し、受理日から「20日以内」に議会を招集し、「意見」を付して議会に付議しなければならない。（27出・29出・令2出）
- **議会**──議会の審議は、通常の議決手続により、条例案は「過半数」の議決により可否を決定する。議会の否決、修正も可能である。（23出）

[2] **事務の監査請求**──事務の監査請求は、選挙権を有する者の総数の「50分1以上」の連署をもって、その代表者から監査委員に請求される。単独ではできない。（26出）

- **請求事項①**──事務の監査請求は、その代表者が当該団体の「事務の執行の適否」について、監査を求める請求である。（21出・23出）
- **請求事項②**──事務の監査請求は、会計事務にとどまらず、当該団体の事務処理の範囲であれば「事務全般にわたり」、違法・不当な行為を是正するものである。（26出・29出）ただし、「財務会計事務」を対象とするのは、「住民監査請求」である。（令2出）
- **対象事項③**──事務の監査請求の対象事務は当該団体の事務であり、原則として自治事務のみならず法定受託事務も対象となる。（21出・令2出）
- **受理**──監査委員が事務の監査請求を受理したときは、監査委員が直ちに請求の要旨を「公表」しなければならない。（21出・26出）だが、直ちに、長にその請求の要旨を送付する規定はない。（21出）
- **外部監査**──条例による外部監査制度があれば、外部監査人の監査請求も可能である。
- **請求期限**──事務の監査請求には、「請求期限がない」。（21出）
- **合議**──監査の結果の報告の決定は、「合議」によらなければならない。
- **公表**──監査委員は、事務の監査結果を請求代表者へ送付し、かつ公表するとともに、当該議会、長及び関係委員会に提出しなければならない。（26出）
- **出訴**──請求人は、監査委員の監査結果に不服があっても、「訴訟を提起できない」。（21出・26出）

[3] **議会の解散請求**──議会の解散請求は、「選挙権」を有する者の「総数の

3分1」(その総数が 40 万から 80 万の部分についてはその超える数に 6 分の 1 を乗じて得た数と 40 万に 3 分の 1 を乗じて得た数とを合算して得た数、その総数が 80 万を超える部分についてはその超える数に 8 分の 1 を乗じて得た数と 40 万から 80 万の部分の数の部分に 6 分の 1 を乗じて得た数と 40 万に 3 分の 1 を乗じて得た数とを合算して得た数)以上の連署をもって、その代表者から「選挙管理委員会(選管)」に対して請求される。(29 出・令 2 出)その総数が 40 万と 80 万を超える部分に例外規定がある。(27 出)

・**受理手続**——当該請求があるときは、選管は、直ちに請求の要旨、請求代表者の住所氏名を告示、公表しなければならない。

・**請求の成否**——議会解散の請求の成否は、選挙人の住民投票により、過半数の同意が必要である。(23 出)投票については、「最低投票数の制限等の規定がないから」、有効投票の「過半数」が解散に賛成であれば足りる。

・**請求期間**——請求は、原則として一般選挙のあった日又は議会の解散の投票があった日から「1 年間」は行うことができない。「ただし、無投票当選の場合は除かれる」。

[4] **議員・長の解職請求**——議員・長の解職請求は、選挙権を有する者の総数の「3 分 1」(40 万と 80 万の例外あり)以上の連署をもって、その代表者から「選管」に請求される。

・**手続**——議員及び長の解職請求の手続は、議会の解散請求の手続と同様である。

・**受理手続**——請求があるときは、選管は、直ちに請求の要旨を公表するとともに、選挙人の投票に付さなければならない。

・**選挙区**——都道府県及び指定都市の議会の議員には「選挙区」があり、請求代表者も所属選挙区における選挙権を有する者でなければならず、これら議員の解職請求があるときは、当該「選挙区」の選挙人の投票に付さなければならない。

・**請求の賛否**——議員及び長の解職請求の賛否は、選挙人の投票により、「過半数」の同意が必要である。(29 出・令 2 出)

・**請求期間**——議員又は長の解職請求は、就任の日、解職の投票があった日から、原則として 1 年間は行うことができない。ただし、無投票当選の場合は除かれる。(27 出)

[5] **主要公務員の解職請求**——主要公務員の解職請求は、選挙権を有する者の総数の「3 分 1」(40 万と 80 万の例外あり)以上の連署をもって、その代表者から当該団体の「長」に請求される。

・**請求対象**——自治法では、副知事・副市町村長、選挙管理委員、監査委員又は公安委員の解職請求である。なお「教育長及び委員」は地教行法 8 条、「農

業委員」は農委法 14 条、「海区漁業調整委員」は漁業法 99 条により解職請求ができる。
・請求対象外──「人事委員」は、解職請求の対象とならない。
・手続①──主要公務員の解職請求の手続は、条例の制定改廃等の直接請求の手続と同様である。
・手続②──主要公務員の解職請求があれば、長は議会に付議し、かつ請求の趣旨を公表しなければならない。
・議会の議決──議会で「議員」の「3分の2以上」が出席し、その「4分の3以上」の者の特別多数議決があるときに、当該主要公務員は「失職」する。（23出）
・結果手続──長は、議会の結果を代表者及び関係者に「通知し」かつ「公表」しなければならない。
・請求期間──副知事及び副市町村長は就任の日又は解職の投票のあった日から「1年間」、その他の者（選挙管理委員、監査委員、公安委員など）は「6か月間」請求できない。

## ■ 10　議会

● 議会の設置 ──普通地方公共団体は、自治法 89 条に基づき「議会」を設置しなければならない。また、特別区及び地方公共団体の組合も議会を設置しなければならない。財産区の場合は条例で議会を置くことができる規定である。
・総会──「町村」に限り、条例で議会を置かず、選挙権を有する者の「総会」を置けることができる。（22出）
● 議員定数 ──議員定数は、「条例」で定められる。（22出・23出・29出）
・地方公共団体の人口に応じて法定されている上限数の範囲内における自治法の規定は、廃止されている。（22出・23出・29出）
・特別区議会の議員定数は、「市」に関する規定が適用される。（22出）
○ 議員定数の「変更」には、「自主的に変更する場合」と「廃置分合等の例外の場合」とがある。
・自主的に変更する場合は「一般選挙」（任期満了、総辞職、解散等の選挙）を行う場合に限られる。
・廃置分合等の例外の場合には、次の場合がある。
□都道府県の場合は、都道府県の合併により人口の「増」がある場合に限り、議員の任期中でも議員定数を増加させることができる。「減」の規定はない。
□市町村の場合は、人口の「増減」がある場合には議員の任期中でも「増減」ができる。減のときは任期中は前の定数となる。ただし減のときに議員に欠員が生じたときにはこれに応じて定数に至るまで減少する。

・**提案権**——議員定数の条例の提案権は、議員及び長の双方にある。

● 議長及び副議長

・**選任**——議会は、議員の中から、議長「1人」、副議長「1人」を「選挙」しなければならない。（23出）

・<u>自治法は、複数の副議長を置くことも想定されるため1人と定めている。1人とされているから「条例で副議長を置かないことはできない」。</u>（令3出）

・<u>議長が、副議長を議員の中から選任する方法は認められない。</u>（25出）

・**選出職務**——　一般選挙後の議長及び副議長の選挙は、他の全ての案件に先行して行う必要がある。この場合、議場にいる「年長議員」が議長選出の職務を行う。

・**選挙法の適用**——議会の選挙には「公職選挙法」が適用され、議長・副議長の選挙は投票により「単記無記名」であり、有効投票の最多数を得た者が当選者となるが、ただし、「有効投票の1/4以上」の得票がなければならない。

・**任期**——<u>議長及び副議長の任期は、自治法に基づき「議員の任期中」である。「条例や会議規則によらない」。</u>（29出・令3出）

・**所属**——議長及び副議長は、ともに「常任委員会」に所属しなければならない。ただし、議長に限っては、常任委員になった後でその常任委員を辞退できる。

・**議長の立場**——議長は、いずれの常任委員会に出席し発言できるが、所管委員会「以外」では、議決には加われない。

・**辞職**——<u>議長及び副議長は、議会の「許可」を得て、辞職することができる。</u>（29出）

・**権限①**——議長は、議場の秩序を保持し、議事を整理し、議会の事務を統理し、議会を代表する権限を有している。

・**権限②**——議長は、過半数議決の場合には「裁決権」を、特別多数議決の場合には「表決権」を有する。

・**権限③**——議長は、議会の会議を「開閉」する権限を有する。<u>議長は、議員定数の「半数」の者からの請求があるときは、その日の議会を開かなければならず、この場合、議長は会議の議決によらない限り、その日の会議を閉会又は中止することができない。</u>（令元出）

・議長は、議場を整理することが困難なときは会議の議決によらないで、その日の会議を閉じることができる。

・**議会招集請求権**——議長は、「議会運営委員会」の議決を経て、「臨時会」の招集を「長」に請求することができる。

・**訴訟**——<u>議会又は議員の処分又は裁決に係る当該団体を被告とする訴訟については、形式的に当該団体が被告となるが、この場合、議長が当該団体を代表する。</u>（令3出）

● 副議長

・副議長は、議長に事故あるとき、又は議長が欠けたときに限り、議長の職務を行う。（26出）

・副議長が辞職する場合には原則として「議会の許可」が必要であるが、閉会中の場合には「議長の許可」で足りる。（26出）

● 仮議長・臨時議長

□ 仮議長──正副議長が、ともに「事故ある」とき。

・仮議長は、議長及び副議長に、ともに「事故」あるとき、仮議長の選挙で選出された者が議長の職務を行う。（26出・29出・令3出）仮議長の選挙を行う場合には「年長議員」が臨時に議長の職務を行う。（25出）

・仮議長の職務は、議長の職務権限の全てに及ぶものではなく、議会運営に必要な限度においてのみ、その職務を行使し得る。

□ 臨時議長──正副議長が、ともに「欠ける」とき、又は仮議長を「選挙する」とき。

・臨時議長は、「議長及び副議長がともに欠けて選挙するとき」、及び「仮議長を選挙するとき」に、議場にいる出席議員の中で年長の議員が「選出議事」に限り、議長の職務を行う。（令3出）

・議場に出席している年長の議員は、臨時議長の職務を拒むことができない。

● その他

○会議録──議長は、事務局長等に「書面」又は「電磁的記録」により会議録を作成させ、会議の次第及び出席議員の氏名を記載させ、又は記録させなければならない。（令元出）

## ■ 11 議会の議員

● 議会の議員

・議員の定数は、「条例で定められる」。自治法の人口区分ごとの上限の定めは廃止されている。（令3出）

・議員の任期は、自治法により4年と定められており、この任期を条例で延長することはできない。（22出）

・議員の失職は、辞職、直接請求の解職、議会の解散のほか、被選挙権を有しなくなった場合、議会の懲罰として除名処分を受けた場合、議員の兼職兼業禁止の規定に違反する場合などがある。（23出・26出・29出）

・議員の身分は、原則として「当選日」当日に発生し、その任期は4年であるが、「補欠選挙の場合は前任者の残任期間である」。（令3出）

● 　議員の兼職・兼業　　——議員には、次の兼職と兼業が制限されている。

□ 　兼職の禁止

①議員は、衆議院議員及び参議院議員と兼職できない。（22出・29出・令3出）

②議員は、他の地方公共団体の議員と兼職できない。（令3出）

・この地方公共団体には、全ての地方公共団体を含む。特別地方公共団体も含まれる。

・例外として、自治法287条の規定により、一部事務組合又は広域連合の議員と兼職できる。（令3出）

③議員は、行政委員会の委員と兼職できない。（23出・26出）

・議員は、選挙管理委員、教育委員、人事委員（公平）、公安委員、収用委員などと兼職できない。例外して、監査委員と兼職できる。

④議員は、地方公共団体の常勤の職員と兼職できない。（22出・23出・26出・29出）

・地方公共団体とは、全ての地方公共団体を含む。特別地方公共団体も当然に含まれる。

・常勤であれば、一般職、特別職を問わず、兼職できない。

・「定年前再任用短時間勤務職員」（26出・29出）や「隔日勤務職員」は、常勤職員と同一の取扱いとなる。

⑤議員は、「地方公共団体の長」、「副知事及び副市町村長」、「裁判官」と兼職することができない。

□ 　兼業の禁止　　——議員が兼業禁止の規定に該当するときはその職を失うが、この決定は当該「議会が決める」。（令3出）

①議員は、当該団体と個人請負の場合には、兼業禁止に該当する。

・下請負（孫請け）は、請負禁止に該当しない。

・議員の配偶者や子が請負することは、兼業禁止に該当しない。

②議員は、当該団体と請負関係にある「法人の役員」となれない。

・法人の役員とは、主として同一の行為をする法人の無限責任社員、取締役、執行役、監査役又はこれに準ずる者、支配人及び清算人を指す。

● 　議員に関する事項

・辞職——議員が辞職する場合には、議会の開会中は「議会の許可」を得る必要があり、閉会中は「議長の許可」を得る必要がある。（23出）

・議案提出権——議員は、議案を議会に提出する権限を有するが、議案を提出する場合には、議員定数の「12分の1以上」の賛成が必要である。ただし、予算を提出する権限はない。（令元出）

・議事参与——議員は、自己等の一身上の事件や利害関係のある事件にはその

地方自治法

議事に参与できない。ただし、議会の同意がある場合には議会に出席し、発言できるが、議決には加われない。
- **侮辱処置**——議員は、議会の会議又は委員会において「侮辱」を受けた場合には、これを議会に訴えて「懲罰処分」を求めることができる。
- 侮辱は、言論によるもののみならず、行動におけるものも含まれる。
- 侮辱を受けた議員の相手方は、議員に限られる。

● 議員の懲罰 ——議会は、自治法、議会の会議規則又は委員会条例のいずれかに違反した議員に対し、議決により懲罰を科することができる。(24出)
- **事由①**——議会の運営と関係のない議員の議場外における個人的行為は、懲罰事由とならない。(24出)
- **事由②**——議員が正当な理由がなく会議に欠席したため、議長が特に招状を発してもなお故なく出席しない場合は、議長において、議会の議決を経て当該委員に懲罰を科することができる。(24出)
- **会議規則**——懲罰に関し必要な事項は、「会議規則」中に定めなければならないとされている。
○種類——懲罰には、戒告、陳謝、出席停止、除名の4つがある。(24出)
　①公開の場における「戒告」・・・・・・・・・・・・・・・・過半数議決
　②公開の場における「陳謝」・・・・・・・・・・・・・・・・過半数議決
　③一定期間の「出席停止」(出席停止の効力は次の会期に及ばない)・過半数議決
　④「除名」(除名は特別多数議決が必要である)・・・・・・・特別多数議決
- **発議**——懲罰を議題とするには、議員定数の「8分の1以上」の発議による。
- **議決**——除名に限り、議会の「議員数(在任議員)」の「3分の2以上」が出席し、その「4分の3以上」の同意(議決)が必要である。(24出)
- **裁量**——懲罰の4種類のどれを選択するかは、議会の「自由裁量」である。
- 除名された議員が再び当選した場合には、その議員を拒むことができない。
- **効力発生**——懲罰処分の効力が「発生する時期」は、議会の議決がなされたときであり、議会の議決後その通知が当該処分対象の議員に到達したときではない。(24出)
● 議員活動 ——議員は、国会議員と異なり、不逮捕特権や発言・表決についての免責特権が認められていない。(令3出)

## ■ 12　議会の権限

● 議会の権限 ——議会の権限には、次のものがある。
[1] 議決権 ——議決権には、当該団体の意思を決定する「団体意思」決定と、機関としての議会の意思を決定する「機関意思」決定とがある。

- **制限列挙**──議決権は、自治法96条に「制限列挙」されているものに限られる。したがって、議会は、地方公共団体に関する一切の事項について議決することができるわけではない。
- **議決**──条例の議決権は、法令に特別の定めがある場合を除き、原則として、「過半数」の議決で足りるが（26出）、例外として、「事務所」の設置条例に限り、出席議員の「2/3以上」の賛成が必要である。
- **議決の効力**──議決が行われても、「対外的効力」は公布行為により発生する。

○　制限列挙されている15議決事件

| 1 | **（条例の制定改廃）**<br>・条例の制定改廃の提案権は、原則として長のみならず議員や委員会にもある。 |
|---|---|
| 2 | **（予算を定めること）**<br>・予算の提案権は長に専属するが、議会は長の発案権を「侵害しない限り」予算の増減の修正ができる。（19出・23出・25出）<br>・増額とは、予算全体を増額する場合及び全体としては増額しないでも各款項を増額する場合を含む。（30出） |
| 3 | **（決算の認定）** |
| 4 | **（地方税の賦課徴収又は分担金、使用料、加入金若しくは手数料の徴収）**<br>・これらの賦課徴収又は徴収に関しては、「法律又は政令に規定するものを除き」、一般的にも、具体的な場合にも議決が必要である。 |
| 5 | **（条例で定める契約の締結）**<br>・契約の議決は、その種類及び金額について政令で定める基準に従い「条例」で定める契約締結をいう。議会は契約議案を否決できるが、修正はできない。<br>・条例で指定する重要な契約の締結は、個々の契約ごとに議会の議決を要するが、地方公営企業の業務に関する契約の締結には自治法の議会の議決事件の規定の適用がなく、議会の議決を要しない。（30出）<br>・契約議決の場合に、契約に係る予定価格の最低基準について議決する必要はない。（令4出） |
| 6 | **（財産の交換、出資、支払手段としての使用及び適正な対価を得ないでする財産の譲渡、貸付）**<br>・財産の交換等を条例で一般的取扱基準を定めた場合には、改めて個々の行為について議会による個別議決を要しないが、不動産の信託は極めて個別性が強く、一件毎に議決を得ることが適当とされているため、条例で一般的取扱基準を定めることができる規定はない。（30出） |
| 7 | **（財産の信託）**<br>・信託の議決は、不動産を信託する場合で「普通財産」である「土地」に限られる。 |
| 8 | **（条例で定める財産の取得又は処分）**<br>・財産の取得、処分は通常、執行機関限りでなし得るが、契約の場合と同様に、条例で定めるものは議決が必要である。 |

| 9 | (負担付きの寄附又は贈与) |
|---|---|
| | ・寄附又は贈与が「条件付」である場合には、これを受けるに当たって議決が必要である。 |
| 10 | (権利の放棄) |
| | ・地方公共団体の有する権利を放棄するには議決が必要であるが、権利の放棄とは権利者の意思行為により権利を消滅させることであるから、単に権利を行使しない場合は、ここにいう権利の放棄に含まれない。(30出) |
| 11 | (条例で定める重要な公の施設についての長期かつ独占的な利用) |
| 12 | (審査請求その他の不服申立て、訴えの提起、和解、斡旋等) |
| | ・訴えの提起をするときは議会の議決が必要であるが、当該団体が被告となって「応訴」する場合は「議決は不要」である。(19出・25出・30出) |
| 13 | (損害賠償の額の決定) |
| | ・法律上の義務に属する損害賠償の額は議決事件であるが、民法上の賠償責任を負うような場合も含まれる。(令4出) |
| 14 | (区域内の公共的団体等の活動の総合調整) |
| | ・区域内の公共的団体等の活動の総合調整に関することは、議決事件である。(令4出) |
| | ・活動範囲が区域外にも及ぶものでも差支えない。 |
| 15 | (その他法律、政令による議決権限事項) |
| | ・自治法以外の法律や政令（条例を含む）により議会の権限事項とされているものは、議決事件となる。 |
| | ・例えば、自治法96条の議決事件に規定するもののほか、区市町村の廃置分合及び境界変更、議会の会議規則の制定などが議決事件として個別に定められている。 |

○ **議決事件の追加**──条例で、議会の議決事件として追加できる。(23出・25出・令4出)この場合、自治事務のみならず法定受託事務も議決事件として追加できるが、ただし、法定受託事務に係る議決事件は、「国の安全」に関することその他の事由により議会の議決すべきものとすることが適当でないものとして「政令で定めるもの」は「追加できない」。

[2] **選挙権**──議会が行う選挙には、議長、副議長、仮議長、選挙管理委員会委員、広域連合の議会の議員、及び都市計画審議会委員などの選挙がある。(23出)

・議長・副議長・・・それぞれ1人を選挙する。

・仮議長・・・・・・正副議長に事故あるとき、1人を選挙する。

・選挙管理委員・・・長等の選挙権を有する者の中から4人を選挙する。

・議会の選挙は、原則として、「公職選挙法」が適用され（令元出）、「単記無記名」投票によることと定められているが、例外として議員中に異議がないと

きは「指名推選」が認められる。

- ・議会の選挙は、選挙すべき者の数をもって「有効投票」の総数を除して得た数の「1/4 以上」の得票がある者の中から得票順に当選人を定める。
- ・議会の選挙には、公職選挙法の規定を準用し、点字投票以外に、代理投票も認められる。（令元出）
- ○**専門調査権**——議会は、議案の審査又は当該団体の事務に関する調査のために必要な専門的事項に係る調査を、学識経験を有する者等にさせることができる。
- ・専門的事項を調査させるのは議会の権限であるが「議会の議決を要する」。
- ・調査を求める相手方である学識経験を有する者等とは、個人だけでなく、法人、法人格のない団体・組織等も対象となる。

[3] **検査権**——議会は、当該団体の事務に関し書類及び計算書を検閲し、長その他の執行機関の報告を請求して、事務の管理、議決の執行及び出納を検査することができる。（23 出）
ただし「実地検査」の権限はなく、実地検査が必要なときは、監査委員をして行わせる。（23 出・26 出）

- ・**除外事項**——「検査権」は、「自治事務は」労働委員会や収用委員会の権限事務が、「法定受託事務は」収用委員会の権限事務のほか国の安全、個人の秘密に関する事務が除かれる。
- ・**結果**——検査権の結果によって、直接的な法的効果は生じないが、適正な執行の是正が求められる。

[4] **調査権**——調査権とは、議会が直接外部と交渉し自らの手で調査する権限であり、長及び執行機関に限らず、区域内の団体等に対しても行うことができる。いわゆる「100 条調査権」をいう。

- ・調査権は、議会の諸権限を実効的に行使させるために認められた監視の権限である。（28 出）
- ・**議決が必要**——調査権は、議会に与えられた権限であるが、改めて「議会の議決」が必要である。緊急な場合でも、議会の議決に基づかずに、「議長の専決で行使することはできない」。（28 出・令 2 出）
- ・**委任**——調査権の行使の主体は議会であるが、常任委員会又は特別委員会に「委任」して調査を行わせることもできる。（28 出）
- ・**対象①**——調査権は、現に議題となっている事項や将来課題となる事項に限られず、世論の焦点となっている事件の事情を明らかにするための「政治調査」も、対象となる。（令 2 出）
- ・**対象②**——調査権は、当該団体の「事務全般」である。したがって、原則として、

自治事務のみならず法定受託事務についても調査できるが、次の除外事項がある。（令2出）

□「自治事務」は、労働委員会や収用委員会の権限事務が除かれる。（令2出）

□「法定受託事務」は、収用委員会の権限事務のほか、国の安全、個人の秘密に関する事務が除かれる。（令2出）

・調査権の対象は当該団体の「事務全般」であるが、当該団体と協定を結んでいる他の地方公共団体については対象にできない。（28出）

・調査手段──調査権は、特に必要があると認められるときは、選挙人その他の関係人に対して、「出頭の請求」、「証言の請求」、「記録の提出」の請求を行うことができる。（25出・26出・28出）

・相手方──調査を求める相手方は、当該団体の「住民に限られない」。

・秘密の証言等──公務員には守秘義務が課されているが、公務員の職務上の秘密であっても、議会は当該官公署の承認を得て、証言又は記録の提出を請求することができる。この場合、当該官公署が議会の請求を拒むときは、その理由を疏明しなければならない。（令2出）

・罰則──調査権は、関係人の証言を請求でき、請求を受けた者が「正当な理由なく」請求を拒むときは「罰則」が科せられる。（23出・26出・令2出）

[5] 請願受理権──請願受理権とは、議会が住民との関係において、要件を充たした請願を受理し、対外的交渉をもつことができる権限をいう。

・方法──請願は、文書によらなければならず、口頭では認められない。（26出）

・紹介議員──請願は、議員一人以上の「紹介」により提出できる。（26出）

・内容──請願は、当該団体の事務に関すると否とを問わない。

・請願者①──請願者は、当該団体の住民であると否とを問わない。また選挙権の有無を問わない。

・請願者②──行政委員が一機関として、議会に請願を提出することはできない。

・採択──請願は、議会で採択されれば、関係機関に請願が送付される。（25出）執行機関は請願の趣旨を尊重しなければならないが、執行機関は、請願の採択内容に「拘束されない」。

・採択後の処置──請願の採択後、議会は、執行機関に、請願の処理状況について報告を求めることができる。（25出）

[6] 意見書提出権──議会は、当該団体の「公益」に関する事件につき、意見書を「国会又は関係行政機関」に提出できる。ただし、裁判所には提出できない。（26出）

・提出先──議会は、当該団体の機関や、他の地方公共団体の機関にも意見書

を提出できる。

・**発案権**——意見書提出権は、機関である議会自身の権限であるから、その議決は「機関意思決定」としての「議決」である。その発案権は「議員」及び「委員会」にある。

・**提出者の名義**——意見書を提出する際の差出者としての名義は、議会を代表する「議長の名義による」。

・**受理側**——意見書は、関係機関に受理義務を発生させるが「回答義務はない」。

[7] **同意権**——議会には、副知事・副市町村長の選任などを含め、「長その他の執行機関がその権限に属する事務を処理するに当たり」、その前提として議会の同意を得るものがある。

・議会は、「長の期限前の退職」、「副知事や副市町村長、監査委員、公安委員、人事委員、教育長及び委員の選任」などについて、同意する権限を有する。

[8] **諮問答申権**——当該団体の執行機関が、一定の行為を行うに当たって議会に「諮問」することを義務づけている場合には、議会はこれに対し「答申」を行う権限を有する。

・議会は、長からの諮問に対して意見を述べなければならない。

・諮問に対する議会の答申意見は、尊重されるべきであるが、長は必ずしもそれに拘束されない。

● **公聴会・参考人を求める権限**——議会は、会議において、予算その他重要な議案、請願等について「公聴会」を開き、真に利害関係を有する者又は学識経験を有する者等から意見を聴くことができる。

・議会は、会議において、当該団体の事務に関する調査又は審査のため必要があるときは、「参考人」の出頭を求め、その意見を聴くことができる。

## 13 議会の運営

● **議会の招集**——議会は、招集によって活動を開始する。

・**招集権**——議会の招集権は、原則として「長」に専属する。(24出) しかし、議員及び議長には、長に対する議会招集請求権が与えられている。

● **議会の種類**

■ **定例会**——定例会とは、「毎年」、「条例で定める回数」を招集する議会をいう。(25出)

・定例会は、付議案件の有無にかかわらず招集される。定例会では、全ての事

件が取り上げられる。

・定例会では、付議案件に関係のない「一般質問」をすることができる。

■　臨時会　──臨時会とは、①長が必要あるときに告示された特定の案件を処理する場合、及び②議員や③議長からの招集の請求に基づいて招集される議会をいう。

・臨時会の開催回数については「制限がない」。

□議員の請求による「臨時会」は、議員定数の「4分の1以上」の連署により、長に行わなければならない。（29出）

□議長の請求による「臨時会」は、議長が、「議会運営委員会」の議決を経て、長に行わなければならない。（25出）

・臨時会の招集──長は、議員又は議長から臨時会の請求があったときは、請求のあった日から「20日以内」に議会を招集しなければならない。

・例外①──「議員定数の4分の1以上の者」による請求のあった日から20日以内に長が臨時会を招集しないときは、請求議員の申出に基づき、「議長」が臨時会を招集することができる。

・例外②──「議長」の請求のあった日から20日以内に長が臨時会を招集しないときは、「議長」が臨時会を招集することができる。

・付議案件──臨時会は、「告示された特定の案件」を処理するために招集される。ただし、臨時会であっても、緊急を要する事件は直ちに付議することができる。

■　通年の会期　──通年の会期とは、条例で定めるところにより、定例会及び臨時会とせず、毎年、条例で定める日から翌年の当該日の前日までを会期とする議会をいう。

・定例日──通年の会期を選択した場合は、議会は、会議を開く定例日の「日」を条例で定めなければならない。（27出）毎月1日以上と限定する必要はない。（27出）

・招集──条例で定める日の到来をもって、長が招集したものとみなされる。（27出）

・招集の特例──会期中に議員の任期が満了した日又は議会が解散した日をもって会期が終了した場合、「議長」は「一般選挙」により選出された議員の任期が始まる日から「30日以内」に議会を招集しなければならない。（27出）

・定例日以外の会議──「長」は、議長に対し会議に付議すべき事件を示して、定例日以外の日において会議を開くことを請求することができる。（27出・29出）

・議長は、当該請求のあった日から「都道府県及び区市は7日以内」、「町村は3日以内」に会議を開かなければならない。

・議会出席──長は、議会の審議に必要な説明のため議長から出席を求められ

た場合、議場に出席できないことの正当な理由がある場合に、その旨を議長に「届出たとき」は出席義務が解除される。（27 出）

## 14　議会の委員会制度

● **委員会制度**──委員会には、「常任委員会」、「議会運営委員会」及び「特別委員会」の３つがある。

・設置──いずれの委員会も、条例で設置される任意設置である。（21 出）
・設置数──いずれの委員会も、設置数に制限はなく、条例で定められる。（21 出）
・所属──いずれの委員会も、議員の所属は条例事項となっている。（21 出）
・性格──いずれの委員会も、議会の内部機関として構成されるものであり、その機能は、予備審査的な性格を持つ。
・議案提出──いずれの委員会も、議会の議決すべき事件のうちその部門に属する当該団体の事務につき、議会に議案を提出することができる。ただし、予算の提出はできない。
・委員会による議案の提出は、「文章」でしなければならない。
・条例事項──いずれの委員会も、「設置数」、「委員の選任」その他委員会に必要な事項は条例で定められる。法律による設置数の制限はない。
・適用除外──いずれの委員会も、自治法で規定されている定足数、過半数議決、修正の動議、議会の公開などの規定が「適用されず」、議会の委員会に関する条例に基づくこととされている。
・公聴会──いずれの委員会も、予算その他重要な議案、陳情等について公聴会を開き、真に利害関係を有する者又は学識経験を有する者等から意見を聴くことができる。（21 出）
・参考人──いずれの委員会も、当該団体の事務に関する調査又は審査のため必要があるときは参考人の出頭を求め、その意見を聴くことができる。（21 出）
・継続審議──いずれの委員会も、議会の開会中に活動できるが、「議会の議決がある場合に限り」、閉会中も活動できる。（21 出）

□ **常任委員会** は、執行部局に対応する「縦割り方式」でも、事業ごとの「横割り方式」でも設置できる。
・常任委員会は、その部門に属する当該団体の事務に関する調査を行い、議案、請願等を審査する。

□ **議会運営委員会** は、議会における政党や会派間の調整をはかり、議会運営を円滑に行うために設置される。
・３つの役割──議会運営委員会は、①議会の運営に関する事項、②議会の会議規則、委員会に関する条例等に関する事項、及び③議長の諮問に関する事項の「３つの事項」を取り扱う委員会である。

□ 　特別委員会　 は、特別の個々の事件を審査するために設置される。複数の常任委員会にまたがる事件についても審査できる。例えば、予算特別委員会や決算特別委員会がある。

・特別委員会は、付議された事件の審議が議会において終了した時点で議会の会期中であっても消滅するかは「条例事項」による。

・特別委員会は、議会の「議決」により議会閉会中の継続審査に付され、特定の事件の審査が継続している限り、その会期を超えて継続することができる。

## ■ 15　議会の会議原則 ■

● 　議会の会議原則

[1]　 定足数の原則 ——定足数の原則とは、議会は、議員定数の半数以上の者が出席しなければ会議を開くことができないとする原則をいう。(20出・24出・25出)

【定足数の例外として】

①議員の除斥のために半数に達しないとき。

②同一事件につき再度招集してもなお半数に達しないとき。(24出)

③招集に応じても出席議員が定数を欠き、議長において出席を催告してもなお半数に達しないとき。

④議長の催告で一旦半数に達してもその後半数に達しなくなったとき。

・定足数は、会議を継続する要件である。

・議員定数には「議長」も含まれる。(29出)

[2]　 会議公開の原則 ——会議公開の原則とは、議会の会議は、公開されなければならないとする原則をいう。この原則は傍聴の自由、報道の自由及び会議録の公開をさす。

○秘密会——会議が公開になじまないときは、「議長」又は「議員3人」が発議し、出席議員の「3分の2以上」の多数で秘密会を開くことができる。(20出・24出・25出・令元出)

・議長又は議員の秘密会の発議は、討論を行わないでその可否を決定しなければならない。(24出)

・議会の会議は、本会議を指しており、会議公開の原則は、本会議に適用される原則であり、委員会には適用されない。

[3]　 過半数の原則 ——過半数の原則とは、議会の議事は、原則として出席議員の過半数で決するとする原則をいう。例外として、特別多数議決がある。

・議事は、議決又は決定をいい、議会が行う選挙は含まれない。

・議長は、過半数議決のときは、議決に加わる権利を有しない。ただし、議長には、次の権限がある。

□過半数の議決のとき・・・・・可否同数のときは、議長は『裁決権』を有する。（20出・29出）

□特別多数議決のとき・・・・・・・・・・・・・議長は『表決権』を有する。

[4] **会期不継続の原則**──会期不継続の原則とは、会期中に議決に至らなかった事件は会期の終了とともに消滅し、後会に継続しないとする原則をいう。（25出）

・議会の会期は、不継続が原則であるが、「議会の議決」があれば、各委員会は、議会の閉会中も活動することができる。（20出・24出・25出・29出）

・委員会での審議未了の議案は、提案がなされなかったと同様に、議案としての効果は一切消滅する。

・次の会期において、前の会期で不成立に終わった議案を再提案し、議題に供することは認められる。（21出）

[5] **一事不再議の原則**──

・一事不再議の原則とは、「同一会期中に」一度議決（可決又は否決）された事件は、再び審議の対象としないとする原則をいう。原則の例外に、長の再議がある。

・この原則は条理上の原則で、「自治法上の明文規定はない」。

## ■ 16 長と議会との関係

● **再議**──再議には、一般的拒否権と特別的拒否権がある。

[1] **一般的拒否権**──「一般的拒否権」とは、長が議会の議決に「異議」あるとき、長は、この法律に特別の定めがあるものを除くほか、「議決の日」（条例の制定改廃又は予算議決はその送付を受けた日）から「10日以内」に「理由を示して」、再議に付することができることをいう。（22出・27出・30出・令4出）再議に付するか否かは任意である

□**長に異議ある再議**・・・・・・・・・（議決の日10日以内）──過半数議決

・一般的拒否権の対象は、条例・予算以外の議決事件（総合計画など）にも拡大されている。

□**長に異議ある予算と条例の再議**・・・（送付の日10日以内）──2/3以上議決

○**否決議案**──議会において「否決」された議案を再議に付することはあり得ない。（30出・令4出）

- 再議は、当該条例又は予算を執行する「前」でなければならない。
- **再議効果**——長により再議に付された議決は、当該議決のときに「遡って」その効果を有しないこととなる。（30 出）
- **再議結果**——議会の議決が再議に付された議決と同じ議決であるときは、その議決は確定する。
- 議決のうち、条例の制定改廃又は予算議決に関するものは、出席議員の「3 分の 2 以上」で、再び同じ議決がなされたときは、その議決は確定する。（22 出・24 出・令 4 出）

[2] **特別的拒否権**——特別的拒否権とは、議会における①違法の議決又は選挙、②義務費の削減議決及び③非常の場合に要する経費の削減議決に対する拒否権をいう。「再議は義務である」。

- 特別拒否権の再議は、当該条例又は予算を執行する「前後」を問わない。

① **違法な議決・選挙**——議会の議決又は選挙が「その権限を超えて」又は「法令若しくは会議規則に違反する」ときは、長は「理由」を示して、再議又は再選挙に付さなければならない。（22 出・24 出・27 出・令 4 出）直ちに裁判所に出訴することはできない。（22 出・27 出）

□審査申立て——再議又は再選挙の結果、過半数で改まらないときは、当該議決又は選挙があった日から「21 日以内」に、都道府県は総務大臣に、市町村は知事に「審査の申立て」ができる。（24 出）

□出訴——さらに、総務大臣又は知事の裁定に不服があるときは、裁定のあった日から「60 日以内」に、裁判所に出訴できる。

② **義務的経費等の削減**——議会で、①「法令により負担する経費」（22 出・27 出・30 出）、又は②「法令等に基づく義務的経費の削減の議決がある場合」には、長は「理由」を示して、再議に付さなければならない義務がある。（令 4 出）

- **原案執行権**——再議の結果、「過半数」で、なお議決が改まらないときは、長は、その経費及び収入を予算に計上し、議会の議決を経ないで執行する「原案執行権」を発動できる。（27 出・30 出・令 4 出）

③ **災害等経費の削減**——議会で、①「非常災害復旧費」又は②「感染病予防費」を削減する議決があった場合には、長は「理由」を示して再議に付さなければならない。（24 出・27 出・30 出・令 4 出）

- **不信任議決**——再議の結果、「過半数」で議決が改まらないときは、長は、その議決を「不信任議決とみなし」て、再議決の通知を受けた日から「10 日以内」に、「議会を解散」することができる。（24 出・27 出・30 出・令 4 出）議会を解散できるのであって、直ちに議会を解散しなければならないわけではない。この場合、解散するか否かは長の判断である。

● **不信任議決**——首長主義は、議会と長との均衡抑制のもとに、事態の解決を図る手段として、議会に「長の不信任議決」、長に「議会の解散」の権限を与えている。

・**事由**——不信任議決は、法律上の特別の制限はなく、理由の如何を問わず行うことができる。

・**提案権**——不信任議決は、議会の機関意思の決定であるから、その議案の提案権は「議員に専属」する。

・**範囲**——長に対する不信任議決には、不信任議決の内容を有していることが明確で、法定の要件を満たしている「辞職勧告決議」や「信任案の否決」も含まれる。（令2出）

・**議決**——議決は、「議員（議員数・在任議員）」の「3分の2以上」の者が出席し、その「4分の3以上」が賛成すれば成立する。（令2出）

・**通知・解散**——議会で不信任の議決がなされたときは、議長は「直ちに」その旨を長に通知しなければならず、長は、その通知を受理した日から「10日以内」に議会を解散できる。（令2出）

・**効果**——通知を受けた日から「10日以内」に議会を解散しないときは、期間が経過した日に、長は自動的にその職を失う。

・**再度の不信任**——解散後初めての議会で再度、「議員（議員数・在任議員）」の「3分の2以上」の者が出席し、その「過半数」が賛成すれば、長はその職を失う。この場合、長は、再び議会を解散することができない。（令2出）

・**みなし解散**——議会が非常災害による応急復旧施設のための経費を削除又は減額したときに、「長が再議に付したが、議会がなお、当該経費を削除又は減額したときは」、長は、その議決を不信任の議決とみなして議会を解散することができる。（令2出）

● **専決処分**——専決処分は、議会の議決権により議決すべき事項を、特別の理由がある場合に執行機関の判断による例外的な措置で、地方自治制度においてのみ認められた制度である。

・専決処分の権限は、地方公共団体の長の専権ではない。長の職務代理者や職務執行者もなし得る。

○専決処分には、次の「法律に基づく場合」と「議会の委任に基づく場合」の2つがある。

[1] **法律に基づく場合**——法律に基づく場合は、自治法に定める4つの場合に限られる。

①議会が成立しないとき。

・議会において在任議員の総数が議員定数の半数に満たない場合には、議会が成立していないときに該当する。（23出・28出）

②自治法113条のただし書の場合においてなお会議を開くことができないとき。

③<u>特に緊急を要するため議会を招集する時間的余裕がないとき</u>。（25出）

・<u>特に緊急を要するため議会を招集する時間的余裕がないことが明らかであるかどうかの認定は、長が行うが、その認定には客観性がなければならない。</u>（令元出）

④<u>議会が議決すべき事件を議決しないとき。</u>（25出）

□**専決が可**——<u>長は、議会の議決又は決定を得られないとき、専決処分を行うことができる。</u>（23出・28出）条例の制定改廃も専決処分の対象となる。（23出）

□**専決不可①**——<u>議会が「否決」した事件は、専決処分の対象とならない。</u>（令元出）

・**専決不可②**——<u>議会で行われる「選挙」は、専決処分の対象とならない。</u>（令元出）

・**専決不可③**——<u>副知事又は副市町村長の「選任」は、専決処分の対象とならない。</u>

○**報告・承認**——<u>長は、「法律」に基づいた専決処分をしたときは、「次の議会」に「報告」し、「承認」を求めなければならない。</u>（23出・令元出）

・<u>上述の議会の承認を得られなかった場合でも、法律上処分の効力には「影響はない」。</u>（令元出）

○**事後措置**——専決処分を行った「条例の制定改廃」又は「予算」に関する措置について承認を求める議案が「否決」されたときは、長は、速やかに当該処置に関して「必要な措置」を講ずるとともに、その後の措置を、「議会に報告」しなければならない。

[2]　**議会の委任に基づく場合**——<u>議会の委任に基づく場合は、議会の権限で議会の議決により長に「委任」したものを専決する場合で、これに基づく専決処分を行った場合は、長はこれを議会に「報告」すれば足りる。</u>（23出・25出・28出・令元出・令4出）

・**対象事項**——「議会の委任に基づく場合」の対象事項は、<u>議会の権限に属する軽易な事項に限られるため、議会における選挙、決定、議会の同意、意見書の提出、諮問の答申、請願の採択、証人喚問等は「含まれない」。</u>（23出）

・**委任後**——<u>議会から委任された事項は、長の権限に移り、議会は、もはやその議決権を有しない。</u>（23出）　したがって、当該指定事項に関して議会が議決した場合には、その議決は「無効」となる。

・**委任の指定**——「議会の委任に基づく場合」の長に対する専決処分の指定する議案の提案権は、「議員」にある。

## ■ 17　地方公共団体の長

● 地方公共団体の長の地位

・選任——長は、住民の直接選挙によって選ばれるが、その被選挙権の年齢に関する要件では、「知事は満30歳以上」、「市町村長は満25歳以上」と違いがある。(21出・令4出) 住民である住所要件はない。(令4出)

・任期——長の任期は4年であり、この任期を延長する根拠規定はない。(21出)

○ 地位の喪失 ——長は、死亡又は任期満了のほか、次の事由により「地位を失う」。

・被選挙権喪失——長は、当選当時に被選挙権を有しなかった場合又は当選後に被選挙権を喪失した場合にはその職を失う。長の被選挙権の有無は、選挙管理委員会が決定する。(24出)

・選挙無効——長は、当選の無効により失職する。

・退職——長は退職によりその職を失う。退職する場合には、原則として知事は30日前、市町村長は20日前に「議長」に申し出なければならない。(21出・24出・令4出) ただし、議会の同意を得たときは、その期日前に退職できる。

・失職——長は、①不信任議決があって議会を解散しないとき、②住民からの解職請求があって住民投票で過半数の賛成がある等のときに「失職」する。長の解職請求がなされた場合でも、直ちにその職を失わず、請求後の選挙権を有する者の解職の投票において過半数の同意があれば、その職を失う。(21出)

● 長の兼職兼業の禁止 ——長に対する兼職・兼業の禁止は、ほぼ議員と同じ内容である。

□ 兼職の禁止 ——長は、議員と同様に、①衆議院議員、参議院議員、②地方公共団体の議会の議員(令4出)、③行政委員会の委員、④常勤の職員及び短時間勤務職員(定年前再任用短時間勤務職員)と「兼職」できない。(21出・令4出)

□ 兼業の禁止 ——長は、議員と同様に、①当該団体に対する個人請負、②当該団体に対し請負関係にある法人の支配人又は主として同一の行為をする法人の無限責任社員、取締役、執行役、監査役又はこれに準ずる者、支配人及び清算人と「兼業」できない。

・認定——長が請負禁止に該当するときの認定は「選挙管理委員会」が行う。

・就任可能——長は、当該団体が資本金1/2以上を出資している法人の役員に就くことができる。

## ● 長の担任事務

- **概括列挙**——長の担任事務は自治法149条に列挙されているが、これは制限列挙でなく「概括列挙」である。したがって、列挙されていない事務を行うことができる。(21出・29出・令2出・令4出)

- **主な担任事務**——長の担任事務は概括的に列挙されているが、明文で規定していない事務でも、長は「包括的な管理執行権」を有する。

| ① | 議案を提出すること。 |
|---|---|
| ② | 予算を調製し、執行すること。 |
| ③ | 地方税を賦課徴収し、分担金、使用料、加入金及び手数料を徴収し、及び過料を科すること。 |
| ④ | 決算を議会の認定に付すること。 |
| ⑤ | 会計を監督すること。 |
| ⑥ | 財産を取得し、管理し、及び処分すること。 |
| ⑦ | 公の施設を設置し、管理し、及び廃止すること。 |
| ⑧ | 証書及び公文書類を保管すること。 |
| ⑨ | その他、当該地方公共団体の事務を執行すること。 |

- 長は、自治事務と法定受託事務を執行するが、いずれも当該団体の事務と位置づけられており、法定受託事務も原則として、国の機関としての主務大臣の指揮監督を「受けない」。(21出・令4出)
- 長は、長の権限事務を処理するため、規則や訓令を定めることもできる。(21出)

## ● 長の権限

① **統轄・代表権**——長は、当該団体の「事務全般」の総合的統一を確保する権限を有し、また他の執行機関に対し「任命権」、「予算の調製執行権」、「条例の提出権」、「機関の組織運営」などの「総合的調整権」などを有している。

② **長の総合調整権**——長は、組織、職員の身分、予算の執行及び財産管理等の財務に関し、総合調整権を有している。(21出)

- **勧告**——長は、必要があれば、行政委員会の事務局、又は行政委員会の管理機関の組織、事務局等に属する職員の定数又は職員の身分取扱いについて、行政委員会に必要な措置を「勧告」できる。

- **協議**——行政委員会は、「組織、職員の定数、職員の身分取扱い」について、当該行政委員会の規則や規程を定め又は変更する場合には、あらかじめ「長に協議」しなければならない。

- **予算執行の権限**——長は、予算の執行の適正を期するため、行政委員会に対し、収入及び支出の実績、見込みについて「報告を徴し」、予算の執行状況を「実地調査し」又はその結果に基づき必要な「措置」を求めることができる。

- **公有財産の権限**——長は、行政委員会又はその管理機関に対し、「公有財産の取得又は管理」について「報告を求め」、「実地調査し」、又はその結果に基づき必要な「措置」を求めることができる。
- 行政委員会は、公有財産を取得し、用途を変更し、行政財産である土地を貸付、地上権を設定、又は行政財産の使用許可で長が指定するものをしようとするときは、あらかじめ「長に協議」しなければならない。
③ **事務の管理執行権**——長は、当該団体の事務を管理し執行する権限を有している。
- 長は、包括的な管理執行権を有し、法令により他の執行機関の権限とされていない事務について、当然にその権限として処理することができる。
④ **規則制定権**——長は、法令に違反しない限り、その権限務に関し「規則」を制定する権限を有する。
⑤ **指揮監督権**——長は、その補助機関である「職員」を指揮監督できる。
- 補助機関の職員とは、副知事又は副市町村長、会計管理者、出納員その他会計職員その他職員、嘱託等の職員及び専門委員を指す。長から独立の執行権をもつ行政委員会の補助職員等及び議会事務局の職員は「含まれない」。
- 指揮監督権とは、補助機関である職員に対する職務上のみならず身分上の一切の指揮監督権をいう。
- 指揮監督権は、「会計管理者にも及ぶ」が、長から独立して自己の責任で決定できるものについては、その限度で長の指揮監督権は制限される。
⑥ **取消・停止権**——長は、その「管理に属する行政庁」の処分が法令、条例又は規則に「違反」すると認めるときは、その処分を取消又は停止することができる。この「取消停止権」を行使できるのは、行政庁の処分が「違法」である場合に限られる。
- 長の取消停止権に対しては、その「管理に属する行政庁」が不服でも、裁判所に出訴できない。
⑦ **公共的団体の監督権**——長は、当該団体の区域内の公共的団体等の活動の総合調整を図るため、指揮監督権を有する。
- **範囲**——「公共的団体等」とは、農協、生協、商工会議所、社会福祉協議会、文化団体、スポーツ団体など、公共的な活動を営むものであり、法人たると否とを問わない。
- **取消・停止**——指揮監督権には、監視権、認可権、取消停止権が含まれるが、団体の行為を取消したり、その効力を停止することはできない。
- 長が取った公共的団体等への必要な処分に対し、その「監督官庁」は、当該団体の長の処分を一方的に取消すことができる。
- **調査**——長は、当該団体が出資している法人に対し、出資割合により、当該法人の予算の執行状況を実地について調査することができる。(24出)

⑧　支庁等の設置──長は、その権限に属する事務を分掌させるため、条例で、必要な場所に、都道府県にあっては「支庁」及び「地方事務所」、市町村にあっては「支所」又は「出張所」を設けることができる。これらの施設の位置、名称及び所管区域は「条例」で定めなければならない。

・考慮──出先機関を設ける場合には、交通の事情のほか他の官公署との関係にも適当な考慮を払う必要がある。

⑨　内部組織──長は、その権限に属する事務を分掌させるため、必要な内部組織を設けることができる。この場合、長の「直近下位」の内部組織の設置及びその分掌する事務は、条例で定めなければならない。

・内部組織の「数」は法定されていない。

・届出不要──内部組織の設置及び分掌事務に関する条例の制定改定があっても、知事が総務大臣に、市町村長が知事に届け出る必要はない。

●　長の権限の代行──長の権限は、他の者をして代行させることができるが、自治法では、その方法として「代理」、「委任」及び「補助執行」を定めている。（21出・24出・26出・29出・令2出）

[1]　代理　は、長がその権限に属する「一部」を、補助職員である職員に臨時的に代理させることをいう。行政委員会に代理させることはできない。（24出・令2出）長の権限の「全部」の行使は職務代理者の場合である。（令2出）

・「長に事故があるとき」は、副知事又は副市町村長がその職務を代理し、→さらに副知事若しくは副市町村長にも事故があるときは、「長の補助機関である職員のうちから長が指定する職員」が、長の職務を代理する。→長の指定する職員がいないときは、規則で定める上席の職員が代理する。（令2出）

・代理の場合は、次の「任意代理」が多いことから、代理は長の名と責任において処理すると言われることもあるため、注意する必要がある。

○種類──代理には、法定事実により代理関係が生ずる「法定代理」と長の任意の授権による「任意代理」がある。

①　法定代理──法定代理とは、長に事故あるとき又は長が欠けたときに、副知事又は副市町村長に長の職務を代理させることをいう。（26出・令2出）

・法定代理には、「法令上の根拠」が必要である。

・長は、長に事故あるときに長の職務を代理させた後でも、自らこれを処理する権限を失わない。（26出）

・長の「職務代理者」が代理できる職務の範囲は、原則として長の権限の全てに及ぶが、議会の解散、副知事、副市町村長等の任命等、長たる地位又は身分に附随する一身専属的な権限については及ばない。（29出・令2出）

②　任意代理──任意代理とは、長の意思に基づいて代理関係が発生し、長が自己の権限に属する事務の一部を、その補助機関である職員をして臨時に

代理させることをいう。（29出）したがって、長は、いつでも代理関係を消滅又は変更することができる。

・任意代理は、法定代理と異なり、「法の根拠の有無」にかかわらず代理させることができる。

・任意代理者の当該事務は、代理される長の職務権限に属し、代理者はその長の職務権限を代わって行使するにとどまるため、対外的には、「長の名」と「責任」で執行される。代理した当該事務の権限は、長から職務代理者に移らない。（29出）

[2] 委任——委任とは、委任事務が受任者の職務権限となり、その事務については、受任者が「自己の名」と「責任」において処理することをいう。（26出）

・長は、その権限に属する事務の「一部」を「行政委員会」又は「行政委員会の職員」に委任することができる。（22出・26出・29出・令2出）委任後は自らこれを処理する権限を失う。（26出）

[3] 補助執行——補助執行は、内部的に長の権限を補助執行させる方法で「長の名」と「責任」で行うことをいう。

・補助執行は、長等が、その権限に属する事務の一部を「行政委員会の職員」又は「その管理に属する機関の職員」に執行させることをいう。

・例えば、行政委員会の予算の補助執行や財産又は公の施設の管理の補助執行がある。

・労働委員会や公安委員会にも、補助執行が認められる。

## 18 長の補助機関

● 長の補助機関——「補助機関」は、執行機関の職務執行を補助することを任務とする機関であり、副知事や副市町村長のほか、会計管理者、職員及び専門委員がいる。（20出）

● 副知事・副市町村長

・設置——副知事・副市町村長は、置くことを原則とする。その定数は条例で定めるとともに、条例で置かないこともできる。（22出・28出）

・条例で定数を2人と定めた場合には、その最高限度を定めたものではなく、必ずその定数だけの副知事又は副市町村長を置くことになる。

・副知事・副市町村長を「置かない場合」も「条例」を制定する必要がある。

・選任——副知事・副市町村長は、長が議会の同意を得て選任するが（28出）、議会は、長から提出された人事議案に対し修正権を有しない。

・長は、副知事又は副市町村長の同意があっても、「自らの任期限をもって」副知事又は副市町村長の任期限とすることは「違法」であり、できない。（24出・令2出）

- **解職**——副知事・副市町村長の任期は法定されているが、長は、その任期中も、副知事又は副市町村長を解職できる。（22出・28出・令2出）解職の場合には議会の同意を必要としない。

- **欠格事由**——選挙権及び被選挙権の「欠格事由」に該当する者は、副知事及び副市町村長になることができない。（令2出）

- **兼職兼業①**——副知事・副市町村長は、衆議院議員や参議院議員、地方公共団体の議会の議員、地方公共団体の常勤の職員及び定年前再任用短時間勤務職員との兼職も禁止されている。（令2出）

- **兼職兼業②**——副知事・副市町村長は、「検察官」、「警察官」、「収税官吏」、「公安委員」の兼職のほか、長と同様な兼職及び兼業が禁止されている。

- **兼職兼業③**——副知事・副市町村長には「親族の就職禁止の規定はない」。長、会計管理者又は監査委員と親子、夫婦又は兄弟姉妹の関係にある者でも、副知事・副市町村長となることができる。

- **兼業禁止①**——副知事・副市町村長が、「兼業禁止の規定に違反する場合」には、長は「自らの裁量によらず」、法律上当然に、副知事・副市町村長を「解職」しなければならない。（28出）　請負関係に抵触するときの認定は「長が行う」。

- **兼業禁止②**——副知事・副市町村長は、当該団体が出資している法人で政令で定めるものを除き、当該団体に対し請負をする法人の無限責任社員となることが禁止されている。該当するときは解職される。

- **兼業禁止の例外**——副知事・副市町村長は、兼業禁止の例外として、当該団体が資本金の2分の1以上を出資する法人が当該団体に対し請負をする場合でも、当該法人の取締役などを兼ねることができる。

- **退職**——副知事・副市町村長は、「職務代理者」であるときに退職する場合は、20日前までに「議長」に申し出なければならないが、それ以外、任期中に退職する場合には20日前までに当該団体の「長」に申し出なければならない。

- **職務**——副知事・副市町村長は、長を補佐し、長の命を受け政策及び企画をつかさどり、その補助機関である職員の担任する事務を監督し、（28出）長の職務を代理する。

- **委任**——副知事・副市町村長は、長の権限に属する事務の一部について委任を受け、その事務を執行することができる。この委任の場合には、長は、直ちにその旨を告示しなければならない。（22出）

- **事故あるとき**——副知事・副市町村長に「事故」があるときは、長の指定する職員が当該職務を代理する。（26出）

## ● 会計管理者

- **設置**——会計管理者は、自治法により、普通地方公共団体に「一人」を置くとされている。（22出・26出）複数置くことはできない。

- 任命――会計管理者は、長の補助機関である職員のうちから「長」が命ずる。（22出）議会の同意手続を必要としない。（25出）
- 名称――会計管理者にかえて他の名称を用いることはできない。
- 設置しない――条例で会計管理者を置かずに、副知事又は副市町村長にその事務を行わせることはできない。（24出・令2出）
- 親族の就職禁止――会計管理者は、「長」、「副知事・副市町村長」及び「監査委員」と、親子、夫婦、又は兄弟姉妹の関係にある者となることができない。関係が生じた場合は、その職を失う。（22出・24出・26出・令2出）議員との関係は失職事由とならない。
- 職務権限――

①会計管理者は、法律又は政令に特別の定めがあるものを除くほか、当該団体の会計事務をつかさどる。
- 会計管理者は、長の命令があった場合でも、支出負担行為が「法令又は予算に違反していないこと」及び「債務が確定していること」を確認した上でなければ支出することができない。（26出）
- 例示――会計事務を例示すると、おおむね次のとおり。

| | |
|---|---|
| 1 | 現金の出納及び保管 |
| 2 | 小切手の振り出し |
| 3 | 有価証券の出納及び保管 |
| 4 | 物品の出納及び保管 |
| 5 | 現金及び財産の記録保管 |
| 6 | 支出負担行為に関する確認 |
| 7 | 決算の調製と決算の長への提出 |

②出納員等――会計管理者の事務を補助させるために、「出納員」その他の「会計職員」を置くこととされている。ただし、「町村」では、「出納員」を置かないこともできる。（26出）この場合でも、「会計職員」は置かなければならない。
- 任命――出納員その他の会計職員の任命は、「長」が、長の補助機関である職員のうちから行う。（24出）
③会計職員――長は、会計管理者をしてその事務の一部を出納員に委任させ又は出納員以外の会計職員に委任させることができる。（26出）
- 委任したときは、長は、直ちに、このことを「告示」しなければならない。（26出）
④指定金融機関――指定金融機関が設置されている場合には、会計管理者の権限に属する会計事務のうち「公金の収納又は支払の事務」は会計管理者が直接行わず、指定金融機関が行う。
⑤指定金融機関を設置している会計管理者は、「小切手」を振り出す権限を有する。

⑥代理——長は、会計管理者に「事故がある場合」に必要があるときは、長の補助機関である職員にその事務を代理させることができる。会計管理者が「欠ける場合」は、代理でなく後任を命ずることになる。

● ┃専門委員┃──長は、権限に属する事務に関し必要な事項を調査するため、常勤又は臨時の「専門委員」を置くことができる。選任には「議会の同意を要せず」、専門の学識経験者を有する者の中から「長」が選任する。専門委員は、長の委託を受けて調査に当たる。(24出)
・専門員の設置の意思の決定は、「長」が有する。
・根拠規定——設置は、自治法に基づき設置でき、必ずしも条例又は規則の「根拠を要しない」。
・独任制——専門委員は、長の委託を受けて、その権限に属する事務に関して必要な事項を調査する「独任制」の機関であり、調査の委託は個々の専門委員に対して行われる。(24出)
・非常勤・特別職——専門委員は当該団体の職員であり、長の補助機関に属するが、「非常勤」の「特別職」に属する。(20出・24出・25出)

## ■ 19 附属機関

● ┃附属機関┃──附属機関とは、執行機関の要請に基づき、その行政執行の前提として必要な調停、審議、諮問又は調査などを行う機関である。
・設置——附属機関の設置は、必ず「法律」又は「条例」に基づかなければならない。(20出・27出・29出・令元出)法律や条例に基づかずに設置されることはない。
・役割——附属機関は、自治紛争処理委員、審査会、審議会、調査会その他の調停、審査、諮問又は調査のための機関であり、「執行権を有しない」。(25出・29出・令元出)
・必ずしも、特定の執行機関のみに附属するものではない。
・構成——附属機関の構成員は「非常勤」であり、条例で常勤にできない。(23出・25出・29出・令元出)
・附属機関の非常勤の委員等に対して「報酬」を支給しなければならず」、また、その職務を行うため要する費用の弁償を支給することができる。(令元出)条例で常勤とし給料を支給することはできない。
・附属機関の長に、執行機関の長がなることは構わないとする行政実例がある。(23出・27出)
・権限——附属機関は、執行機関の執行の前提としての審査・調査等を行う機関であり、直接住民に対し「執行権を有する機関」ではない。(27出・29出)

- 附属機関の職務権限は、法律若しくはこれに基づく政令又は条例に定めなければならない。（23出）
- 拘束性なし——附属機関の意思は、原則として執行機関を「法的に拘束しない」。
- 合議制——附属機関は「合議制」の機関である。
- 法令機関——附属機関で設置義務のある「法令」に基づく機関には「自治紛争処理委員」、「市町村防災会議」、「民生委員推薦会」、「建築審査会」、「青少年問題協議会」、「都市計画審議会」などがある。（23出・25出）
- 庶務——附属機関には独自の補助職員を置くことができず、庶務は「その属する執行機関」が行うものとされる。（23出・27出・29出・令元出）

## 20　行政委員会

● 行政委員会——行政委員会は、一般行政から独立をした権限を有する執行機関であり、公正中立な立場での行政執行が求められるため、原則として複数の委員による合議制の執行機関である。（20出）
● 行政委員会の種類
□都道府県のみに設置される機関として、「公安委員会」、「労働委員会」、「収用委員会」、「海区漁業調整委員会」、「内水面漁場管理委員会」がある。
・「海区漁業調整委員会」は、海がない府県には設置されない。
□市町村のみに設置される機関として、「固定資産評価審査委員会」、「農業委員会」がある。（30出）
・「農業委員会」は、「農地が少ない」区市町村には設置されない。
・区市町村に設置しなければならない「固定資産評価審査委員会」は、固定資産税が都区財政調整制度の調整財源として法定され、その賦課徴収は都が行っているため、23区には設置されていない。
□都道府県及び市町村ともに設置される機関として「教育委員会」、「選挙管理委員会」、「人事委員会（公平委員会)」、「監査委員」がある。

● 設置の根拠法
①教育委員会（地方教育行政の組織及び運営に関する法律）——教育長及び委員は、知事が都議会の同意を得て任命する。（23出）
②選挙管理委員会（自治法）——選挙管理委員は、「都議会の選挙」により選任される。（23出）
③人事委員会（地公法）——人事委員は、知事が都議会の同意を得て任命する。
④監査委員（自治法）——識見委員及び議員委員ともに、知事が都議会の同意を得て任命する。
⑤公安委員会(警察法)——公安委員は、知事が都議会の同意を得て任命する。（23

出）

⑥労働委員会（労働組合法）――労働委員は、「労働組合、使用者団体の推薦により知事が任命する場合」と「労働者委員及び使用者委員の同意を得て知事が任命する場合」がある。（20出・23出）

・不当労働行為に関し調査を行い又労働組合の資格の証明も所掌する。（21出）

⑦収用委員会（土地収用法）――収用委員は、知事が都議会の同意を得て任命する。

・土地の収用に関し裁定等を行う。

⑧海区漁業調整委員会（漁業法）――海区漁業調整委員は、知事が都議会の同意を得て任命する。

⑨内水面漁場管理委員会（漁業法）――内水面漁場管理委員は、知事が都議会の同意を得て任命する。

⑩固定資産評価審査委員会（地方税法）――都の場合、固定資産評価審査委員は、議会の同意を得て知事が任命する。（23出）

・固定資産税の課税台帳に登録された価格に関する不服の審査決定を行う。（21出）

⑪農業委員会（農業委員会等に関する法律）――農業委員は、市町村長が議会の同意を得て任命する。

・自作農の創設及び維持に関する事務を行うほか、農地等の利用関係の調整も行う。（21出）

● 行政委員会の権限 ――行政委員会は、自ら企画立案し調査などの一般的行政権を有するほか、審査（準司法的権限）を有し、規則制定権（準立法的権限）の権能を有している。

・準立法的権限――行政委員会は、法令又は条例若しくは規則に反しない限りにおいて、規則その他の規程を定めることができる。（20出）

● 行政委員会の委員

・選任――行政委員会の委員は、大部分は地方公共団体の長が議会の同意を得て選任される。（20出）

・勤務――行政委員は、原則として「非常勤」の「特別職」である。ただし、知識経験者から選任される監査委員、人事委員会の委員及び収用委員会の委員は「常勤」とすることができる。

・罷免――行政委員は、一定の任期があり、特定の場合を除き、その意に反して罷免されることはなく、職務執行の独立性が保障されている。（24出）

・行政委員が、「①心身の故障のために職務の遂行に堪えないと認めるとき」又は「②職務上の義務違反その他委員たるに適しない非行があると認めるとき」は、議会の同意を得て、罷免できる。（24出）この場合、議会の常任委員会

又は特別委員会で公聴会を開かなければならない。

・兼職禁止——行政委員は、「地方公共団体の議会の議員」、「地方公共団体の長」、「常勤の職員」、「定年前再任用短時間勤務職員」と兼ねられない。

・兼業禁止——行政委員は、「その職務に関する事柄に限って」当該団体と請負関係に立つことができない。(24出・27出)

・解職請求——行政委員の解職請求の対象は、次のとおりである。

□対象——教育長及び委員、選挙管理委員、監査委員、公安委員などは解職請求の対象となる。(24出・令3出)

□対象外——人事委員や公平委員は解職請求の対象とならない。(令3出)

・政党所属——行政委員は政党に所属できるが、一定の数以上は同一の政党に属せない制限がある。

・機関の共同設置——地方公共団体は、協議により規約を定め、「機関」(行政委員会、ただし公安委員会を除く)及び「職員」について共同設置ができる。(令3出)


● 長と行政委員会の役割分担

○ 機能の分担——次の4つは「長」のみが行使できる。

①議会への議案の提出権

・行政委員会は、自らの所管に属する事項に関する議案の議会への提出権はない。(20出・24出・27出)

②予算の調製権及び執行権

・行政委員会には、自らの予算の調製権及び執行権はない。(20出・27出・令3出)

③決算を議会の認定に付する権限 (20出・24出・27出)

・決算を議会の認定に付する権限は長に専属しており、行政委員会にはない。(令3出)

④地方税の賦課徴収・分担金・加入金の徴収権、過料を科す権限はない。(22出)

○ 委任・補助執行

・長は、長の権限に属する事務の一部を行政委員会又はその職員に「委任」できるし、その職員に対して「補助執行」させることもできる。(22出・24出・27出・令3出)

・委任及び補助執行については、長と行政委員会との「協議」が必要である。(22出)

○ 長の総合調整権——長には行政委員会に対する「総合調整権」があるが、「指揮監督権」はない。

・職員の兼職・事務従事——長は、行政委員会と協議の上、長の補助職員を行政委員会の事務を補助する職員と兼務させ、若しくはその職員に充て、又はその事務に従事させることができる。(22出・27出)

- **組織に関する勧告等**——行政委員会の組織や事務局の運営に関する事項、職員の定数、身分取扱いについて、長に「勧告権」を認めている。(20出・22出・27出・令3出)ただし、長は、必要な措置を講じるよう命令できないし、又それらを決定する権限までは有しない。(20出・22出)
- **協議**——行政委員会は、「組織、定数、身分取扱い」で当該委員会の権限事項のうち「政令で定めるもの」について規則その他の規程を定め又は変更するときは、あらかじめ「長に協議」しなければならない。
- ③**予算執行の調査権**——長は、行政委員会に対し「予算の報告聴取権」、「予算執行状況にかかわる実地調査権」及び「勧告権」を有している。
- ④**公有財産の総合調整権**——長には、公有財産の効率的な運用を図るため、「公有財産の取得又は管理の報告を求め」、「調整権」、「勧告権」を含めた総合的調整権が認められている。
- **教育財産**——公有財産の管理は長が有する権限であるが、「教育機関」の用に供する公有財産は、「地教行法」で教育委員会に管理権がある。他の行政委員会は長からの委任がある場合に管理権が存する。
- **行政委員会①**——行政委員会が、公有財産を取得し又は行政財産の用途を変更し、行政財産である土地を貸付けこれに対して地上権を設定し又は行政財産の目的外使用の許可をする場合には、長との協議が必要である。
- **行政委員会②**——行政委員会は、管理する行政財産の用途を廃止したときは、直ちにこれを長に引き継がなければならない。

● 　教育委員会

○ 　教育委員会——教育委員会は、政治的中立性を確保するために、「地方教育行政の組織及び運営に関する法律（地教行法）」により、学校その他の教育機関を管理し、学校の組織編制、教育課程、教科書その他教材の取扱い及び教育職員の身分取扱に関する事務を行い、並びに社会教育その他教育、学術及び文化に関する事務を管理し、執行する機関である。(21出)

- **設置**——教育委員会は、普通地方公共団体のみならず、特別区及び地方公共団体の組合に設置される。
- **組織**——教育委員会は「教育長及び4人の委員」で組織される。ただし、「条例の定める」ところにより、都道府県及び区市は「教育長及び5人以上の委員」、町村は「教育長及び2人以上の委員」で組織することができる。

□**教育長**——教育長は、当該団体の長の「被選挙権」を有する者で、人格が高潔で、「教育行政」に関し識見を有する者のうちから長が議会の同意を得て任命する。

□**教育委員**——教育委員は、当該団体の長の「被選挙権」を有する者で、人格が高潔で、「教育、学術及び文化」に関して識見を有する者のうちから長が議会の同意を得て任命する。

・被選挙権——教育長及び委員は、「長の被選挙権を有する者」であるから、「都道府県の場合は満 30 歳以上の者」、「区市町村の場合は満 25 歳以上の者」となる。
・保護者——教育委員のうち「保護者」である者が含まれるようにしなければならない。

### 🔴 教育長

・任命——教育長は、長が議会の同意を得て任命する。特別職である。
・任期——教育長の任期は「3 年」である。ただし、補欠の教育長の任期は残任期間である。
・役割——教育長は、教育委員会の会務を総理し、教育委員会を代表する。
・職務代理——教育長に事故あるとき又は教育長が欠けたときは、あらかじめその指定する委員がその職務を行う。
・常勤職——教育長は常勤の地方公務員である。

●教育長及び委員は、次の場合に職を失う。

①失職——教育長及び委員は、「長の被選挙権を失ったとき」。「破産手続開始の決定を受けて復権を得ないとき」又は「禁錮以上の刑に処せられたとき」に失職する。
②解職請求——教育長及び委員は解職請求が成立したときに失職する。
③辞職——教育長及び委員は、「長」及び「教育委員会」の同意を得て辞職できる。
④兼職・兼業——兼職・兼業の禁止に違反したときに失職する。
・教育長及び委員は、地方公共団体の議会の議員、長、行政委員会の委員、常勤の職員及び定年前再任用短時間勤務職員と兼職できない。
・教育長及び委員が「兼業禁止」に該当するか否かは「選任権者」が決定する。
・教育長及び委員は、当該団体に対し「その職務に関し」請負することが禁止されている。
⑤罷免——長は、教育長又は委員が、「心身の故障のため職務の遂行に堪えないと認める場合」又は「職務上の義務違反その他の非行があると認めた場合」には、「議会の同意」を得て「罷免」できる。
◇長は、教育長及び委員のうち委員の定数に 1 を加えた数に『1/2 から 1 を減じた数の者』が既に所属している「政党」に「新たに」所属するに至った教育長又は委員を「罷免」できる。
◇長は、教育長及び委員のうち委員の定数に 1 を加えた数に『1/2 以上の者』が同一の「政党」に属することとなった教育長又は委員を、『議会の同意』を得て「罷免」することができる。

### ○ 会議 ——教育委員会は合議制の執行機関である。「教育長」が招集する。

・招集請求——教育長は、委員の定数の「1/3 以上」の委員から会議に付すべき事件を示して会議の招集を請求された場合には、遅滞なく、これを招集

しなければならない。

・**会議要件**——会議は、教育長及び在任委員の「過半数」の出席が成立要件である。ただし、除斥や再度招集にもかかわらず過半数に達しない場合は、この限りでない。

・**議事**——会議の議事は、出席者の「過半数」で決し、可否同数のときは教育長が決する。

・**議事録**——教育長は、教育委員会の会議の終了後、遅滞なく、教育委員会規則で定めるところにより、その議事録を作成し、これを公表するように努めなければならない。

○ **権限**———教育委員会は、当該団体が処理する教育に関する事務を管理し、執行する。

・**任命権**——市町村立学校職員給与負担法により、都道府県がその給与を負担する教職員（県費負担職員）の任命権は「都道府県教育委員会」に属している。

・**身分等**——小中学校・特別支援学校等の教職員の異動・昇任等に係る「内申」、服務等の取扱い及び任用その他の「身分取扱い」並びに「教育課程、教科書その他の教材の取扱いに関する事務」は、各市町村教育委員会が処理する。

● **監査委員**

○ **監査委員**———監査委員は、地方公共団体の自主的な監査機能を強化し、公平かつ公正な行政を確保するために、地方公共団体の機関の行政監査を行う「独任制」の執行機関である。

・**合議制**——ただし、「住民監査請求に係る監査」、「職員の賠償責任の決定」及び「監査委員の監査結果に関する報告・意見の決定」は合議制による。

・**定数**——監査委員の定数は、都道府県及び人口25万以上の市は4人、その他の市及び町村は2人であるが、いずれも条例で、監査委員の定数を増加することができる。（25出）

・監査委員は、「識見を有する者」及び「議員」のうちから選任される。

・**選任の特例**——条例で、議員のうちから監査委員を選任しないことができる。

□**議員の数**——議員のうちから選任する監査委員の数は、「都道府県」及び「人口25万以上の市」は2人又は1人、「その他の自治体」は1人である。

□**識見の数**——識見を有する監査委員の数が2人以上であるときは、少なくとも1を減じた人数以上は、「職員で、政令で定めるものでなかった者」でなければならない。

・**増加要件**——定数を条例で増加できるのは「識見を有する者」の監査委員の場合である。

・**選任手続**——監査委員は、長が議会の同意を得て選任する。（25出）

・**兼職兼業の禁止**——監査委員は、地方公共団体の常勤の職員及び（定年前再

任用）短時間勤務職員と兼ねることができない。（25出）

・監査委員にも「兼業禁止規定」が適用される。ただし、他の行政委員会の委員が「その職務に関し」請負が禁止されるのに対し、監査委員は「その職務」が当該団体の全体に及ぶため、広く請負が禁止される。

・勤務——監査委員は原則として「非常勤」であるが、識見を有する者のうちから常勤とすることができる。なお都道府県及び人口25万以上の市の識見の監査委員のうち、少なくとも1人以上は、「常勤」としなければならない。

・任期——監査委員の任期は、識見の者は4年、議員の者は議員の任期による。ただし任期がきても後任者が選任されるまでの間はその職務を行える。

・罷免——監査委員が、「心身の故障のために職務遂行が困難なとき」又は「職務上の義務違反その他非行があるとき」は、「長」は、議会の同意を得て罷免できる。この議会の罷免には常任委員会又は特別委員会で公聴会を開かなければならない。

・上述の2つの事由及び手続による場合のほかは、罷免されることがない。

・退職——監査委員は、退職しようとするときは「長」の承認を得なければならない。

・服務——監査委員は、その職務を遂行するに当たっては、法令に特別の定めがある場合を除くほか、「監査基準」に従い、常に公正不偏の態度を保持して、監査等を行わなければならない。

・守秘義務——監査委員は、職務上知り得た秘密を漏らしてはならず、その職を退いた後も同様である。

・失職——監査委員は、次の場合に失職する。

①選挙権及び被選挙権を有しない者に該当するとき。

②当該地方公共団体の長又は副知事・副市町村長と親子、夫婦又は兄弟姉妹の関係にあるとき。

③兼職兼業の禁止に違反したとき。

④解職請求が成立したとき。

● 職務権限——監査委員の監査は一般監査と特別監査に分けられる。

□一般監査——「一般監査」とは、監査委員の職権で行う監査で、地方公共団体の「財務」に関する事務の執行及び「経営」に関する事業の管理を監査するものである。

□特別監査——「特別監査」とは、法令により、他から監査請求があった場合の監査である。

・権限外——監査委員の監査は、「自治事務」は労働委員会及び収用委員会の権限事項、また「法定受託事務」は収用委員会の権限事項のほか、国の安全及び個人の秘密に関する事項に及ばない。

・監査回数——「一般監査」は、毎会計年度、少なくとも「1回以上」、期日を

定めて行う義務がある。

- **方法**——監査の方法は、「書面監査」と「実地監査」があるが、監査委員は、必要と認めるときは、関係人の出頭を求め、調査し、書類その他の記録の提出を求め、又は学識経験を有する者等から意見を聴くことができる。(25出)だが、議会の調査権と異なり、関係人の出頭を強制することはできない。
- **請求監査**——監査委員は、当該団体の議会又は長から、事務の執行に関し監査の請求があったときは、その要求に係る事項について監査しなければならず、監査の必要性の有無を個別に判断することはできない。(25出)
- **意見提出**——監査委員は、必要があるときは、当該団体の組織及び運営の合理化に資するため、監査結果の報告に添え、その意見を提出することができる。
- **報告**——監査委員は、監査の結果に関する報告を決定し、「議会」及び「長」並びに「関係のある行政委員会」に提出するとともに、これを公表しなければならない。
- ○**合議による決定**——監査委員の監査の結果に関する「報告の決定」、「意見の決定」又は「勧告」は、監査委員の「合議」による。(25出)
- **措置後の通知**——監査委員から監査結果の報告があった場合に、提出を受けた議会、長その他の執行機関は、当該監査結果に基づき措置を講じたときは、その旨を監査委員に通知しなければならない。
- **監査執行上の除斥**——監査委員は、自己若しくは父母、祖父母、配偶者、子、孫若しくは兄弟姉妹の一身上に関する事件又は自己若しくはこれらの者の従事業務に直接の利害関係にある事件を監査できない。
- ○**代表監査委員**は、「識見委員」のうちから選任される。(25出)
- **訴訟の代表**——代表監査委員は、代表監査委員又は監査委員の処分又は裁決に係る当該団体を「被告」とする訴訟について、当該団体を代表する。

● **選挙管理委員会**
○ **選挙管理委員会**——選挙管理委員会は、普通地方公共団体に設置の義務がある。

- **選挙の範囲**——選挙管理委員会の選挙は、公職選挙法等に定める選挙であり、長、議会の議員、衆議院議員及び参議院議員の選挙が含まれる。(21出)
- **組織**——選挙管理委員会は、「4人」の委員で組織され、委員の任期は4年である。
- **選出要件**——選挙管理委員は、選挙権を有する者で、人格が高潔で、政治及び選挙に関し公正な識見を有する者のうちから、補充員とともに「議会で選挙される」。
- **欠員補充**——選挙管理委員に欠員があるときは、委員長が補充員の中からこれを補欠する。

- **兼職兼業**──選挙管理委員は、「地方公共団体の議会の議員及び長」と兼職できない。地方公共団体であるから、都道府県及び市町村に限らず、特別地方公共団体も含まれる。
- 上述以外に、選挙管理委員は、「国会議員」、「検察官」、「警察官」、「収税官吏」又は「公安委員会」の委員と兼職できない。
- **兼業**──選挙管理委員は、当該団体に対し「その職務に関し」請負する兼業が禁止されている。
- **違反判断**──選挙管理委員が、請負禁止規定に該当するか否かは「選挙管理委員会自身が決定する」。
- **守秘義務**──選挙管理委員は、在任中及び退職後も職務上知り得た秘密を漏らしてはならない。
- **失職**──選挙管理委員は、「選挙権を有しなくなったとき」、「兼職兼業禁止に違反したとき」、「解職請求が成立したとき」、「委員４人中２人が同一政党に属したとき」等の場合に「失職」する。
- **罷免手続**──委員が、「心身の故障のために職務遂行が困難なとき」又は「職務上の義務違反その他非行があるとき」は、「議会」は議会の議決により罷免できる。この議会の罷免には公聴会を開かなければならない。この場合の罷免手続は「長」ではなく「議会」であることに注意する。
- **禁止行為**──選挙管理委員は「特別職」であるが、「公職選挙法」により、その在職中、「選挙運動」が禁じられている。
- **退職**──「委員長」が退職するときは、当該選挙管理委員会の承認を得なければならず、「委員」が退職するときは委員長の承認を得なければならない。
- ○**都道府県の指揮監督権**──従来、都道府県選挙管理委員会が有していた市町村の選挙管理委員会に対する包括的な指揮監督権は廃止され、都道府県選挙管理委員会と市町村選挙管理委員会の関係は、国の関与の一般ルールに基づくことになっている。
- ○**会議**──選挙管理委員会は「委員長」が招集する。
- **会議要件**──会議は、「３人以上」の委員が出席することを要する。委員の事故により委員がその数に達しないときは、補充員が充てられる。
- **議事**──議事は、出席委員の「過半数」で決し、可否同数のときは委員長の決するところによる。
- **議事に参与できない**──委員長及び委員は、自己若しくは父母、祖父母、配偶者、子、孫若しくは兄弟姉妹の一身上に関する事件などについては「その議事に参与できない」。ただし、委員会の同意を得たときは会議に出席し発言することができる。
- ○**訴訟の代表**──選挙管理委員会の処分又は裁決に係る当該団体を被告とする訴訟については、選挙管理委員会が当該団体を代表する。

## ■ 21　国又は都道府県の関与

● **国又は都道府県の関与**——国又は都道府県の関与とは、地方公共団体の事務の処理に関し、国又は都道府県の機関が行う、次の行為をいう。

|  | 自治事務 | 法定受託事務 |
|---|---|---|
| 助言・勧告、資料の提出の要求 | ○関与できる | ○関与できる |
| 是正の要求 | ○関与できる | ——————— |
| 同意、許可・認可・承認 | △制限あり | ○関与できる |
| （是正の）指示 | △制限あり | ○関与できる |
| 代執行 | △制限あり | ○関与できる |
| 協議 | △制限あり | △制限あり |

・普通地方公共団体に対する国の関与には、「必ず」「法律」又はこれに基づく「政令」の定めを必要とする。（令2出）

● **助言、勧告、資料の提出の要求**

・国の関与の類型として、助言又は勧告、資料の提出の要求、是正の要求等があるが、この関与は、自治事務のみならず法定受託事務に関しても行うことができる。（令2出）

・逆に、「地方公共団体の長等」は、各大臣又は知事等に対し、その担任する事務の管理及び執行について技術的な助言・勧告又は必要な情報の提供を「求める」ことができる。

・「助言、勧告、資料の提出の要求」は、それに応じなくても法律上の義務を負うものでなく、「違法となる関与に該当せず」、したがって、国地方係争処理委員会の審査に付すことはできない。

● **是正措置の要求**

① **是正の要求**——是正の要求は、「自治事務」及び「第二号法定受託事務」が、「①法令に違反するとき」又は「②著しく適正を欠きかつ明らかに公益を害しているとき」に執られる措置である。

・**国は都道府県に**——是正の要求は、「国が都道府県に」行うものであり、「国が市町村に対し行うものではないため」、「国が市町村に」是正の要求を求めるときは「都道府県」を通して行わせることになる。ただし、国において緊急の必要性がある場合には、直接、市町村に行える。

・**都道府県の「是正の要求」**——都道府県が「是正の要求」ができるのは、①各大臣の指示を受けた場合、及び②都道府県の自治事務を「条例による事務処理の特例」によって市町村が処理する場合に限られる。

・国から「市町村」に対する是正の要求を受けた知事は、市町村に対し是正の

要求をしなければならない。

・**効果**——是正の要求を受けた地方公共団体は、是正又は改善のための必要な措置義務を負うが、ただし、具体的な措置内容については「法的拘束力がなく」、是正の要求を受けた地方公共団体が是正を行うか否かは、地方公共団体の裁量にゆだねられる。

・**不服申立**——「是正の要求」の場合は、これに不服がある地方公共団体は、国地方係争処理委員会の係争処理手続で争うことができる。

② **是正の指示**——是正の指示は、「各大臣」は、「都道府県」の「法定受託事務」が法令等に違反するときに行うことができる措置である。また「知事など」は、「市町村」の「法定受託事務（第一号・第二号）」が法令等に違反するときは、是正の指示を行うことができる。

・**指示理由**——是正の指示は、法定受託事務の処理が「①法令に違反するとき」又は「②著しく適正を欠きかつ明らかに公益を害しているとき」に行われる。

・**大臣の指示**——「各大臣」は、「緊急を要する場合に限り」、「市町村」の第一号法定受託事務に対し是正の指示を行うことができる。

・「各大臣」は、「市町村」が処理する「第二号法定受託事務」に対しては是正の指示ができないため、その必要がある場合は、「知事など」を通じて是正の指示をすることになる。

・**法的拘束力**——是正の指示は、是正又は改善のための具体的措置の内容についても指示が可能であり、「これに従う法的拘束力を有する」。

・**代執行の対象**——是正の指示に従わぬときは、「代執行の対象」となる。

・**不服申立て**——是正の指示に不服ある地方公共団体は、国地方係争処理委員会の係争処理手続で争うことができる。

③ **是正の勧告**——是正の勧告とは、「都道府県の執行機関」が「市町村」の「自治事務」が「①法令に違反するとき」又は「②著しく適正を欠きかつ明らかに公益を害していると認めるとき」に、当該市町村に対し、違反の是正又は改善のため必要な措置を講ずべきことを求める勧告である。

・**是正の勧告**——「自治事務」について国が都道府県に求めるのが「是正の要求」であるが、「自治事務」について「都道府県の判断」で市町村に是正を求めるときは「是正の要求」ではなく、「是正の勧告」となる。

・**効果**——是正の勧告はあくまで勧告であり、その効果は尊重する義務が生ずるにとどまり、関与に係る係争処理手続の対象とはならない。

● **代執行**——代執行は、各大臣が「都道府県」の「法定受託事務」の管理又は執行が法令等に「違反」する場合又は「これを怠ると認められる」場合に、他の方法で是正を図ることが困難であり、かつそれを放置することで著しく公益を害することが明らかであるときに行う措置である。

・**知事の代執行**——同様に、「市町村」の「法定受託事務」が法令に違反する場

合には、「知事」が「代執行」を行うことができる。
・**手続**——代執行は、最初は文書により期限を定めて「勧告」し、勧告に従わ
ないときは期限を定めて「指示」し、期限までに指示に従わないときは高等
裁判所に「訴え」、裁判所で定めた期限までに当該行為を行わないときに「代
執行」をすることができる。

## ■■ 22　国地方係争処理委員会

### ● 国地方係争処理委員会
○設置——国地方係争処理委員会は、地方公共団体に対する国の関与の適正を
確保するために、公正・中立な立場で係争を審査する機関として、「総務省」
に設置される。（令2出）
・**構成**——国地方係争処理委員会は、「5人」の委員で構成され、委員は、優れ
た識見を有する者のうちから、国会「両議院」の同意を得て「総務大臣」が
任命する。
・委員には、委員のうち「3人」が同一の政党その他の政治団体に属してはな
らない制限があり、委員は、法に規定されている事由以外には、その意に反
して罷免されない身分保障がある。
・**権限・手続**——国地方係争処理委員会は、「国」又は「都道府県」の関与のうち、
「国」の行政機関が行うものに関する審査の申出につき、自治法に定められた
事項を処理する。
●地方公共団体が審査の申出をすることができる場合及び審査の内容は、次の
とおりである。
○**関与**——関与は、「①権力的な又は違法性のある『処分』（代執行を除く）」、「②
法令に定める『協議』」、「③『不作為』」に限られる。
・自治事務は関与が「違法」又は「不当」なとき、法定受託事務は関与が「違法」
のときに限る。
①「是正の要求、許可の拒否その他の処分その他国の公権力の行使」に対し、
不服があるときに、申出に基づき、国地方係争処理委員会は審査を行う。
・**勧告**——国地方係争処理委員会は、国の関与が「違法」であると認めるとき
は、当該「国」の行政庁に対し、必要な措置を講ずべきことを「勧告」できる。
（令2出）
②「国の不作為」に対して不服があるとき。
・国地方係争処理委員会は、不作為の審査の申し出に理由があるかどうかにつ
いて審査を行い、理由があると認めるときは、当該国の行政庁に対し必要な
措置を講ずべきことを「勧告」できる。
③「法令に基づく協議の申し出」が国の行政庁に行われた場合に、当該「協議」

に係る地方公共団体が『義務を果たしたと認めるにもかかわらず』、当該協議が整わないときに「申出る」ことができる。

・委員会は、地方公共団体がその協議義務を果たしているかどうかを審査し、その結果を地方公共団体及び国の行政庁に「通知」する。

○いずれの場合も、「勧告」は、理由を付し、期間を示して行われる。

・審査の内容は、審査の申出人に通知し、かつ公表しなければならない。

・審査申出期間——国の関与があった日から「30日以内」である。ただし、天災などの理由があるときは、その理由がやんだ日から1週間以内である。

・執行停止——関与に関する係争処理手続には、「執行停止の制度はない」。

・審査・勧告——委員会の審査及び勧告は、申出があった日から「90日以内」に行わなければならない。

● 訴訟の提起

・地方公共団体は、国地方係争処理委員会の措置に不服があれば、国の「行政庁」を被告として「高等裁判所に訴訟を提起することができる。（令2出）被告とすべき行政庁がないときは、国を被告として提起しなければならない。

・不服の訴え——①委員会の審査結果又は勧告に不服があるとき、②委員会の勧告に対する行政庁の措置に不服があるとき、③委員会が審査請求から90日を経過しても審査又は勧告を行わないとき、④行政庁が勧告に対する措置を講じないときの場合に、訴えることができる。

・前置主義——訴訟は、国地方係争処理委員会による簡易な手続により迅速な解決が図られるべきことから、「審査の申出」（審査の申出前置主義）を出訴の要件としている。

## 23　自治紛争処理委員

● 自治紛争処理委員 ——自治法138条の4③では、普通地方公共団体は、法律又は条例の定めるところにより、「附属機関」として、「自治紛争処理委員」を設くことができるとしている。

○4つの制度——自治紛争処理委員が処理する制度は、次の4つである。

①調停制度は、「自治体間の紛争」について調停する。

②審理制度は、「審査請求など」を審理する。

③勧告（関与）制度は、都道府県の「関与」に不服がある場合に審査し、勧告を行う。

④連携協約の方策提示制度は、連携協約に係る紛争の処理方策の「提示」を行う。

● 自治紛争処理委員の特徴

・人数——自治紛争処理委員は「3人」とし、事件ごとに識見者のうちから、選任される。

・任命——「都道府県が当者となる調停、関与」は「総務大臣」が委員を任命

し、「その他」は「知事」が委員を任命する。

- **失職**──自治紛争処理委員は、事件が終了したとき、事件の取下げ、事件の調停を打ち切ったときに失職する。
- **罷免**──自治紛争処理委員は、①当該事件に直接利害関係があるとき、②破産宣告又は禁錮以上の刑に処せられたとき、③自治紛争処理委員の過半数が同一の政党その他の政治団体に属するとき、④職務上の義務に違反又は非行があるときに「罷免」される。
- **政党**──自治紛争処理委員は、3人中2人が「同一政党」に所属することができない。
- **守秘**──自治紛争処理委員は、退いた後も守秘義務がある。

## [1] 勧告（関与）制度

○**勧告制度**──「総務大臣」は、市町村長などから都道府県の関与に不服がある旨の届出を受けたときは、自治紛争処理委員を任命し、事件の審査に付する。
- **審査等**──自治紛争処理委員の審査対象、審査手続、勧告の要件や効果は、国地方係争処理委員会と同様である。
- **合議**──審査決定などは、自治紛争処理委員の「合議」による。
- **訴訟**──長などは、国地方係争処理の手続に準じて、「高等裁判所」に対し都道府県の行政庁を被告とし、「違法な関与の取消」又は「不作為の違法の確認訴訟」を求めることができる。

## [2] 調停制度

○**調停制度**──地方公共団体の間又は地方公共団体の機関相互の間に紛争があるときは、都道府県又は都道府県の機関が当事者となるものは「総務大臣」、その他のものは「知事」に、当事者の文書よる「申請」又は「職権」により、紛争の解決のため、自治紛争処理委員により調停に付される。
- **取下げ**──当事者の申請に基づき開始された調停においては、当事者は、総務大臣又は知事の同意を得て、当該申請を取り下げることができる。
- **勧告・公表**──自治紛争処理委員は、「調停案」を作成して、これを当事者に示し、その受諾を勧告するとともに、理由を付してその要旨を公表することができる。
- **報告**──自治紛争処理委員は、調停案を当事者に示しその受諾を「勧告」したときは、直ちに調停案の写しを添えてその旨及び調停の経過を「総務大臣」又は「知事」に報告しなければならない。
- **調停打切り**──自治紛争処理委員は、調停による解決の見込みがないと認めるときは、総務大臣又は知事の同意を得て、調停を打ち切り、事件の要点及び調停の経過を公表することができる。

- 自治紛争処理委員は、調停を打ち切ったときは、その旨を当事者に通知しなければならない。
- **調停成立**——調停は、当事者の「全てから」調停案を受諾した旨を記載した文書が総務大臣又は知事に提出されたときに成立し、この場合、総務大臣又は知事は、直ちにその旨及び調停の要旨を公表するとともに、当事者に調停が成立した旨を通知しなければならない。
- **文書提出**——総務大臣又は知事は、当事者から文書の提出があったときは、その旨を自治紛争処理委員に通知する。
- **出頭・陳述等**——「自治紛争処理委員」は、調停案を作成するために必要があるときは、当事者及び関係人の出頭及び陳述を求め、又は当事者及び関係人並びに紛争に係る事件に関係のある者に対し、紛争の調停のため必要な「記録の提出」を求めることができる。
- **決定**——調停案の作成及びその要旨の公表についての決定、調停の打ち切りの決定、事件の要点及び経過の公表についての決定、関係人などの出頭、陳述及び記録の提出を求める決定は、自治紛争処理委員の合議による。

## [3] 連携協約の処理方策の提示制度

○**連携協約の処理方策の提示制度**——「総務大臣」又は「知事」は、地方公共団体から自治紛争処理委員による「連携協約に係る紛争を処理するための方策の提示」を求める旨の「申請」があったときは、自治紛争処理委員を任命し、処理方策を定めさせなければならない。
- **取下げ**——申請をした地方公共団体は、総務大臣又は知事の同意を得て申請の取下ができる。
- **処理方策の策定**——自治紛争処理委員は、「処理方策を定めたときは」、これを当事者である地方公共団体に提示するとともに、その旨及び当該処理方策を総務大臣又は知事に「通知」し、かつ「公表」しなければならない。
- **出頭・陳述等**——自治紛争処理委員は、処理方策を定めるため必要があると認めるときは、当事者及び関係人の出頭及び陳述を求め、又は当事者及び関係人並びに紛争に係る事件に関係のある者に対し、処理方策を定めるため必要な「記録の提出」を求めることができる。
- **合議**——処理方策の決定並びに出頭、陳述及び記録の提出の求めについての決定は、自治紛争処理委員の合議による。
- **提示**——処理方策の提示を受けたときは、当事者である地方公共団体は、これを尊重して必要な措置を執るようにしなければならない。

## ■ 24　外部監査制度

● **外部監査制度**──外部監査制度には「包括外部監査」と「個別外部監査」
がある。

○ **外部監査人とは**──外部監査を締結できる者（外部監査人）は、①弁護士、
②公認会計士、③国又は地方公共団体の職員で政令で定める者、④税理士で
ある。したがって外部監査人は「個人」であって、「法人は対象とならない」。

・**除外規定**──外部監査人は、原則として当該団体の職員であった者は、当該
団体の外部監査人となることができない。

・**選任手続**──外部監査人は、長が「議会への契約議案の議決を経て」選ばれる。

・**身分**──外部監査人は、契約で、地方公共団体の監査を行う点を除いては、
監査委員と同様の権限を、監査委員から独立して行使することとされ、「公務
員の身分は保有しない」が、外部監査契約を締結することにより、法律上一
定の義務を負う。

・**制限**──包括外部監査人又は個別外部監査人は、自己若しくは父母、祖父母、
配偶者、子、孫又は兄弟姉妹の一身上に関する事件、又はこれらの者の従事
する業務に直接の利害関係のある事件には、監査できない。

・**出頭依頼等**──外部監査人は、包括外部監査等で、「監査委員と協議」して、
関係人の出頭を求め又は調査し又は帳簿、書類等の提出を求めることができ
る。

・**配慮**──外部監査人は、監査実施にあたり、監査委員にその旨を通知すると
ともに、監査委員の監査の実施に支障をきたさない配慮をしなければならな
い。また監査委員も、外部監査に配慮しなければならない。

・**義務**──外部監査人は、契約の履行に当たっては常に公正不偏の態度を保持
し、自らの判断と責任において監査する義務を負う。

・**刑罰適用**──外部監査人は、善良な管理者の注意をもって誠実に監査を行う
義務を負い、監査の実施に関して知り得た秘密を漏らした場合は、刑罰の適
用がある。（23出）

・**守秘義務**──外部監査人は、監査の実施で知り得た秘密を漏らしてはならな
い。この義務は外部監査人でなくなった後であってもその義務を負う。「刑罰
その他の罰則の適用」については「みなし公務員」とみなされる。（26出）

・**議会の要求等**──議会は、外部監査人又は外部監査人であった者から説明を
求めるとともに、外部監査人に対して意見を述べることもできる。（19出）

□**解除「義務」**──外部監査人が外部監査人となる「資格等を失った等の場合」、
又はその資格を有するについての「欠格条項等に該当するに至った場合」には、
長は、必ず外部監査契約を「解除」しなければならない。

□解除「任意」——外部監査人が、「①心身の故障のため監査の遂行に堪えないと認めるとき」、「②外部監査契約に係る義務違反が発生したとき」は、「長の判断で」外部監査契約を解除することができる。この場合、「監査委員の意見を聴く」ことと、「議会の同意を得る」ことが要件となる。

[1] 包括外部監査——包括外部監査は、「都道府県」、「指定都市」及び「中核市」は自治法に基づき義務設置である。「その他の市町村」では「条例」で定めた場合に設置することができる。(23出・26出・令2出)

・任意設置——「特別区」、「一部事務組合」、「広域連合」においても、「条例」で定めれば、包括外部監査契約を締結することができる。

・相手方——包括外部監査契約の相手方は、「一の者」とされており、責任者は一人で、補助者とチームを構成して監査を行うことを想定している。「法人には認められない」。

・法改正——包括外部監査を導入した地方公共団体は、包括外部監査を「毎会計年度」実施しなければならないが、法改正で、次の「緩和措置」が図られている。

・緩和措置——法改正で、包括外部監査を「条例により導入できる地方公共団体」は、「条例で定める会計年度のみ」実施できることとなり、毎会計年度の実施義務が緩和されている。

・この場合、あらかじめ監査委員の意見を聴くとともに議会の議決を経なければならない。

・契約締結——外部監査人との契約の「締結」に当たっては、「長」は、あらかじめ「監査委員の意見」を聴くとともに、「議会の議決」を経なければならない。

・連続契約——包括外部監査契約は、なれ合い的になることを防ぐため、同一の外部監査人と「連続」して「3回まで」の契約とし、連続して4回以上の契約の締結を禁止している。(23出・26出・令2出)

・契約期間——包括外監査契約の「始期」は「契約で定められる」が、「終期」は「会計年度の末日」とされている。(令2出)

・解除——地方公共団体の長は、契約を締結したとき又は契約を「解除」したときは、直ちに告示しなければならない。

・監査——外部監査人は、財務と経営管理(企業会計)のうち、自治法第2条第14項及び第15項の趣旨を達成するため、「財務に関する事務執行」及び「経営に係る事務の管理」の「特定事件」について監査する。

・外部監査人は、「特定の事件」について、毎会計年度「1回以上」監査しなければならない。一回も監査しないことは許されない。

・特定の事件の選択、すなわち、包括外部監査の「監査テーマ」は、包括外部監査人自身が決める。その対象や範囲についても特に制限はない。

・包括外部監査人は、契約期間内に監査を実施し、監査結果報告を決定し、かつ議会、長及び監査委員に必ず報告書を提出しなければならない。また、監査の対象となった特定の事件に関係ある執行機関に対しても提出しなければならない。

・**監査方法**——外部監査人は、監査のために必要があると認めるときは、監査委員と「協議」して、①関係人の出頭を求め、又は②関係人について調査し、又は③関係人の帳簿、書類その他の記録の提出を求め、又は④学識経験を有する者などから意見を聴くことができる。

・**意見提出**——包括外部監査人は、監査の結果に基づいて必要があると認めるときは当該外部監査対象団体の組織及び運営の合理化に資するため、「報告に添えて意見を提出する」ことができる。

・**結果報告と公表**——<u>包括外部監査人は、監査結果報告を決定し、当該議会、長及び監査委員並びに関係執行機関に提出しなければならない。なお、監査結果の公表は、包括外部監査人から報告を受けた「監査委員が行う」とされている。</u>（26出・令2出）

[2] 　**個別外部監査**——個別外部監査は、「全て」の地方公共団体において、「条例」で定めることにより実施できる。

・<u>個別外部監査契約は、「住民や議会等の監査の請求又は要求がある場合」に、監査委員の監査に「代えて」、「契約に基づく外部監査人」による監査を受けることを内容とする契約である。</u>（令2出）

○個別外部監査契約に基づく外部監査人は、住民、議会及び長が選定した、次の事項について監査を実施することが義務づけられる。

①事務監査請求に係る個別外部監査・・・・・・・・この取扱いは「議会」が決定する。

②長の要求に係る個別外部監査・・・・・・・・・・この取扱いは「議会」が決定する。

③長の要求の財政援助団体監査に係る個別外部監査・この取扱いは「議会」が決定する。

④議会の請求に係る個別外部監査・・・・・・・・・これは、そのまま外部監査となる。

⑤<u>住民監査請求に係る個別外部監査・・・・・・・・この取扱いは「監査委員」が決定する。</u>（23出・26出）④と⑤は議会の議決を必要としない。

## ■ 25  大都市制度

● 大都市制度──大都市制度には、規模及び能力に応じて「指定都市」と「中核市」がある。

[1] 指定都市

○成立要件──指定都市は、政令で定める「人口50万以上の市」が成立要件となる。「面積要件は存在しない」。（令元出）

・ただし、人口要件を満たしたのみでは直ちに自治法の適用があるのではなく、自らの事務を処理する能力を持たなければならない。

・指定都市の指定手続である当該市の「申出等」については、中核市とは異なり、「自治法上には明文の規定がない」。

□事務の特例──指定都市は、都道府県が法律又は政令で定めるところにより処理する事務の全部又は一部で、政令で定めるものを処理できる。処理事務には「20の事務」がある。

□組織の特例──指定都市は、市町の権限に属する事務を分掌させるため、条例で区を設け、区の事務所又は必要があるときは、出張所を置くものとされている。（28出）

○ 行政区──指定都市には、組織の特例として「行政区」を設置する「義務」があり、（令元出）その行政区に必ず事務所を設け、区長、区会計管理者、選挙管理委員会を置かなければならない。

①行政区の区長は、指定都市の市長の補助機関である職員のうちから「市長」が命ずる。（28出）

②区会計管理者は、「行政区ごとに」市長の補助機関である職員のうちから「一人」置かれる。区会計管理者は、指定都市の会計管理者の補助者として事務を掌る。

③区の選挙管理委員会は必置機関であり、原則として市の選挙管理委員会に関する規定が準用される。委員の定数は一般の市と同じく4名である。

・法人格──行政区は、独立の「法人格を有しない」。

□関与の特例──指定都市は、原則として、知事等の命令に関する法令の規定が適用されず、各大臣の命令を受ける関与の特例がある。（28出・令元出）

□区地域協議会──指定都市は、必要と認めるときは、「条例で」、「行政区ごとに」区地域協議会を置くことができる。この場合、その区域内に地域自治区が設けられる区には区地域協議会を設けないことができる。

[2] 中核市──中核市の指定は、「法令に規定されている」。（令元出）

・手続規定──法令では、関係市議会の議決、都道府県議会の議決、都道府県の同意、関係市から総務大臣への申出、総務大臣が政令で指定するなど、こ

れらの手続が定められている。（令元出）

・**要件**——中核市は、人口20万以上を有することが要件である（面積100K㎡以上の要件規定は廃止されている）。(28出)

・中核市は、保健所設置市とされる。

・中核市の人口は成立要件であって、存続要件ではない。したがって、指定された後で人口が減っても、指定が取消されることはない。一般市に戻ることはない。

・中核市の区域の全部を含む区域を以て新たに市が設置される場合には、中核市の指定に係る関係市からの申出があったものとみなされる。

・**手続**——

①申請をする市は、事前に当該「市議会の同意」を経て、「都道府県の同意」を得る必要がある。(28出)

②都道府県の同意があれば、「申請する市」は「総務大臣に申し出る」ことができる。

③中核市が指定都市の指定を受けた場合には、中核市の指定はその効力を失う。

□**事務の特例**——中核市が処理できる事務は、「指定都市が処理できる事務」のうちの一部である。その具体的な内容は政令に規定されている。

・中核市に関する「関与の特例」は、指定都市に認められるもののうち「福祉分野」の事務に限られている。なお、中核市においても指定都市と同様に本法以外に特例があり、福祉、保健衛生、まちづくり等の分野に係る事務を処理することができるが、これらは指定都市が処理することができる事務のうち、「都道府県がその区域にわたって一体的に処理することが効率的なものを除いた」部分とされている。（令元出）

□**組織の特例**——中核市には、「行政区」の設置に関する特例規定は「ない」。

□**関与の特例**——中核市は、原則として、知事等の命令に関する法令の規定が適用されず、「各大臣の命令を受ける」。

※「特例市」は、中核市に準じた事務配分の特例を設ける制度であったが、平成27年の改正自治法で「廃止」されている。(28出)

## ■■ 26　地方公共団体の協力方式 ■■■■■■

●地方公共団体には、次の協力関係がある。

[1]　**協議会**——甲市と乙市で構成する協議会により事務を処理する。

○地方公共団体は、団体の事務の一部を共同処理するために、協議により「規約」を定め、地方公共団体の協議会を設けることができる。

・**発案権**——協議会の設置・廃止についての協議の発案権は、議会の議員にはなく、「長に専属する」。

69

地方自治法

- 議会の議決──協議会の設置の協議については、「連絡調整協議会を除き」、関係団体の「議会の議決」を経なければならない。（令4出）
- 種類──協議会には、次の3つの種類がある。
□管理執行協議会は、事務の一部を共同して管理執行する。
- 管理執行事務には、共同処理することが簡素化及び効率化が図られる事務などがある。
- 管理執行事務として税の滞納処分事務も対象にできる。
□連絡調整協議会は、事務の管理執行について連絡調整を図る。
- 「連絡調整のための協議会」の場合には「議会の議決を必要としない」。（令4出）
□計画協議会は、広域にわたる総合的な計画を共同して作成する。
- 協議会が作成した広域にわたる総合的な計画は、「法的拘束力を持たず」、あくまで関係団体が協議して作成した計画であるから努力に止まり、計画に従わない関係団体に「罰則が適用できる法律上の強制力はない」。（令4出）
- 性格──協議会は、独立した法人格を有しない。（28出・令元出）
- 協議会は、固有の財産や職員を持たない。
- 設置勧告──総務大臣又は知事は、公益上必要がある場合には協議会の設置を「勧告」できる。
- 設置手続──協議会を設置したときは「告示」するとともに、都道府県の加入する場合は「総務大臣」に、その他のものは「知事」に「届出る」義務がある。
- 組織──協議会は、会長及び委員をもって組織され、会長及び委員の身分を「常勤」とするか否かは「規約」の定により、関係団体の職員の内から選任される。（令元出）
- 協議会の会長及び委員は、関係団体の職員から選任する職員であれば、「一般職（常勤及び非常勤）たると特別職たるを問わない」。（令4出）構成員に議会の議員は除かれる。
- 身分取扱い──管理執行する協議会を設ける場合の協議会の規約には、当該協議会の担任事務に従事する関係団体の「職員の身分取扱い」について規定を設けなければならない。（令4出）
- 協力依頼──協議会は、関係のある公の機関の長に対し資料の提出、意見の開陳、説明その他必要な協力を求めることができる。
- 効力──協議会が、関係団体又は長などの執行機関の名で行った「管理及び執行」は、当該団体の「長など」の管理及び執行したものとして効力を有する。（28出・令4出）
- 脱退──協議会を脱退する場合には関係団体の協議が必要であるが、協議が整わなくても、議会の議決を経て、脱退する日の2年前までに他の全ての関係団体に書面で予告することにより協議会から脱退できる。

26　地方公共団体の協力方式

[2] 　連携協約　 ——協議会などの別組織を作らないで相互協力で事務処理する。

・**方式**——連携協約は、地域の実情に応じて、地方公共団体が他の地方公共団体との間で協約を締結し、連携して事務処理に当たる方式である。

・**方針等**——連携協約には、事務処理に当たっての基本的な方針及び役割分担を定め、議会の議決を経て締結する、双方的な効果を持つ連携である。

・**議決**——協議にあたっては、関係団体の議会の議決が必要である。連携協約の変更又は連携協約の廃止の場合も同様である。

・**締結**——連携協約は、都道府県と市町村の間や異なる都道府県の区域に所在する市町村の間などの締結も可能である。

・**手続**——連携協約を「締結」したときは、その旨及び連携協約を「告示」するとともに、都道府県が締結したものは「総務大臣」、その他は「知事」に届出る必要がある。

・**措置**——連携協約を締結した地方公共団体は、連携協約に基づいて、連携協約を締結した他の地方公共団体と連携して事務を処理するに当たって、当該団体が負担すべき役割を果たすため必要な「措置を執る」ようにしなければならない。

・**紛争処理**——連携協約を締結した自治体間で紛争が生じた場合、都道府県が当事者の場合は総務大臣、その他は知事に、自治紛争処理委員による紛争処理の方策の提示を求める申請ができる。

[3] 　機関等の共同設置　——甲市と乙市が機関を共同設置して、事務を処理する。

・**設置**——地方公共団体は、協議により「規約」を定め、行政委員会、附属機関、補助機関、議会事務局などを共同して設置することができる。（令元出）

・**帰属**——機関の共同設置において、共同設置された機関は、それぞれの地方公共団体の機関としての性格を有し、その行為はそれぞれの地方公共団体に「帰属」する。（28出）

・**例外**——共同設置は、「公安委員会」のみ認められていない。（令元出）

・**議会の議決**——機関等の共同設置には、関係団体の「議会の議決」を経なければならない。

・**告示等**——機関等を共同設置したときは「告示」するとともに、都道府県の加入する場合は総務大臣に、その他のものは知事に「届出る」義務がある。

・**勧告**——公益上必要がある場合には、「総務大臣又は知事」は機関の共同設置を普通地方公共団体に「勧告」することができる。

・**脱退**——機関等の共同設置から脱退する場合には関係団体の協議が必要であるが、協議が整わなくても、「議会の議決を経て」、脱退する日の2年前までに他の全ての関係団体に書面で予告することにより脱退できる。

[4] **事務の委託**──甲市が乙市の事務の委託を受けて「甲市」の名で事務を処理する。

・**方式**──地方公共団体は、協議により規約を定め、団体の事務の「一部」を他の地方公共団体に「委託」して、当該団体の長などをして管理執行させることができる方法である。

・**意思の合致**──事務の委託制度は、双方の「意思の合致」が前提となる。

・**設置**──<u>事務の委託は、都道府県相互間及び市町村相互間のみならず、都道府県と市町村の間においても行うことができる。</u>（28出・令元出）

・**手続**──事務を委託し、委託した事務を変更し、委託の事務を廃止する場合には、関係団体が協議し、議会の議決を経なければならず、また知事又は総務大臣に「届出」なければならない。

・**権限**──受託団体は受託事務の範囲で自己の事務として処理し、委託団体は委託の範囲でその権限がなくなる。

・**執行**──委託事務は「受託団体の名と責任」で行われる。

[5] **事務の代替執行**──甲市が乙市の事務を「乙市」の名で事務を処理する。

・**方式**──事務の代替執行とは、地方公共団体は協議により「規約」を定め、当該団体の事務の一部を「当該団体の名」において、他の地方公共団体の長等に管理・執行させる方式である。

・**議決**──規約には、関係団体の「議会の議決」を経なければならない。

・**規約内容**──規約には、事務の代替執行をする地方公共団体とその相手方となる地方公共団体や、事務の範囲、管理及び執行の方法などを定める。

・**告示等**──事務の代替執行を行うときは、その旨及び規約を「告示」するとともに、都道府県が行うときは総務大臣、その他は知事に「届出」なければならない。

・**権限**──代替執行事務の処理権限は、事務の代替執行の求めを行った地方公共団体に残る。

・他の地方公共団体、他の地方公共団体の長・行政委員会の管理執行の行為は、当該団体の長又は行政委員会の管理執行の行為となる。

[6] **職員の派遣**──地方公共団体の長などは、当該団体の事務処理のため、特別の必要があると認めるときは、他の地方公共団体に「職員の派遣」を求めることができる。

・**目的**──職員の派遣は、地方公共団体相互間の協力援助に関する措置として法定化することにより、派遣職員の身分を保障し、もって職員の派遣を促進することにある。

- **範囲**——職員の派遣は、長又は行政委員会、すなわち執行機関であり「議会事務局は含まれない」。
- 職員の派遣は、執行機関の間であれば、都道府県と市町村の間であると、都道府県相互間又は市町村相互間であるとを問わない。また特別区及び地方公共団体の組合にも準用される。
- **当事者**——職員の派遣を求める当事者は、長は長に、行政委員会は行政委員会に対し求めることになる。
- **協議**——行政委員会が職員の派遣を求め又は派遣する場合には、あらかじめ「長に協議」しなければならない。
- **身分**——派遣された職員は、派遣を受けた団体の職員の身分と、派遣した地方公共団体の職員との身分を「併せ持つ」。(28 出)
- **負担**——派遣職員の給与、手当（退職手当を除く）及び旅費は、派遣を受けた団体の負担となり、退職手当及び退職年金などは派遣した団体の負担となる。(令元出)

## ■ 27　特別地方公共団体

### ● 特別地方公共団体

[1]　**特別区**——特別区は都の区をいう。特別区は都に包括された区で大都市行政の一体性を確保する見地からつくられた。現在、都は東京都だけであり東京都にある 23 区が特別区とされている。

- **市の適用**——特別区は、法令で都が処理すると定められたものを除き、原則として「市」に関する規定が適用される。
- **事務権能**——特別区は、「基礎的な地方公共団体」として位置づけられているが、その事務権能は、都が「一体的に処理する事務を除き」、一般の「市町村」が処理する事務を処理することとされているため、「一般の市と異なる」。

[2]　**地方公共団体の組合**——地方公共団体の組合は、複数の地方公共団体が共同して、自治事務や法定受託事務のうち特定の事務を管理し、執行するために設置される。

- **2 つの制度**——地方公共団体の組合は、「一部事務組合」及び「広域連合」に分けられる。
- 一部事務組合の形式の一つとして、「複合的一部事務組合」と「特例一部事務組合」がある。

### ■ 一部事務組合

- **設置**——「一部事務組合」は、「普通地方公共団体」及び「特別区」がその事務の一部を共同処理するために設けられる組織であり、特別地方公共団体に

<u>区分される。</u>（28 出・令元出）

- 一部事務組合は、都道府県及び市町村と「縦断的」に、また市及び町村と「横断的」にも設置できる。
- **許可**──<u>「一部事務組合」の設立には、協議により規約を定め、都道府県が加入するものは総務大臣、その他は、都道府県知事の「許可」を得なければならない。</u>（23 出）
- なお、構成団体の「増減」、共同処理する「事務の変更」、「規約の変更」及び「解散」の場合も、構成地方公共団体の議決を経た協議により、「総務大臣又は知事」の「許可」を得なければならない。
- **設置の勧告**──<u>総務大臣は、関係のある市町村に対し、一部事務組合を設けるべきことを勧告できるし、知事も、公益上必要があるときは、一部事務組合を設置することを市町村及び特別区に対し「勧告」することができる。</u>（23 出）強制設置の制度は廃止されている。
- **法人格**──「一部事務組合」は、地方公共団体の協議会と異にし、「法人格」を有する。
- **規約**──「一部事務組合」は、規約で定められ、規約には「関係議会の議決を要する」。
- **事務**──「一部事務組合」が共同処理する事務は「同一事務」に限られる。
- 共同処理される事務は、関係地方公共団体の事務から除外される。
- **議会と執行機関**──「一部事務組合」には「議会と執行機関」が置かれる。
- 議員の選出方法は間接選挙によるが、「規約」で定めれば住民による「直接選挙」も可能である。
- **例外規定**──間接選挙を想定して、一部事務組合の議会の議員は、組織する地方公共団体の議会の議員と兼ねることができる例外規定がある。
- 執行機関として「管理者」が置かれる。
- **監査委員**──「一部事務組合」は、自治法が「多元主義」を採用していることから、「監査委員」を規約で必ず設置しなければならない機関とされている。
- **住民監査請求**──「一部事務組合」の住民は、当該組合の職員の違法又は不当な公金の支出があると認めるときには、当該組合の監査委員に対し「住民監査請求」を行うことができる。
- **直接請求**──「一部事務組合」が「間接選挙の場合」には、「直接請求に関する規定」は「適用されない」。
- **兼務**──「一部事務組合」の議員、管理者その他の職員は、組合を構成する地方公共団体の議会の議員又は長その他の職員と兼務することができる。
- **脱退**──「一部事務組合」から脱退する地方公共団体は、当該議会の議決を経て脱退する日の 2 年前までに他の全ての関係団体に書面で通告する必要がある。

□ 複合的一部事務組合 ——複合的一部事務組合とは、全構成団体について共同処理で処理する事務のうち、ある事務については一部の構成団体についてのみ共同処理する場合に設置できる一部事務組合方式の一つである。

・設置——複合的一部事務組合の設置は「市町村」及び「特別区」に限られている。

□ 特例一部事務組合 ——特例一部事務組合とは、一部事務組合が、「規約」で定めるところにより、当該一部事務組合の「議会を構成団体する議会」をもって組織する形態をいう。

・付議事件——特例一部事務組合の管理者は、法令の規定により一部事務組合の管理者が一部事務組合の議会に付議することとされている事件があるときは、構成団体の長を通じて当該事件に係る議案を全ての構成団体の議会に提出しなければならない。

・議決の一致——特例一部事務組合の議会の議決は、当該議会を組織する構成団体の議会の一致する議決によらなければならない。

・監査事務——特例一部事務組合にあっては、法令の規定による一部事務組合の監査委員の事務は、規約で定める構成団体の監査委員が行うものとすることができる。


■ 広域連合

・設置——広域連合は、広域にわたる事務を処理するために設置される。一部事務組合よりも幅広い権限を持つのが特徴である。広域連合の設置手続は，概ね一部事務組合と同様である。

・設置自治体——広域連合は、都道府県、市町村及び特別区のほか、一部事務組合も設置することができる「特別地方公共団体」である。（23出・令3出）

・例えば、廃棄物処理の一部事務組合が、リサイクルを目的とする広域連合に加入できる。

・許可事項①——設置に当たっては、関係団体の協議により「規約」を定め、都道府県が加入するものは「総務大臣」に、その他のものは「知事」の「許可」を得て設置できる。

・許可事項②——広域連合の規約の「変更」及び「解散」の場合も「許可」事項である。

・処理事務——広域連合の事務は、全く「同一の事務でなくてもかまわない」という特徴がある。

・設置勧告——「知事」は、公益上必要があるときは、広域連合を設置することを市町村及び特別区に対し「勧告」できる。

・規約——広域連合の規約では、名称、構成団体、区域、処理事務、広域計画の項目などが定められ、「これらの規約」を「変更」するときは、総務大臣又は知事に「届出」なければならない。

- **選挙**——広域連合の長及び議員は、規約で定めるところにより、『直接選挙』（広域連合の選挙人の投票）」又は、構成団体による『間接選挙』（広域連合を組織する議会の選挙又は長の投票）ができ、これらは構成団体の選択に委ねられている。（令3出）
- **議会と執行機関**——広域連合には「議会と執行機関」が置かれる。
- **理事会**——執行機関として広域連合の「長」が置かれるが、「規約」で執行機関として長に代えて理事をもって組織する「理事会」を置くことができる。
- **兼職**——広域連合の職員は、当該広域連合を組織する地方公共団体の職員と「兼ねる」ことができる。（令3出）
- ○ **広域計画**——広域連合は、構成団体の基本構想と調和のとれた広域にわたる総合的な広域計画を定め、広域連合及び構成団体は「広域計画」に基づいて事務を処理しなければならない。
- **計画策定**——「広域計画の策定は広域連合にある」。「広域連合」は当該広域連合が設置された後に、速やかに、広域連合の議会の議決を経て広域計画を策定し、計画に基づき事業処理をしなければならない。（令3出）
- **計画の送付等**——広域連合は、広域計画を作成したときは組織する団体の長に送付かつ公表しなければならない。
- **勧告**——広域連合の実施に支障があり、又は支障があるおそれがあると認めるときは、「広域連合の長」は「広域連合を組織する団体の長」に対し、広域計画の実施に関し必要な措置を講ずべきことを「勧告」することができる。（令3出）
- **事務の拡大**——国（都道府県）が広域連合に対して「委託できる事務」は、広域連合が処理している事務と「関連する事務」であるが、逆に「広域連合」が国（都道府県）に受託を求める事務は「密接に」関連する事務である。
- **直接請求**——広域連合には、「直接請求制度が適用され」、しかも広域連合の区域内に住所を有する者は広域連合の規約の変更を求めることができる。

## [3] 財産区

- **設置**——財産区は、「市町村」又は「特別区」の一部において、一定の財産を有し又は公の施設を設け、又は廃置分合又は境界変更による財産処分に関する協議により市町村及び特別区の一部が財産を有し又は公の施設を設けるものとなるものがあるときは、それらの管理、処分及び廃止のみを行うために設けられる特別地方公共団体である。（21出・23出・30出・令4出）
- 財産区は、財産を所有し又は公の施設を設けている限りにおいて存続し得るものであり、これらを処分して所有権を喪失すれば、財産区は当然に消滅する。（30出）
- **設置の地域**——財産区は、2つ以上の地方公共団体の共同ではなく、「同一の

地方公共団体」の一部の財産等に限られる。

- 財産の範囲——財産区とは、「不動産に限らず」、「有価証券等の動産」も含まれる。
- 財産区が所有し又は設置している財産又は公の施設には、山林、耕地、墓地、用水施設、公会堂などがある。（23出）
- 組織——財産区の組織は、原則として財産区を設置した長及び議会が、財産区の執行機関や議決機関として権能を行使する。原則として「固有の議決機関や執行機関を有しない」。（30出・令4出）
- ただし、財産区の中に議会が設けられたときには、区市町村の議会が行うべき権限を有するに止まる。（30出）
- 財産区の議会や総会を設けることができるが、これを設けていない場合には「財産区管理会」を設置することができる。（令4出）
- 経費①——財産区の経費は、財産区に置かれた職員の給与や財産処分の新聞広告などに必要な経費である。
- 経費②——財産区の財産又は公の施設に関し特に要する経費は「財産区の負担」となる。財産区の中の財産等の収入によって賄うこととされている。（30出）この場合、財産区の収入及び支出について会計を分別しなければならない。（30出・令4出）
- その負担すべき収入で賄うことができない場合には、市町村税の不均一課税又は地方債の発行もできる。
- 収入——財産区の財産又は公の施設から生ずる収入は、財産区の運営に要する経費に充当すべきものであるが、なお相当の余剰金があれば、当該市町村又は特別区の収入に充てることもできる。（令4出）
- 知事による設置——「知事」は、財産区の財産又は公の施設に関し必要があると認めるときは、議会の議決を経て市町村等の条例を設定し、財産区の議会又は総会を設けて、財産区に関し市町村等の議会の議決すべき事項を議決させることができる。

## ■ 28　特別区制度

- 特別区制度——特別区は、都に置かれる区のことをいう。したがって、東京以外に都が付く自治体ができ、区が置かれるその区は特別区となる。
- 首都の根拠——都制度は、政府機関や在外公館の警備等、東京が事実上首都であることに起因する特別な事務を行うために設けられたものであり、「法律上、日本の首都について明確に規定したものはない」。（27出）
- 法人格——特別区は都の内部的団体として位置付けられていない。特別区は特別地方公共団体として法人格を認められ、「基礎的な地方公共団体」と位置

付けられ、一般制度と同様の二層制を形成している。（27 出）

・**特別区優先の原則**——特別区は、市町村と同様に、都に対し「特別区優先の原則」を一義的に担う。

・**制度の設置**——特別区は、「一部事務組合」、「複合的一部事務組合」、「特例一部事務組合」、「広域連合」を設置できる。

● 　特別区の事務　——特別区は『市』の事務を処理する。ただし、法令により都が処理するものとされている事務は除かれる。（24 出）

・特別区は、「①地域事務」、「②法令等で市が処理する事務」及び「③法令等により特別区が処理するとされている事務」の３つを処理する。この限りにおいては、特別区が処理する事務は「市」が処理する事務と同様である。ただし、特別区は、「市の事務」であっても「法令で、都が大都市行政として処理する事務は除かれる」。この点が市と異なる。

・**競合しない**——特別区の事務処理に当たって、都との間で事務を競合しないなどは市と同様である。

● 　都と特別区との間の役割分担の原則

○ 　事務処理に関する「特別区優先の原則」

①都と特別区との間の役割分担として、「都」は特別区を包括する広域の地方公共団体として次の事務を処理する。

[1] 都道府県が処理するものとされている「広域事務」。

[2] 特別区に関する「連絡調整事務」。

[3] 市町村が処理する事務のうち人口が高度に集中する大都市行政の一体性、統一性の確保の観点から、特別区の存する区域を通じて「一体的に処理する必要がある事務」を処理する。（27 出）

・都が一体的に処理する事務には、消防事務、上下水道事務、都市計画法に基づく事務などがある。（27 出）

②都と特別区との間の役割分担として、「特別区」は「基礎的な地方公共団体」として特別区に存する区域を通じて都が一体的に処理する事務を除き、一般的に自治法２条③において『市町村』が処理する事務を処理する。

・都と特別区間には「特別区優先の原則」が成り立つ。

・**優先事務**——特別区は、法律に定めのない任意の事務が存在又は発生した場合、その事務が、『性質上都が処理する必要があると認められない限り』、都に優先してその事務を処理できる。

・特別区の職員の「人事権」は、区長等の任命権者が有しており、東京都人事委員会は特別区の人事権を有せず、その人事権の一部も処理していない。（27 出）

・**都と特別区及び特別区相互間の調整**——特別区は、行政の一体化、統一性の確保の必要性から、都と特別区間及び特別区相互の間には、一般的な都道府

県と市町村との関係のほか、次の「調整措置」が定められている。

○ <mark>助言・勧告</mark>——「都知事」は、特別区に対し、都と特別区及び特別区相互の間の調整上、特別区の事務処理について、その処理基準を示すなど、必要な「助言又は勧告」ができる。(24 出)

○ <mark>都区財政調整制度</mark>——都区財政調整制度は、都と特別区及び特別区相互間の「財源の均衡」を図る制度として設けられている。

・財源保障——法改正で、特別区への財源保障の目的及び内容を法律上明確にする観点から、制度は「特別区が等しくその行うべき事務を遂行できるように」、都が「政令で定めるところにより『都条例』で、特別区財政調整交付金を交付する」ことが定められ、都条例では、「配分割合」も定められている。

・調整財源——交付金の財源は、「固定資産税」、「市町村民税法人分」及び「特別土地保有税」の「調整三税」の一定割合と、令和 2 年度からは「法人事業税交付金」が財源として加わっている。

○交付金の種類 には、「普通交付金」と「特別交付金」がある。

□普通交付金——普通交付金は、基準財政需要額が基準財政収入額を超える特別区に対し、その財源不足額を補てんするために交付される。

□特別交付金——特別交付金は、普通交付金の額の算定後に生じた災害等のため特別の財政需要がある場合等、特別の事情があると認められる場合に、当該特別区に交付される。

・特別交付金の総額は、交付金総額の「100 分の 5」に相当する額である。

○ <mark>都区協議会</mark>——都区協議会は、都及び特別区の事務処理について、都と特別区及び特別区相互間の「連絡調整」を図るため、都及び特別区をもって設置される協議会である。(24 出)

・必置機関——都区協議会は、「自治法」に基づく「必置」の機関である。(24 出)

・共同機関——都区協議会は、都の附属機関でも特別区の附属機関でもなく、都及び特別区の共同の機関である。

・性格——都区協議会は、次の 2 つの性格を有する。

□連絡調整機関——都区協議会は、主として「連絡調整」を図る機関である。都区の事務処理の意思決定機関ではなく、また執行権をもたない機関である。(24 出)

□意見聴取機関——例外的に、都知事は、特別区財政調整交付金の条例を制定する場合に限り、都区協議会の意見を聴かなければならないとされているため、都区協議会は、「意見聴取」の機関を担う性格を持っている。

・構成——都区協議会は、都知事及び都側 7 人の計 8 人と、区側(特別区長の代表) 8 人の合計 16 人の委員をもって構成される。(24 出) このうち、「特別区長の委員の任期は 2 年」である。

・会長——都区協議会の「会長」は、委員の互選によって決められる。(24 出)

・**資料等の要求**──都区協議会は、必要があると認めるときは関係ある公の機関の長に対し資料の提出、意見の開陳、説明などを求めることができる。

・**経費**──都区協議会の経費は、都と特別区が支弁し、都と特別区が協議の上、分担する。

○ <u>税財源</u>──<u>特別区は、市町村と同様に、法定外普通税や法定外目的税を設けることができ、法定外普通税を新設・変更する場合の「都の同意は廃止され」、「総務大臣」のみでよい。</u>（27出）

・特別区は、地方交付税制度も対象となるものの、都と特別区の「都区合算方式」が採用されている。

# 2 財務会計

## ■■■ 1 予算関係 ■■■■

### 1 予算の種類

[1] **一般会計**──「一般会計」は、地方公共団体の事務に係る歳入歳出予算、すなわち、地方公共団体の基本的な経費が中心として計上され、これが予算の本体をなす予算である。

・用語──「一般会計予算」は、特別会計予算に対比して用いられる会計経理上の用語である。

・特別以外──「一般会計予算」は、特別会計予算以外の予算である。

[2] **特別会計**──特別会計の設置に関する「条例」の提案権は「長」に専属している。

・設置──特別会計は、次の3つの場合に設置できる。

①特定の事業を行う場合、(20出・28出・令4出) 例えば、水道事業、交通事業(28出)、病院事業などがある。

②特定の歳入をもって特定の歳出に充て一般会計と区分して経理する必要がある場合、(20出・令4出) 例えば、各種貸付金事業、記念造林等の事業などがある。

③法律上、特別会計の設置が義務づけられている場合、例えば、地方公営企業会計(20出)、国民健康保険事業会計、介護保険事業会計などがある。

・設置根拠──特別会計は、「条例」又は「法律」に基づき設置される。法律で義務づけられている事業には、条例の制定を要しない。(20出・28出)

・期間──特別会計を設けるときに設置する期間を定める必要はない。(20出)

・融通──特別会計と一般会計は、相互に融通しあえる。(20出)

[3] **総計予算と純計予算**──総計予算と純計予算は、予算の編成方法による区別である。

□総計予算──総計予算とは、予算統一の原則に基づき一会計年度における一切の収入及び支出を全て歳入歳出予算に編入するものである。これを総計予算主義ともいう。

・目的──総計予算は、歳入、歳出のそれぞれにつき、その予定や実績を明らかにし、それぞれが適正に処理されたかどうかを明らかにするものである。

□純計予算──純計予算とは、収支の経常に際し、当該収支に付随する関連収支を相殺して、その差額だけを予算に計上するものである。(25出)

・報告──純計予算の方式をとった場合には、予算審議においてその全貌を把握できず、予算執行の厳正を期すことが困難である。そのため各国も純計予

算方式をほとんど採用していない。

[4] **補正予算**——補正予算は、当初予算に対比する会計用語である。
- **目的**——<u>補正予算は、当初予算成立後の事由に基づいて、既定の予算に追加その他変更を加える必要があるときに調製される予算である。</u>（25出・令元出）
- 予算に追加その他の変更を加えるとは、制度改正、法令の変更、災害の発生、経済の急変などにより既定予算に追加その他の変更を加える場合である。
- **補正事由**——補正予算には、「予算の増額のみ」を目的とするものと、既定予算の範囲内で「予算科目の変更又は金額の減少」を行うものとがある。
- 補正予算は、当初予算が成立して初めて認められる予算であって、当初予算が未成立で既定予算がない場合には、補正することはあり得ない。
- **提出時期**——補正予算は、「当初予算と同時に」又は「当初予算を成立する前に」議会に提出することもできるが、補正予算の議決は当初予算の議決後でなければならない。
- **年度経過後**——補正予算は、「会計年度の経過後」には、もはや行うことができない。
- **否決経費**——補正予算は、同一年度において、議会が「否決」した経費に対しても組むことができる。

[5] **暫定予算**——暫定予算は、本予算に対比する会計用語である。
- **目的**——<u>暫定予算は、「本予算」（当初予算）が年度開始前に成立しない場合に、行政運営の中断を防ぐため、本予算の成立までの「つなぎ予算」として調製するものである。</u>（25出・令元出）
- **要件**——暫定予算は、①歳入歳出予算が年度開始前までに成立する見込みのない場合、②新たに地方公共団体が設立された場合、③その他特別な必要がある場合に年度を通ずる予算が成立までの場合に編成される一定期間に係る予算である。
- **通例**——暫定予算は、政策的な経費を除いて、経常的や義務的な経費のような固定的であって、変更の余地のない経費の範囲のみを計上するのが通例である。
- **効力**——<u>暫定予算は、本予算が成立した場合にはその効力を失い、暫定予算に基づく予算の執行は本予算に基づくものとみなされ、本予算に吸収される。</u>（令元出）

2 **予算の内容**——予算の内容には①歳入歳出予算、②継続費、③繰越明許費、④債務負担行為、⑤地方債、⑥一時借入金、⑦歳出予算の各項の経費の金額の流用の7つがある。

84

- 予算の調製権は「長」に専属し、行政委員会の予算や地方公営企業予算に関しても長が調製権を有する。（28出・令4出）
[1] <u>歳入歳出予算</u>——歳入歳出予算は、「歳入」はその「性質別」に従って款項に区分し、「歳出」はその「目的別」に従って款項に区分しなければならない。
- 款項は「議決科目」であり、目節は「執行科目」である。（29出）

[2] <u>継続費</u>——継続費とは、事業においてその履行に数年度を要するものを、予算の定めるところにより、その経費の総額及び年割額を定め、数年度にわたり支出する経費をいう。（22出・25出・28出・令4出）
- 予算計上——各年度の「年割額」及びその財源は、当該年度の「歳入歳出予算」に計上しなければならない。（25出・29出）
- 逓次繰越——年割額に係る歳出予算の経費の金額のうち、その年度内に支出を終わらなかったものは、当該継続費の継続年度の終わりまで逓次繰越して使用することができる。（28出）
- 対象——継続費は、地方公共団体が支出する経費の「全て」が対象となる。
- 報告——継続費の逓次繰越しは、「継続費繰越計算書」を5月31日までに調製し、次の議会に報告しなければならない。この報告に対して議会の繰越予算の議決の必要はない。

[3] <u>繰越明許費</u>——繰越明許費とは、歳出予算の経費のうち、その「性質上」又は「予算成立後の事由」に基づき、年度内に支出が終わらないものを予算で定め、翌年度に限り繰越して使用できる経費をいう。（22出・25出・令4出）
- 繰越明許費は、年度内に支出負担行為が行われていないものも認められる。
- 事故繰越し——繰越明許費は、さらに翌年度に「事故繰越し」とすることも可能である。
- 繰越明許費として翌年度に繰り越して使用しようとする歳出予算の経費については、当該経費に係る歳出に充てるために、必要な金額を当該年度から翌年度に繰り越さなければならない。
- 報告——繰越明許費を翌年度に繰越したときは、5月31日までに「繰越計算書」を調製し、次の議会に報告しなければならない。報告に対する議決は不要である。

[4] <u>債務負担行為</u>——債務負担行為とは、「歳出予算の金額、継続費の総額又は繰越明許費の金額の範囲内のものを除く」ほか、将来、債務の負担を予算で債務負担行為として議会の議決を経る方法をいう。（25出・29出）
- 計上——債務負担行為として予算で定めた案件は、各年度の義務費として歳入歳出予算に計上しなければならない。（22出）

・債務負担行為に基づく契約などの支出負担行為は、債務負担行為を設定した年度内に行う必要がある。

・**長期継続契約**──法律及び条例に基づく債務負担や電気、ガス、水の供給、公衆電気通信の提供、不動産を借り受ける契約などは、債務負担行為として予算で定める必要はない。これらは「長期継続契約」となる。

[5] 　地方債　──地方債とは、財源の不足を補い又は特定の費途にあてる目的で、当該団体以外の者から「一会計年度以上」にわたって借り入れる金銭債務をいう。（22出・28出・29出）

・予算で５つを定める──地方債は、「予算」で定めるが、予算には、「起債の目的」、「限度額」、「起債方法」、「利率」及び「償還方法」の５つが定められる。（22出・25出）

・根拠法──起債を起こす場合は、「地財法５条」に定める起債事業のほか、地方公営企業法、災害対策基本法、公害防止基本法、地方財政再建促進特別措置法などの法律で定めるものに限られる。

・起債事業──「地財法５条」に定める起債事業は、①交通事業、水道事業などの公営企業の経費、②出資及び貸付金、③地方債の借換、④災害応急事業、災害復旧事業及び災害救助事業、⑤文教施設、厚生施設、消防施設、道路、河川、港湾その他の土木施設などの公共施設又は公用施設に限定されている。

・資金──地方債の資金は、「公的資金」と「民間等資金」に大別され、さらに公的資金は、「財政融資資金」と「地方公共団体金融機構の資金」に区別される。

● 　発行方法　──地方債の発行方法には、次の「協議制」、「許可制」、「届出制」の３つの方法がある。

① 　協議制　──地方債の発行は、平成18年度から「許可制」から「協議制」に変わった。協議を行えば、総務大臣又は知事の「同意」がなくても、議会に報告の上、地方債が発行できるようになる。

□同意が「得られた」場合──同意を得られた地方債のみ政府資金など「公的資金」を借入れることができ、同意を得た地方債の元利償還金は「地方財政計画」に算入される。

□同意が「得られない」場合──同意が得られず、同意を得ないで地方債を起こす場合には、長はその旨をあらかじめ「議会に報告」すれば起債を起こすことができる。この場合は「民間資金」を活用することになる。

② 　許可制　──協議制の例外として、次の場合には協議ではなく、総務大臣又は知事の「許可」を受けなければならない。

◇決算における実質収支の「赤字」が標準財政規模に応じて段階的に設定されている水準以上の地方公共団体。

◇実質公債費比率が「18％以上」の地方公共団体。

◇地方債の元利償還金の支払いが「遅延」している地方公共団体。

③ <mark>届出制</mark>──地方債の発行で公的資金を借りる場合は協議制が原則であったが、平成24年度より、財政状況が一定の基準を満たす地方公共団体が公的資金ではなく「民間等資金」による場合は、民間等資金債の協議を不要とし、事前に届け出る「届出制」で足りる。

[6] <mark>一時借入金</mark>──「一時借入金」とは、収入と支出とが時期的に均衡を失し、収入額が支出すべき金額に達しない場合に、それを補うために銀行その他から借入れする現金をいう。（22出・25出・28出）

・借入者──「一時借入金」を借り入れる権限を有するのは「長」であって、会計管理者ではない。

・制限──「一時借入金」は、既定の歳出予算を超過したり、歳出予算がない場合に予算成立を予想して借り入れることはできない。ただし、歳出予算内であれば、たとえ繰上充用のための予算であっても差し支えない。

・最高額──「一時借入金」は、その借入の「最高額」を予算で定めなければならない。この場合の最高額とは、ある時点における借入額の「最高額」であって、一会計年度の借入れの「累計額ではない」。（28出）

・借入回数──「一時借入金」は、何回借り入れを行っても現在高が「借入れの最高額」を超えない限り予算の補正の必要はない。

・返還時期──「一時借入金」は、その「会計年度内」の歳入（出納閉鎖期日5月31日までの歳入を含む）で返還しなければならない。（22出・25出）

[7] <mark>歳出予算の各項の金額の流用</mark>──予算は、各「款」の間又は各「項」の間で相互に流用できないが、予算で定めた場合には、「項」の間の流用が認められる。（29出）

・項の流用──「項」に盛られた経費の金額でも、軽微なもの、定型的なものは、事務能率の観点からいちいち議会に付議することなく、あらかじめ予算として定めておくことにより、長が必要に応じて流用できることとされている。項の流用には、例えば、給与費などがある。

3 <mark>その他の予算関係</mark>

[1] <mark>事故繰越し</mark>──事故繰越しとは、支出負担行為をなした事業が「避けがたい事故のため」、年度内に支出が終わらなかったものを「翌年度」に繰越して使用することをいう。（29出）

・長の判断──事故繰越しは、予算で定めることを要せず、「長の判断のみ」で繰り越せる。したがって、繰越明許費として定める必要はない。

・制約──事故繰越しは、年度内に「支出負担行為が行われていなければなら

ない」制約がある。

[2] 　過年度収入・過年度支出　——過年度収入も、過年度支出も、会計年度独立の原則の例外の１つである。

□**過年度収入**——過年度収入は、出納閉鎖後の収入を指し、出納閉鎖期日までに収入できない収入の権利を放棄せず、これを現に収入した年度の歳入とするものである。

□**過年度支出**——過年度支出は、出納閉鎖後の支出を指し、既往年度の経費が債権者の請求がなかった等の理由で支払われなかった場合に、これを現年度の歳出とするものである。

[3] 　繰上充用　——<u>繰上充用とは、会計年度経過後に至って、歳入が歳出に不足するときは、翌年度の歳入を繰り上げてこれに充てることを指す。この場合には、そのために必要な額を翌年度の歳入歳出予算に編入しなければならない。</u>（28出・令４出）

・**赤字決算をさける**——現行制度においては赤字決算を予期していないため、赤字決算を避けるために翌年度の歳入を繰り上げて当該年度の歳出予算に充当する非常手段がとられる。

・**期間**——繰上充用は、翌年度の４月１日から出納閉鎖の５月31日までに限られ、５月31日の出納閉鎖期日以降はこれを行うことができない。

・**議決**——繰上充用を行うには繰上充用を行う旨の「議会の議決」を経るとともに、別に翌年度に歳入歳出の補正予算の議決を経る必要がある。

[4] 　予備費　——予備費は、「予算外の支出」又は「予算超過の支出」に充てるために歳入歳出予算に計上される。

・**使用**——予備費は、執行機関にその使用を委ねられた、いわゆる目的外予算をいい、予算外の支出とは予算に科目のない支出はもちろん、科目はあっても予算で全然見積られていない支出をいい、予算超過の支出とは予算に計上された金額であっても、なお不足する場合をいう。

・**議決不要**——予備費として計上されれば、その使用については議会の議決を必要とせず、長の権限で行い得る。

□**予備費「計上」の制限**

・**計上制限①**——予備費は、「予算の不足」又は「予算外の支出」に充てるために設けられるものであるから、予算編成時に、あらかじめ支出が予定されている特定の事業に充てる目的をもって、予備費を充当することはできない。

・**計上制限②**——予備費の計上は一般会計では「義務」づけられているが、特別会計では「任意」である。

□**予備費「支出」の制限**

・**支出制限①**——予備費も一般支出の場合と同じく、法令上、地方公共団体が「支出できないもの」については充てることができない。

財務会計

・**支出制限②**——予備費は、議会が「否決」した経費に充てることができない。（令元出・令３出）ただし、議会で予算金額を「減額」した経費は、否決した経費でないことから予備費を充てることができる。

・**支出制限③**——予備費の充当による予算執行後に、当該充当額に残額が生じても予備費に「繰り戻す」ことはできない。

**4 予算に関する原則**——予算原則には、次の６つがある。

**[1] 総計予算主義の原則**——総計予算主義の原則とは、一会計年度における一切の収入及び支出を、全てこれを歳入歳出予算に編入しなければならないとする原則である。（21出・25出・令元出・令４出）

・**例外**——総計予算主義の原則の例外として、①一時借入金（13出）、②歳計剰余金の基金への編入、③歳入歳出外現金、④公の施設の利用料金、⑤定額運用基金、⑥誤払金などの戻入れ、⑦宝くじの発売、⑧誤納金などの戻出などがある。

**[2] 会計年度独立の原則**——会計年度独立の原則とは、一会計年度における歳出は、当該年度の歳入をもって充てるとする原則である。（13出・21出・25出・令元出）

・**始期終期**——会計年度独立の原則は、「毎年４月１日に始まり翌年３月31日に終わる」とする原則である。（25出）

・**目的**——会計年度は、歳入歳出を区分整理しその関係を明確にするために設けられた期間である。

・**例外**——会計年度独立の原則の例外として、①継続費、②繰越明許費、③事故繰越し、④過年度収入・支出、⑤歳計剰余金の繰越、⑥繰上充用の６つがある。（21出・令元出）

**[3] 予算承認議決の原則**——予算承認議決の原則は、予算は、「年度開始前に」、事前に議会の議決を経て成立するとする原則である。（21出・令元出）暫定予算の場合も事前の議決が必要である。（令元出）

・**提出時期**——当初予算は、遅くとも年度開始前、都道府県及び指定都市にあっては「30日前」、その他の市及び町村にあっては「20日前」に議会に提出しなければならない。

・**説明書を併せて**——予算を議会に提出するときは、政令で定める予算に関する説明書を併せて提出しなければならない。

・**例外**——予算事前議決の原則の例外として、①専決処分、②弾力条項、③原案執行がある。

[4] **単一予算主義の原則**──単一予算主義の原則とは、地方公共団体の全ての収入及び支出を単一の予算として計上し、一会計の下に経理しなければならないとする原則である。(21出・25出)

・**例外**──単一予算主義の原則の例外として、①特別会計、②補正予算、③暫定予算がある。(21出・25出)

[5] **予算公開の原則**──予算公開の原則は、予算の議決があったときは、直ちにその要領を住民に公開するとする原則である。歳出予算及び歳入予算ともに公開の対象となる。(21出)

○**公表**──長は、予算の送付を受けた場合において、「再議その他の措置を講ずる必要がないと認めるとき」は、直ちに予算を住民に公表する義務がある。

[6] **予算統一の原則**──予算統一の原則とは、予算は、その内容を容易にするため、統一された秩序のもとに表現されなければならないとする原則である。

・**様式①**──予算様式は、国の例にならって、条文形式と文言と表によって予算の内容が表示されることとされているほか、予算の金額の表示単位は千円とされている。

・**様式②**──予算様式は、絶対に規制されるものではなく、あくまで基準として示されたものであるが、統一が望ましく、特に「節」の区分を「固定」したのはその趣旨によるものである。

・**様式③**──補正予算及び暫定予算の様式も、当初予算の様式に準じて調製される。

・**基準**──歳入歳出の予算の款項目節は、施行規則で定める区分を基準として定めることとされている。

## ■ 2　収入事務

●**収入行為**──収入行為は、「調定」の行為と、納入義務者に対する「納入通知」行為に分かれる。したがって、調定には「通知行為は含まれない」。

□**調定**──調定とは、内部意思決定の行為として、その発生した権利内容を確認して、具体的に、所属年度、歳入科目、納入すべき金額、納入義務者などを決定する行為をいう。

・**原則**──調定は、全ての収入行為に先立って行われるのが原則であるが、事後の調定も認められる。

・**通知**──調定したときは、その旨を収入機関である会計管理者に通知しなければならない。

□ 　納入の通知　——納入の通知とは、歳入の納入を通知すること、すなわち、納入義務者に対しその納入すべき金額、納期限、納入場所などを通知する対外的行為をいう。(23出・24出・26出)

・通知——納入の通知は、「地方交付税などその性質上納入の通知を必要としない歳入を除いて」、納入通知書を発行しなければならない。ただし、その性質上納入通知書によりがたい歳入、例えば公園や動物園などの入場料などは、口頭、掲示その他の方法によってこれを行うことができる。(23出・24出・26出)

・効力——納入の通知は、「時効更新の効力」を有する。

□ 　納付方法　——納付は「現金」が原則であるが、次の例外が認められている。(24出)

①口座振替（自動払込）による納付

・納入義務者が指定金融機関に口座を設けているとき、かつ納入義務者の請求があるときに認められている。

②証券による納付

□指定金融機関を「置いている」場合は、直ちに現金化される証券で、納付金額を超えない証券に限定される。この場合、直ちに現金化できる証券のみに限られている。(26出)

□指定金融機関を「置いていない」場合は、市町村が証券の提供を受け、その証券の取立て及び取立て金銭の納付委託を受ける。

・証券の種類——証券による納付の種類は、小切手、郵便為替証書など及び無記名式の国債もしくは地方債又はその利札に限られ、これらの証券の具備すべき条件が厳密に定められている。(26出・令2出)

③証紙による納付は、「使用料、手数料に限り」、条例の定めにより認められている。(24出・27出)

・収入証紙による収入の場合は、納入義務者は、手数料相当額の収入証紙を購入し、申請書その他手数料徴収に係る書類に貼り納付することができるため、証明手数料、試験手数料、免許・許可手数料などの徴収に利用される。

④クレジット・カードによる使用料など、納付に関する「指定代理納付者」による納付が認められている。

・契約締結——地方公共団体と指定代理納付者との間に、クレジット・カード等の取扱いに関する契約を締結する必要がある。

● 　督促　——督促は、納入義務者が納期期限までに納入しない場合、地方税法など他の法律に特別の定めがある場合には、その手続によって収入の確保を図ることをいう。

・督促は滞納処分の前提条件であり、督促を行わない限り滞納処分の手続に入れない。

□**公法上の収入の場合**——公法上の収入である場合には、次により収入の確保を図る。

◇**個別法令に規定が「ある」場合**——その個別の法令に従って収入の確保を図る。

◇**個別法令に規定が「ない」場合**——自治法に従って収入の確保を図る。一部民法が適用される。

・**適用**——公法上の収入は、地方税法、国民健康保険法、国民年金法などの公法が適用される。

・**徴収**——公法上の収入には「督促手数料」及び「延滞金」を徴収できる。

・**時効**——督促することで、地方公共団体の金銭債権について「時効の更新」の力を持つ。

・**手続**——督促を受けた者が納期限までに納入しない場合には、収入によって次のように手続が異なる。

◇使用料・手数料・分担金・加入金及び過料等は、「地方税の滞納処分の例」により収入を確保する。

◇上述以外の収入は、「民事手続」により収入を確保する。

□**私法上の収入の場合**——私法上の収入である場合は、全て民法、商法、小切手法などの「私法」が適用される。

○**徴収**——私法上の収入に係る債権は、督促した場合でも督促手数料及び延滞金を「徴収できない」が、履行遅延に係る「損害賠償金」を徴収できる。

● 歳入の徴収事務の委託 ——公金の徴収又は出納事務は、原則として私人に委託できないが、例外的に認められる場合がある。(24出・26出・29出) 私人に委託できる場合は、次のとおり。

・**委託範囲**——委託できる収入には①使用料、②手数料、③賃貸料、④物品売払代金、⑤寄附金、⑥貸付金の元利償還金、⑦①及び②の歳入に係る延滞金並びに③から⑥までの歳入に係る遅延損害金、⑧地方税（収納の事務に限る）、⑨道路交通法による放置違反金（収納事務に限る）がある。

・**告示と公表**——私人に委託した場合は、長は、その旨を告示しかつ納入義務者の見やすい方法で公表しなければならない。委託を取りやめる場合にも告示及び公表の手続が必要である。

・**検査**——会計管理者は、私人委託の事務に関し検査することができる。

・**例**——コンビニエンスストアでの税の収納事務などの委託がある。

● 時効 ——時効とは、ある事実状態が一定期間継続した場合に、この状態が真実の権利関係に合致するか否かを問わず、その事実をそのまま尊重して権利を「発生」させ、「消滅」させる制度のことである。前者を「取得時効」、後者を「消滅時効」という。

・**時効は5年**——地方公共団体を権利関係の当事者とする金銭債権の消滅時効は、民法その他の法律に定めがある場合を除いて「5年」である。

- **根拠法**——公法上の権利には、地方税法、地方公務員等共済組合法、国民健康保険法に時効の規定がある。

○**特例**——「時効の援用及び放棄」には次の特例がある。

□**公法上の金銭債権**は、「時効の放棄は許されない」が、「5年」の期間経過によって、「時効が援用なしに」絶対的に消滅する。

- 公法上の金銭債権は、時効の放棄は許されず、督促し請求しなければならないが、しかし5年を経過すると時効が成立するため、それ以後は、相手が支払うといっても受け取れない。

- **時効更新の効力**——地方公共団体が行う納入通知書及び督促は、「時効更新」の効力を有する。督促は何回でも行えるが、ただし、時効更新の効力を有するのは「1回限り」と解されており、督促後、相当の期間を経過しても履行されないときは強制執行等の措置を講じなければならない。

□**私法上の金銭債権**は、民法において、時効の援用を求めない限り、時効によって権利関係が変動しないのが原則であり、したがって、時効を放棄することも自由である。

● **不納欠損処分**——不納欠損処分とは、すでに調定された歳入が徴収し得なくなったことを表示する決算上の処分である。

- **理由**——不納欠損処分が行われる理由として、①時効が完成した場合、②権利の放棄をした場合、③債権の免除をした場合、④徴収権が消滅した場合がある。

● **収入**——収入に関しては、自治法には、地方税を賦課徴収することができる規定（法223条）のほか、次の使用料、手数料、分担金、加入金の規定がある。

[1] **使用料**——使用料とは、「行政財産の目的外使用」又は「公の施設の利用」につき、その反対給付として徴収されるものをいう。（20出・24出・27出・令3出）

- **範囲**——公営企業による水道料（24出）や鉄道料金、公立学校の授業料（20出・24出）、保健所の診療料、予防接種料、公営住宅の家賃（24出）、保育園の保育料などは、使用料である。

- 管理する国の営造物で、当該団体がその管理に要する経費を負担する場合には、条例で、使用料を徴収できる。（令3出）道路や河川等の例がある。

- **例外**——公の施設の場合でも、公の施設の「利用料金」は、地方公共団体の収入となるものではないため「使用料ではない」。「普通財産の料金」の場合も使用料でなく、「賃貸料」である。（20出・令3出）

- **徴収**——使用料に関する事項は、「条例」で定めなければならず、規則を根拠に徴収することはできない。（20出・30出）

- **徴収者**——使用料の徴収者は、原則は知事又は市町村長である。例外として、

長から委任を受けた者、地方公営企業では企業管理者となる。

・**徴収方法**——使用料の徴収は、原則として納入通知書によるが、これにより がたいものには口頭、掲示その他の方法によることができる。

・**等差**——使用料は、同一使用に対して貧富の差による使用料の等差など応能 的な差を設けることは適当ではないが、特に生活困窮者等の特別事情がある 場合は「減免規定」を設けることができる。

・**異なる徴収**——使用料は、当該住民と他の地方公共団体の住民とで異なる料 金を徴収することができる。

・**遡及**——使用料は、原則として遡って徴収し、又は増額することはできない。

○**督促・滞納処分**——<u>使用料の督促を受けた者が、指定された期限までに納付 すべき金額を納付しないときは、「裁判手続を経ずに」、地方税の滞納処分の 例により、強制的に徴収できる。</u>（20出・24出・30出）

○**罰則**——① 「一般的な徴収に関する過料」・・・・・・・・・・・条例で5万 円以下

②「詐欺その他不正の行為で徴収を免れた過料」・・・・条例で免れ た金額の5倍

○**不服**——使用料に不服がある者は、行政不服審査法により長に「審査請求」 ができる。長以外の機関が行った処分も、全て長への「審査請求」となる。

□**議会に「諮問する」**——長は、審査請求があるときは、当該審査請求が「不 適法であり、却下する場合を除き」、議会に諮問して決定しなければならない。

・議会は、諮問があった日から20日以内に意見を述べなければならない。

□**議会に「諮問しない」**——長は、当該審査請求が「不適当な場合」には却下 できる。この場合、議会に諮問する必要はないが、その旨を議会に報告しな ければならない。

・**出訴**——審査請求に対する裁決の後でなければ、裁判所に出訴できない。

[2] **手数料**——<u>手数料は、「特定の者」に提供する役務に対し、その対価とし て徴収する報償的性格を有する反対給付である。</u>（20出・24出・27出・30出・ 令3出）

・**徴収事務**——手数料は、もっぱら、地方公共団体のためにする事務には徴収 することができない。

・**徴収例①**——手数料は、①印鑑証明書の発行、③身分証明書の発行、④公簿 の閲覧など、私人の要求に基づき、その者の利益のために行う事務である。

・**徴収例②**——営業許可や品質検査なども、当該個人は反射的利益を受けるこ とになるため、特定の者に対する事務として手数料を徴収することができる。

・**徴収例③**——自治事務のほか定受託事務にも、条例に基づき手数料を徴収で きる。

- ・徴収できない──手数料を徴収できないものに①職員の採用受験の場合（24出・27出）、②国民健康保険の受診証再交付の場合、③印鑑登録の場合（発行のときは徴収できる）(24出)、④公立学校の学生、生徒の各種証明書の場合、⑤職員の給与証明の場合などがある。
- ・徴収額──手数料は、当該事務に要する経費と、当該役務の提供を受ける特定の者の利益とを勘案して金額が定められる。したがって、同一役務に対する手数料は貧富の程度により応能的に金額の差等を設けるべきでない。特に生活困窮者等について特別な扱いをするときは減免措置によるべきである。
- ・通知──手数料は納入通知書による納入通知が必要である。ただし、口頭、掲示その他の方法によることもできる。
- ・徴収権者──手数料の徴収者は「長」である。ただし、地方公営企業に係る手数料の徴収は「企業管理者」である。(27出)
- ○年度区分──手数料の所属年度区分は、①納入通知書を発した場合は「通知書を発した日の属する年度」であり、②納入通知書を発しない場合は「その領収をした日の属する年度」となる。
- ○標準事務──手数料は、「全国的な統一」として、政令で定める標準事務については、政令の手数料を「標準」として定めなければならない。(20出・令3出）標準どおりに定めなければならないわけではない。
- ・遡及──手数料は、原則として遡って徴収し又は遡って増徴することができない。
- ○督促・滞納処分──手数料について督促を受けた者が、指定された期限までに納付すべき金額を納付しないときは、「裁判手続を経ずに」、地方税の滞納処分の例により強制的に徴収できる。(24出)
- ・徴収相手──国又は他の地方公共団体に、私人と同様な地位で役務の提供をした場合には、特に法令に規定がない限り手数料を徴収することができる。
- ○罰則・不服申立ては・・・・・使用料と同じである。

[3] 分担金──分担金とは、国又は地方公共団体が行う特定の事業に要する必要な経費に充てるため、その事業により「特に利益を受ける者」に対して課する金銭給付義務をいう。(20出・24出・27出)
- ・特徴──分担金は、地方公共団体が「数人」又は「地方公共団体の一部」に対して利益のある事業に関し、当該案件により「特に利益を受ける者」に対してその受益の限度において課するものである。(30出・令3出）したがって、不特定多数人又は地方公共団体の全体を利する場合には分担金を徴収できない。(30出)
- ・「特に利益を受ける者」とは当該団体の住民であるが、当該団体内に土地家屋を所有する者のように住民でない者も対象となる。

- 例——例えば、道路の工事によって著しく利益を受ける者があるときは、その利益を受ける限度で徴収される負担金も「分担金」である。(20 出)
- 条例——分担金を徴収する場合には、徴収を受ける者及びその徴収方法を「条例」で定めなければならない。(27 出)
○ 督促、滞納処分——分担金が納期までに納入しない者があるときは、督促を行い、それでも納入しないときは滞納処分の例により強制徴収ができる。(20 出・24 出・30 出)
○ 罰則・不服申立ては・・・・・使用料と同じである。

[4] **加入金**——加入金とは、旧来の慣行により市町村の住民中、特に公有財産の使用権を有する者がある場合に、その公有財産を新たに使用しようとする者があるときは、市町村長は、議会の議決を経て許可することができる。この場合、使用の許可を受けた者から徴収できるものを「加入金」という。

- 徴収——旧慣による「公の施設」の使用料は、自治法226条に基づき徴収できるほか、新たにその公の施設の使用を許可された者から、その許可されたときに加入金を徴収できる。
- 慣行の使用権——いわゆる「慣行の使用権」とは、ため池の用水及び柴草山の肥料、山林の下草を採取するための慣行のある区域に限り使用するものも含まれる。
- 条例——加入金に関する事項は、条例で定められる。
○ 罰則・不服申立ては・・・・・使用料と同じである。

[5] **負担金**——負担金には、国や地方公共団体が受益者又は原因者から徴収する負担金と、国と地方公共団体の間又は地方公共団体相互の間で行われる経費の負担として負担金の2種類がある。(30 出)

- 「前者」は、一定の事業について、特別の利害関係を有する者に、その事業の施行に要する経費の全部又は一部を、その事業の施行による受益の程度に応じて、又はその事業を施行する原因をもたらした程度に応じて国、地方公共団体が強制的に課す金銭的給付をいう。
- 負担金は、強制的に徴収されるものであるから、「法律上の根拠を必要とする」。

## ■ 3 現金及び有価証券

### 1 現金及び有価証券

- 現金の種類——現金には「歳計現金」、「歳入歳出外現金」、「一時借入金」及び「基金」に属する現金の「4種類」がある。このうち一時借入金及び基金に属する現金は歳計現金と同じ取扱いとなる。したがって大別すれば、「歳計現金」か、

「歳入歳出外現金」の系列に属することになる。

○ 歳計現金──歳計現金、すなわち地方公共団体の「歳入」及び「歳出」に属する現金とは、一会計年度における一切の収入又は支出に係る現金の意である。(28出・令2出)

・歳計現金となるか否かは、歳入歳出となるか否かによって決められる。(令2出)もし歳入歳出とならないものであれば「歳入歳出外現金」となる。

・歳計現金には当該団体の所有に属さない現金はなく、必ず所有に属する。

○ 現金及び有価証券の保管──地方公共団体の歳入歳出に属する現金(歳計現金)は、政令の定めるところにより、最も「確実」かつ「有利」な方法によりこれを保管しなければならない。(令2出)

・債権の担保を除き、当該団体の所有に属さない現金及び有価証券は、「法律又は政令の規定による場合」でなければこれを保管することができない。(28出)

・保管方法①──現金及び有価証券の出納及び保管は、「会計管理者」及びその委任を受け他職員の職務権限に属する。(28出)

・保管方法②──歳計現金は、会計管理者が、「指定金融機関」その他の確実な金融機関へ預金その他の最も確実かつ有利な方法によって保管される。(28出・令2出)ただし、支払の準備金に支障がない場合には、国債や地方債で運用することが認められている。

・「歳計現金」を会計管理者が「指定金融機関以外の金融機関」に預金しようとするときは、通常の預金と異なり、その特殊性から、会計管理者は当該団体の「長」の承認を受ける必要がある。

・保管方法③──歳計現金の保管として、預金以外の方法として証券会社からの「買い現先」(株式会社の株による方法)が認められている。(令2出)

・保管方法④──歳計現金は、金融機関に資金の貸付事業などの関連で「預託」する場合には、予算に貸付金として計上する必要がある。

2 雑部金──「雑部金」とは、債権の担保として徴し又は法令の規定により保管する現金又は有価証券で当該「所有に属さないもの」をいう。

・雑部金には、「歳入歳出外現金」と「保管有価証券」がある。

□歳入歳出外現金とは、地方公共団体の所有に属さない現金をいい、「法令に根拠がある場合に限り」出納保管できる現金をいう。(令2出)

・「歳入歳出外現金」の出納保管は、歳計現金の出納保管と同様に、会計管理者の職務権限に属する。(令2出)

□保管有価証券とは、債権の担保として徴収するもののほか地方公共団体の所有に属さない有価証券をいい、「法令に根拠がある場合に限り」保管できる。

・「保管有価証券」も長の通知がなければ出納できないが、都では局長又は所長にその事務を委任している。

## ■■ 4 契約 ■■■■■■■■■■■■

- ● **契約の締結**──契約の方法には、一般競争入札、指名競争入札、随意契約及びせり売りの4つの方法がある。(23出・令4出)
- ・ **契約の原則**──売買、貸借、請負その他の「契約の原則」は「一般競争入札」であり、これに対して指名競争入札、随意契約及びせり売りは、「政令に定める場合に限り」契約をすることができる契約の例外である。(22出・23出・26出・27出・29出・令4出)
- [1] **一般競争入札**──「一般競争入札」とは、自治法上、契約締結の方法の原則であって、「政令で定める場合の根拠を必要としない」。(27出)
- ・契約方法──「一般競争入札」は、契約に関し公告をし、不特定多数人の参加者を求め、そのうち最も有利な価格で申込みをした者を契約の相手方とする契約方法である。
- ・契約の長短──「一般競争入札」の理念とするところは、公正性と機会均等性にある。(令3出) しかし、一般競争入札は、不信用、不誠実な者が入札に参加するため公正な競争をさまたげるおそれがあり、また他の契約と比較して「手続が煩雑」でかつ「経費がかかる」短所がある。
- ・一般競争入札の参加者の資格──「一般競争入札」は原則として誰でも参加できる契約であるが、ただし、次の者には認められない。
- ①法定無資格者──契約を締結する能力のない者や破産者で復権を得ない者は入札に参加できない。(23出・25出・令元出)
- ②法定任意無資格者──過去に契約で「不正行為」を行った者など、その事実があった後「3年間」は入札に参加できない。
- ③任意入札資格者──「長」が定める資格要件に該当しないときは、入札に参加できない。(政令に基づき、必要な資格を定めて資格のない者を排除できる「制限付一般競争入札制度」を設けることができる)(20出・26出)
- ○ **制限付一般競争入札**(自治令167条の5の2)
- ・資格──制限付一般競争入札とは、契約の性質又は目的により、当該入札を適正かつ合理的に行うため特に必要があると認められるときは、「長は」、資格を有する者について、さらに、当該入札に参加する者の事業所の所在地又はその者の経験の有無、技術的適性の有無その他の事項について必要な資格を定め、その資格を有する者によって一般競争入札を行わせる方法である。
- ・準用──制限付一般競争入札は、「一般競争入札」のほか「せり売り」にも準用されるが、指名競争入札には準用されない。
- ● **一般競争入札の「例外」**──「一般競争入札」には、次の「例外」が認められている。

① <mark>低入札価格調査制度</mark>──低入札価格調査制度は、不当な低価格入札がある場合で、その価格では契約の完全な履行が困難と認められるような場合、又は社会通念上正常な取引関係がゆがめられる入札がある場合に認められる制度である。

・制度──低入札価格調査制度は、最低価格の入札者を落札者とせずに、次に低い価格で申込みをした者を落札者とする制度である。

② <mark>最低制限価格制度</mark>──最低制限価格制度とは、不合理な低価格で入札した者との契約は履行の確保ができない可能性があるため、<u>一般競争入札又は指名競争入札の工事又は製造の請負契約に、最低制限価格を設け、これを下回る入札者を落札者としないことができる制度</u>である。（20出・26出・令3出）

・制度──最低制限価格制度は、あらかじめ「最低制限価格を設けた上で」、予定価格の制限の範囲内の価格で「最低制限価格以上の価格」をもって申込みをした者のうち「最低の価格」をもって申込みをした者を落札者とする。

③ <mark>総合評価競争入札制度</mark>──総合評価競争入札制度は、「価格以外」の技術的能力、環境への配慮、地域貢献度等の技術的な要素を評価の対象に加え、品質や施工方法等を総合的に評価し、「価格と技術の両面から」最も優れたものをもって申込みをした者を落札者とする制度である。

・基準設定──総合評価競争入札を行う場合には、あらかじめ、当該入札申込みのうち価格その他の条件が最も有利なものを決定する基準、すなわち、「落札者決定基準」を定める必要がある。

・意見聴取──総合評価競争入札で、落札者を決定するとき又は落札者決定基準を定めるときは、あらかじめそれぞれの場合において、必要な学識経験者の意見を聴かなければならない。

・適用──地方公共団体でも、総合評価競争入札の導入が求められており、公共工事以外の請負契約についても、総合評価競争入札を適用できる。

● <mark>予定価格</mark>──<u>予定価格は、一般競争入札、指名競争入札及び随意契約において定めなければならない。</u>（19出）

・予定価格は、「総額」について定めるが、一定期間継続してする製造、修理、加工、売買などは「単価」によることができる。

● <mark>入札保証金</mark>──「一般競争入札」により契約を締結するときは、入札に参加する者をして規則で定める率又は額の「入札保証金」を納めさせなければならない。これは契約の締結の担保を確実なものとする趣旨であり、この趣旨に違反しない限り規則で減免の要件を定めることができる。

・帰属──入札保証金（又は契約保証金）を納付させた場合、落札者が契約を締結しないときは、特約がない限りその入札保証金は「当該団体に帰属する」。

・契約成立──競争入札は、両者が契約書に記名捺印をしたときに成立する。

・契約の電磁的記録──契約書又は契約内容を記録した電磁的記録を作成する

場合には、長又はその受任者が相手方とともに契約書に記名押印し、又は契約内容を記録した電磁的記録に長等及び相手方であることを示すために講ずる措置で当該電磁的記録が改変されているかを確認することができるなどの総務省令で定めるものを講じなければ、当該契約は確定しない。
・仮契約——議会の議決を要する契約は、事前に相手方と「仮契約」を結ぶ必要がある。

[2]　指名競争入札——指名競争入札とは、契約の履行能力などに信用のおける特定多数の者を競わせて、最も有利な価格で申し込みをした者と契約を締結する方法である。

・契約の長短——指名競争入札は、一般競争入札と随意契約の長所を取り入れた方式であって、業者が特定していることにより、不信用、不誠実な者を排除でき、参加者の範囲が指名された者であることから、手続の点で簡単である。しかし一部の者に固定化し、偏重する弊害があり、また「談合」が容易であるなどの短所がある。

・要件——指名競争入札は、政令で定める（自治令第167条）、次の「3つの要件」に該当する場合に限り行うことができる。（令3出）
①契約の性質又は目的が「一般競争入札に適しない」とき。
②競争入札に加わる者の数が「少数である」とき。
③一般競争入札によることが「不利と認められる」とき。（令3出）

・規定——指名競争入札は、自治令に該当する場合に認められ、その要件に該当するかどうかは個々の事例につき地方公共団体が客観的な判断により認定するものであって、指名競争入札による場合を、条例や規則で一般的に規定することはできない。

・契約方法——指名競争入札を行うに当たっては、あらかじめ契約の種類及び金額に応じて経営の規模及び状況を要件とする資格を定め、資格を有する者のうちから入札参加者を指名して、入札日時など、必要な事項を通知しなければならない。（28出）

・無効——長は、この通知において入札に参加する者に必要な「資格のない者」のした入札及び入札に違反した入札は無効とする旨を明らかにしておかなければならない。

・参加者の資格——指名競争入札の参加者の資格は、制限付一般競争入札に係るものを除き、一般競争入札の参加資格が準用される。（29出）

・入札保証金等——指名競争入札により契約締結をするときは、入札参加者に、「規則（令167の16）」で定める率又は額の「入札保証金」を納めさせなければならないが、その入札保証金の納付は、担保として国債、地方債の提供をもって代えることができる。（20出・26出）

[3] **随意契約**——随意契約とは、競争の方法によらないで地方公共団体が適当と認める相手方を選定して契約する方法である。(令3出)

・**資格**——随意契約は、その性質上、一般競争入札及び指名競争入札に見られる制限としての「資格」は存在しない。(20出・28出・29出)ただし、「破産者で復権を得ない者」、「過去において不正行為のあった者」などは排除される。

・**契約の長短**——随意契約は、一般契約入札や指名競争入札に比較して手続が簡略であり、かつ経費の面でも負担が少なくて済み、信用できる相手方を選ぶことができるが、情実に左右され、公正さの点で問題がある。(令3出)

○**要件**——随意契約は、政令で定める**「9つの要件」**の場合に限られている。(令3出)

・**予定価格**——随意契約の場合も、予定価格を競争入札の場合に準じて定めておかなければならない。

・**履行確実**——随意契約は、予定価格の設定が適正に行われていれば、履行の確実性からみて有利な契約方法といえる。

・**裁量**——随意契約は、競争入札とまったく性質を異にし、発注者はいずれに対して承諾をなすかにつき裁量の余地を有し、価格その他の条件を総合的に考慮して最も有利な者を契約の相手方として選択することができる。

・**契約違反**——随意契約に違反した締結は、私法上「無効」となる。

[4] **せり売り**——せり売とは、入札の方法をとらず、買受け希望者の口頭による競争価格の方法で、「動産」の売払いのうち、この方法が適しているものについて行うものである。(23出・24出・令3出)

・**方法**——せり売りも一般競争契約の一種であるが、せり売りは一般競争入札又は指名競争入札と異なり、他の競争者の申出価格を知ってお互いが競争するものであって、入札の方法によらない。

● **締結に関する事項**

○**予約**——民法の契約は、申込みと承諾により成立し、要式行為とされていない。しかし自治法での契約は、契約書を作成する場合は、両当事者が契約書に記名押印しなければ契約は確定しない。したがって、契約書が作成されるまでの間は、予約の段階にある。(22出)

・**契約成立**——契約書の作成を省略する場合には、競争入札にあっては落札者の決定時、随意契約にあっては承諾の意思表示のあった時、せり売りについてはせり落とした時が、それぞれの契約となる。

・**契約方法**——契約については、契約書のほか契約内容を記録した電磁的記録

4 契約

101

によることもできる。

○議会の関与①——契約の権限は、長の権限に属するが、重要な契約の締結で一定金額以上の契約締結には議会の議決を経る必要がある。

・議会の関与②——議会の議決が必要な契約は、「工事又は製造の請負契約」で、金額は、都道府県、指定都市、その他の市、町村の段階ごとに、政令で定める予定価格の最低基準により条例で定められる。

・都道府県は①工事又は請負契約で予定価格が「5億円以上」、②不動産若しくは動産の買入れ若しくは売払い「7千万円以上」の場合は議会の議決を必要とする。

・議会の関与③——契約締結の議案には、契約の目的、方法、金額、契約の相手方などを記載すべきものとされている。これらの事項を特定するため、競争入札による場合にはこれを執行し、随意契約による場合は相手方と協議し、あらかじめ「仮契約」を締結する必要がある。この場合の仮契約とは議会の議決を経たときは本契約を締結するとの合意をいうものであって、その性質は一般的には「予約」と解されている。

● 契約の履行 ——契約の履行の確保に関しては、民法では各種の制度があるが、さらに自治法は、契約の履行に伴う地方公共団体の損害を防ぐため、検査、監督及び契約保証金を採用している。

① 検査 ——検査は、相手方が契約内容に従って債務を履行したことを確認し、地方公共団体の金銭債務の弁済、公金の支出をすることの前提となる行為である。（令元出・令4出）

・検査省略——長は、工事の請負契約で、契約の目的たる物件の給付の完了後相当の期間内に当該物件につき破損、変質、性能の低下その他の事故が生じたときは、取替え、補修その他の必要な措置を講ずる旨の特約があり、当該給付の内容が担保されると認められるときは、検査の一部を省略できる。

② 監督 ——監督は、履行後の検査では適正な履行がなされたか否かの確認が困難である契約について、その履行過程で立会い、必要な指示を行って適正な履行を確保するものである。（令4出）

・監督の役割——監督は検査の代替的役割を持つものではない。監督が行われた場合でも検査を省略できない。

・職員の義務付け——工事又は製造その他の請負契約又は物品の買入れ、その他の契約を締結した場合には、政令で定めるところにより必要な監督又は検査をしなければならない。ほかの場合と違って長を包括責任者とせず、職員を義務づけの対象としている。

・委託——監督又は検査が、特に専門的な知識又は技術を要するなどの理由により職員が行うことが困難なときは、「職員以外の者に」監督又は検査を委託して行うことができる。

4 契約

- 契約締結権の委任——長は、その権限に属する事務の一部を委任できる自治法 153 条の規定に基づき、契約締結権を職員に委任することができる。受任者は自己の名と責任でこれを処理することになる。

③ 契約保証金 ——契約保証金は、契約の締結に当たり相手方の義務の履行を促進するとともに、債務不履行の場合に被る損害を補てんすることにある。（令 3 出）

- 納付金額——契約保証金は、自治令に基づき契約金額の「100 分の 10 以上」を納付させる。
- 契約解除の場合——相手方の債務不履行を理由として契約を解除した場合には、当該契約保証金は「当該団体に帰属する」。（令 3 出）
- 減免——契約保証金は、一定の要件を満たす場合には減額又は免除できる。
- 納付免除——契約保証金は「現金」納付が原則である。その範囲は入札保証金の規定を準用するほか、契約の相手方が「保険会社」との間に当該団体を被保険者とする履行保証保険契約を締結した場合には、契約保証金の全部又は一部を納付させないことができる。

● 対価の支払 ——相手方の債務が履行され、給付に対し検査等に合格したときは、相手方に対価を支払わなければならない。

- 支払時期①——支払遅延防止法では、工事代金は「40 日以内」、その他の給付に対する対価については「30 日以内」の日としている。
- 支払時期②——支払遅延防止法では、契約書の作成を省略した場合又は契約書を作成しても支払の時期を約定しないときは、工事代金その他の給付に関する対価の支払いの時期は相手方が支払請求をした日から「15 日以内」の日と定めたものとみなすとしている。
- 懲戒処分の対象——支払遅延防止法 13 条は、支払を著しく遅延させた場合、法上の賠償責任とは異なり、雇用上の任命権者が故意又は過失があると認定したときは、懲戒処分を行わなければならない。

## 5 支出事務

● 支出の原則 ——支出は、支出の相手方が正当な債権者であり、債務である金額が確定しており、その支払の期限が到来したときに行うことができる。（令 4 出）

● 支出負担行為 ——支出負担行為とは、支出の原因となるべき契約、補助金の交付決定その他の地方公共団体の支出の原因となる行為をいう。

- 手続①——支出負担行為は歳入の「調定」に相当し、支出の発生の法律上の基礎となるものである。したがって、職員の給与や旅費などの定型的な支出であっても、支出負担行為の手続をとらずに直ちに支出手続のみを行うこと

はできない。

- ・手続②──支出負担行為は、歳出予算、継続費、繰越明許費及び債務負担行為の経費の金額の範囲内で行われるもので、その内容や手続においても、法令又は予算の定めに従う。
- ・手続③──支出負担行為は、全て予算に基づいて行われるものであるから、直接債務を負担する行為であっても、「保証契約」のようなものは含まれない。
- ・賠償責任──支出負担行為をする権限を有する職員が「故意」又は「重大な過失」により法令の規定に違反して支出負担行為をし又はこれを怠ったことにより当該団体に損害を与えたときは、その損害を賠償しなければならない。
- ● 支出命令 ──支出命令とは、地方公共団体の長が支出負担行為に基づき、現実に公金を支出する必要が生ずるに至ったときに、会計管理者に対して支出を命令することをいう。
- ・手続①──支出命令は、当該支出負担行為に係る債務が確定した時以後に行う命令であるが、例外として電気、ガス又は水の供給を受ける契約に基づき支払いをする経費などは、当該支出負担行に係る債務が確定する前に行う命令である。
- ・手続②──支出命令は、支出負担行為の履行の確認によってはじめて行われるため、支出負担行為が年度末の３月31日までに完了している限り出納整理期間中においても発しうる。
- ● 支出命令審査権 ──会計管理者は、支出命令を受けた場合は、当該支出負担行為が「①法令又は予算に違反していないこと」、「②支出負担行為に係る債務が確定していること」を確認した上でなければ支出することができない。（30出）

- ● 支出の原則 ──支出は、支出の相手方が正当な「債権者」であり、「債務金額」が確定しており、その支払いの「期限が到来」したときに行うことが原則である。
- ● 支出原則の特例 ──支出の原則の特例においても、「総計予算主義の原則」は守られる。
- ○支出の原則の特例として次のものがある。
- ① 資金前渡 ──資金前渡とは、特定の経費について、職員に対し概括的に資金を交付し、債権者に現金を支払わせる方法である。（23出）
- ・範囲──資金前渡ができる範囲は、場所、経費の性質などから通常の支出の方法では、事務の取扱いに支障を及ぼす経費に限定される。（30出・令４出）
- ・対象──資金前渡は職員に対してであるが、特に必要があるときは、他の地方公共団体の職員に対しても行うことができる。
- ・資金前渡を受けた職員は、当該資金を保管し、交付を受けた経費の目的に従っ

て債務を負担し、自己の名と責任において正当債権者に対して支払う。

- ・精算──資金前渡は、債務金額が確定した時点で「必ず精算を伴う」。
- ・例──資金前渡の例としては、外国において支払をする経費、遠隔の地又は交通不便の地域において支払いをする経費などがある。
- ② 概算払──概算払とは、債務は発生しているが、その支払うべき債務金額の確定前に概算をもって支出することをいう。（23 出・27 出・30 出・令 4 出）
- ・概算払は、債務金額が未確定な場合に、支払期限が到来する前の時点で債権者に対して支払をする方法である。（23 出）
- ・概算払は、債務金額が確定した時点で、必ず「精算」を伴う。（23 出・27 出・30 出・令 4 出）
- ・概算払の例としては、旅費、官公署に対して支払う経費、補助金、負担金及び交付金などがある。
- ③ 前金払──前金払とは、地方公共団体が負担した債務を、支払期限が到来する前の時点で、確定した債権者に対して履行することをいう。（22 出・27 出）すなわち、金額の確定した債務について相手方の義務履行前又は給付すべき時期の到来前に地方公共団体が支出することをいう。
- ・確定──前金払の金額は、必ず確定していなければならない。
- ・精算なし──前金払は、その金額が契約又は法令によって確定されていることから、その性質上「精算を伴わない」ものである。（27 出）
- ・例──前金払の例としては、官公庁に対して支払う補助金、負担金、交付金及び委託金のほか工事請負経費などがある。
- ④ 繰替払──繰替払とは、特定の歳入の収納の現金を、特定の経費の支出に一時繰替えて使用する方法である。（30 出）
- ・例──繰替払は、地方税の報奨金、競輪、競馬などの開催地において支払う報奨金、歳入の徴収又は収納の委託手数料など、それぞれの歳入金から一時繰り替えて使用する支出方法である。（30 出）
- ⑤ 隔地払（送金払）──隔地払とは、隔地の債権者に対し「小切手」を直接送付することにより支出する方法である。
- ・支払方法──隔地払は、国外や、国内ではあるが、地方公共団体の区域外で隔地又は地方公共団体の区域内の隔地にいる債権者に支払いをする必要があるときに、支払場所を指定し、指定金融機関又は指定代理金融機関に対し、支払いに必要な資金を交付して送金の手続をさせ、その旨を債権者に通知して行う支払方法である。
- ・制限──隔地払は、指定金融機関又は指定代理金融機関を設置した地方公共団体に限り認められる。
- ⑥ 口座振替払──口座振替払とは、債権者の利便のために認められるもので、指定金融機関などに預金口座を設けている者から申し出がある場合に、

債権者の預金口座へ振替支出する方法をいう。

● 支出事務の委託──支出事務の委託は、歳入の徴収又は出納の場合と同じ趣旨において認められている支出の手続であって、(27 出)「支出の委託」は、次の経費に限定され、財務規則などでその経費の範囲を加えることはできない。

・例──委託できる経費は、①資金前渡できる経費のうち、犯罪の捜査、犯罪の調査又は被収容者、被疑者の護送などに要する経費及び地方公共団体の長が規則で定めるものを除く全ての「資金前渡」、②「貸付金」、③「払戻金」を対象とすることができる。

・報告──支出事務の委託を受けた者は、その結果を「会計管理者」に報告をしなければならない。

## ■ 6  決算

● 決算──決算とは、一会計年度の「歳入歳出予算」の確定的計算を示す計算表であり、歳入歳出予算に対する実際の収入支出の結果を明確にするとともに、財務上の責任を明らかにする手段である。(23 出)

① 調製──決算は、予算ではなく、「歳入歳出予算」に対して調製される。(23 出)

・款項で調製──決算の調製では、歳入歳出予算と同様に、決算書には議会の認定の対象となる款項のみを掲げ、目節は決算の附属書類に委ねられている。(23 出・25 出・30 出)

・様式──決算の調製の様式、並びに歳入歳出決算事項別明細書、実質収支に関する調書、及び財産に関する調書の様式は、「総務省令で定める様式」を基準としなければならない。

・調製期間──決算は、毎会計年度、都道府県及び市町村ともに、「会計管理者」が、政令で定めるところにより、出納の閉鎖（5月31日）後3か月以内に調製し、長に提出する。(22 出・23 出・25 出・27 出・30 出)

・地方公営企業の場合──地方公営企業の決算の調製者は「管理者」である。管理者を置かない地方公営企業においては当該団体の「長」が行う。(22 出・27 出・30 出)

・附属書類──会計管理者は、決算及び証書類その他政令で定める書類（①歳入歳出決算事項別明細書、②実質収支に関する調書、③財産に関する調書）と併せて、「長」に提出しなければならない。(23 出)

① 「歳入歳出決算事項別明細書」は、所定の様式に従って会計規則に定める記載要領により調製される明細書である。

② 「実質収支に関する調書」は、「歳入歳出差引額」から「翌年度へ繰り越すべ

き財源」を差し引いた額であり、決算上の実質的な剰余金を表す調書である。（令2出）
・決算が黒字か赤字かは「実質収支」が黒字か赤字かで判断される。
③「財産に関する調書」は、当該年度末の財産の状態を表す調書である。
・赤字のとき——決算で、歳入が歳出に不足する赤字の事態が生じたときは「繰上充用」を執るべきであり、支払を繰り延べたり、一時借入金によって歳入決算を措置することはできない。
・欠損金のとき——盗難などの事故による「欠損金」については、決算上その旨を明らかにし、賠償その他の措置によって「翌年度以降の収入」において漸次補てんする取扱いとする。
② 監査委員の審査 ——長は、会計管理者から提出された決算、証書類、その他政令で定める書類（①歳入歳出決算事項別明細書、②実質収支に関する調書、③財産に関する調書）を監査委員の審査に付さなければならない。（27出）
・決算審査の主眼——決算審査の主眼は、決算の「合法性」と「的確性」である。（27出・令2出）
③ 意見 ——監査委員は、長から提出された決算に対して決算意見書として、長にその結果を報告しなければならない。（27出・令2出）
④ 認定 ——長は、監査委員の意見を付けて、次の通常予算を審議するまでに議会の認定に付さなければならない。（22出・23出・25出）
・提出時期——決算の議会への提出時期は次の「通常予算」を審議するまでとされているが、通常予算を審議する議会に同時でも違法ではない。
○提出書類——議会の認定の際には、決算のほか、「次の附属書類」を併せて提出しなければならない。（22出・27出・30出）
・附属書類①——①歳入歳出決算事項別明細書、②実質収支に関する調書、③財産に関する調書、④主要な施策の成果を説明する書類、⑤定額運用基金の運用状況を示す書類及びその書類に対する監査委員の意見書である。（22出・27出・30出）
・附属書類②——附属書類は、決算の内容を説明するものであり、議会の認定の「対象とならない」。
・附属書類③——附属書類のうち「主要施策の成果」は「長」に作成義務があるが、この提出義務は長が議会の認定に付する責任を有するからである。なおこの書類は監査委員の決算審査の対象とならない。
○審査期間——議会における「決算審議」をいつまで行うかの期間については、現行制度上特に定めはない。（令2出）
⑤ 決算の効果 ——決算の効果は、次のとおりである。
□効果①——議会の認定は、予算が議会の議決を要するのとは異なり、「効力の発生要件ではなく」、予算執行の結果の総合的な確認行為である。（25出・27

出・30 出）

□**効果②**──議会は、決算の認定に対し一部分を認定し又は一部分を認定しないとすることはできない。

□**効果③**──議会が決算を認定しないときは、長及び予算の執行者又は会計機関の責任は解除されないが、それが決算の法的効力に影響を及ぼすものではない。

・**決算後**──決算認定後において、決算の中に違法な支出が判明すれば、時効により消滅するまで、事務執行上の法的責任が追及される。（令 2 出）

⑥ **決算の公表**──

□**認定「あり」の公表**──議会が決算の審議を終えたときは、長は、議会の認定に付した決算の要領を住民に公表しなければならない。（23 出・27 出）

□**認定「なし」の公表**──公表において、議会が決算を否決（認定しない）ときは、議会が認定しなかった旨を明示し、その要領を公表する必要がある。

・**報告の廃止**──決算を総務大臣又は知事に「報告」する規定は「廃止」されている。（22 出・23 出・27 出）

⑦ **決算の否決後の措置**──決算不認定（決算の否決）の場合において、長が「必要と認める措置を講ずる」とする義務づけはしていない。この点で、条例又は予算の専決処分が否決された場合に、長は必要と認める措置を講じなければならない点と異なる。

□**「決算不認定の場合①」**で、長は、当該議決を踏まえて必要と認める「措置を講じたとき」には、速やかに、当該措置の内容を議会に報告するとともに、これを公表しなければならない。（令 2 出）

□**「決算不認定の場合②」**で、長が措置を講ずることができるにもかかわらず「措置を講じないとき」には、法的に違法とはならないものの、長は、政治的責任を負うことになる。

○ **歳計剰余金の処分**──決算により残額（剰余金）を生じたときは、会計年度独立の原則の例外として、次のように、当該歳計剰余金を翌年度に繰り越して使用することができる。（28 出・令 4 出）

①**剰余金の積立又は地方債の償還の繰り上げ償還の財源への充当**──当該剰余金のうち、2 分の 1 を下回らない金額を積立又は地方債の償還財源の充当に充てなければならない。

②**基金への編入**（法 233 条の 2 但し書）──決算の結果生じた剰余金を、条例又は議会の議決により、当該剰余金の全部又は一部を、基金に編入することができる。（令 2 出）本来ならば翌年度に繰越して使用すべきであるが、その繰越手続をとらずに基金に直ちに編入することが認められる。

③**一般財源としての処分**──決算上の剰余金のうち、①と②への充当額を差し引いた残額は、どのような歳出の財源に充当しても差し支えない。その使用

方法は、一時に全額を一括歳入歳出予算に計上して使用しても、また適宜分割計上して財源とすることも差し支えない。

● 出納整理期間──<u>出納整理期間とは、現金の未収や未払いの現金の出納を行うことができる整理の期間であり、会計年度終了後から出納閉鎖期間である5月31日までの2か月間をいう。</u>（28出・令2出・令4出）

・出納整理期間中には「調定」や「支出負担行為」を行うことはできないが、「支出命令」は支出負担行為が会計年度末の3月31日までに行われている場合に限り行うことができる。

・出納整理期間内に収入支出の処理が終わらなかったときは、過年度収入・過年度支出として、新年度の歳入歳出とする。

## ■ 7 財産

● 財産の分類──<u>自治法では、財産を管理の態様に従って、公有財産、物品、債権及び基金の4つに分類している。</u>（22出・27出）

・**管理及び処分の一般的規定**──財産は、「行政財産の管理及び処分の規定の適用がある場合を除き」①条例又は議会の議決による場合でなければ「これを交換し」、「出資の目的とし」、「支払手段として使用し」、又は②「適正な対価なくしてこれを譲渡し、貸付け」てはならない。

□① （財産を交換し）（出資の目的とし）（支払い手段とし）・・・・・・『原則禁止』

□②**適正な対価**であれば（財産を譲渡し）（貸付ける）・・・・・・・『条件付き』

・①と②に「**違反**」して行われた財産の管理及び処分は・・・・・・『無効』

・①と②の「**禁止**」は、「条例又は議会の議決」があれば・・・・・・『解除』

○ 財産の範囲──<u>財産の範囲は、地方公共団体の所有に属する不動産、動産、無体財産、有価証券、金銭債権などである。地方公共団体の所有に属するものであっても「歳計現金は含まれない」。</u>（22出・27出）

・**範囲外**──財産は、法律上形成過程にあり、未だ法律上の権利として確立していない権利は、例え財産権の対象となるものであっても、財産の範囲に含まれない。

・**条例又は議会の議決**──財産であっても、「教育財産」や「地方公営企業の用に供する資産」は、教育委員会又は企業管理者が財産の管理を行うことになるが、この場合でも「自治法238条の4」の規定の適用がある場合を「除き」、財産は、「条例又は議会の議決による場合」でなければ、これを交換し、出資の目的とし、支払手段として使用し、又は適正な対価なくしてこれを譲渡し、貸付けることができない。

● 公有財産

○公有財産の範囲──公有財産とは、地方公共団体の所有に属する財産のうち、不動産、船舶、航空機、地上権、特許権、株券、出資による権利、財産の信託の受益権などをいう。（29出）占有権、賃貸権、電話加入権などは公有財産に含まれない。（29出）

| ① | 不動産 （土地及び土地の定着物含む） |
|---|---|
| ② | 動産のうち船舶、浮標、浮桟橋及び浮ドック、航空機 |
| ③ | ①②に掲げる不動産及び動産の従物 |
| ④ | 地上権、地役権、鉱業権その他これらに準ずる権利 |
| ⑤ | 特許権、著作権、商標権、実用新案権その他これらに準ずる権利 |
| ⑥ | 株券、社債、地方債、国債その他これらに準ずる権利 |
| ⑦ | 出資による権利 |
| ⑧ | 財産の信託の受益権 |

・範囲限定──公有財産の範囲は、自治法に定められているため、地方公共団体において、その範囲を任意に拡大し又は縮小することはできない。

・分類目的──公有財産は、「行政財産」と「普通財産」に区分される。2つに区分する目的は、所有の目的に応じて適切な公有財産の管理を図るためである。さらに「行政財産」は「公用財産」と「公共用財産」に区分される。（27出）

[1] 行政財産 ──行政財産とは、地方公共団体において、公用又は公共用に供し又は供することを決定した財産をいう。（20出・25出）

□公用財産──公用（公用財産）とは、当該団体がその事務又は事業を執行するため直接に使用することを本来目的とする公有財産であり、例えば、庁舎、議事堂、試験場、研究所、実習船等がある。（20出・25出・27出・30出・令3出）

□公共用財産──公共用（公共用財産）とは、住民の一般的な共同利用に供することを本来目的とする公有財産をいう。例えば、道路、病院、福祉施設、学校、公園など敷地及び建物等がある。（25出・27出・30出・令3出）

□道路予定地などの公用又は公共用に供されていないが、将来公用又は公共用に供すべきことを決定した予定公物も行政財産に含まれる。（29出）

○行政財産の管理──行政財産も自治法上の「財産」であるが、その管理及び処分の方法については「他の財産と異なり」、特別の規定が置かれている。

・制限──行政財産は、「一定の場合を除くほか」、原則としてこれを貸付け、交換し、売り払い、譲与し、出資の目的とし、信託し又はこれに私権を設定することができない。これに違反する行為は「無効」となる。（22出・25出・30出）

・3つの特例──行政財産は、その用途又は目的を妨げない限度において、次の

財務会計

3つの例外を認めている。

① 行政財産の土地に「貸付け」「地上権」又は「地役権」を設定できる

・行政財産の土地——行政財産の土地の上に政令で定める堅固な建物その他工作物を設置するために当該「土地」を、「国」、「地方公共団体」及び「政令で定める法人」に、「貸付け」、「地上権」又は「地役権」の私権を設定することもできる。(27出・30出・令3出)

・貸付拡大——従来は、国、他の地方公共団体、公社等鉄道、道路等の用途に使用する場合に限って貸付等を認めていたが、法改正で、土地の供用の目的を効果的に達する場合や、敷地に余裕がある場合等にも貸付け等が可能となっている。

・対価徴収——行政財産を貸付け又はこれに対して地上権を若しくは地役権を設定した場合には、借受人又は地上権者から賃貸料又は地代若しくは地役権の対価を徴収することができる。この場合の賃貸料又は地代などは、それぞれの契約によって定められることになる。

② 行政財産の目的外使用——行政財産は、その用途又は目的を妨げない限度でその使用を許可することができる。これを「行政財産の目的外使用」という。

・私法除外——行政財産の目的外使用の許可には、私法の一般的な適用がなく、民法、借地借家法も適用されない。

・根拠——目的外使用の許可は、住民等からの申出により、当該行政財産の用途又は目的にとって支障がないと認めた場合に、その使用権を設定するものであり「裁量行為」である。したがって、目的外使用の許可には「法律や条例などの根拠を必要としない」。

・制限——学校の目的外使用については、その使用目的が社会教育その他公共のためのもの、又は公職立候補の個人演説会のためのものでなくてはならない制限がある。

・使用料——行政財産の目的外使用を許可する場合には、条例で定めるところにより、使用料を徴収することができる。(29出)いわば使用料を徴収するには条例がなければならない。条例がなければ使用料を徴収することができない。無料の使用となる。

・取消——行政財産は、①公用又は公共用に供するため必要を生じたとき、②又は許可の条件に違反する行為があると認めるときは、長又は行政委員会は、その許可を取り消すことができる。(25出)

・補償①——撤回権の留保がなくても取消せるが、使用許可の撤回で使用者に損害を与えた場合には一般的には補償が生ずる。

・補償②——ただし、使用者に許可条件に違反するなどにより許可の取り消しをするときは、地方公共団体は賠償責任を負わない。逆に、地方公共団体に

損害を与えた場合には、使用者に対して損害賠償を請求できる。

③ **PFI 法による行政財産の貸付け**──行政財産は、「PFI 法」に基づき、PFI 事業の用に供するため、PFI 事業者に対して貸し付けることができる。

[2] **普通財産**──普通財産とは、公有財産のうち「行政財産」を除くものをいう。

・**性格**──普通財産の性格は、当面行政財産として使用する予定はないが将来のために保管する財産、又はその管理から生ずる収益を財源に充てることを目的として保管する財産である。

・**私法適用**──普通財産は、地方公共団体が私人と同一の立場で保持する財産であり、原則として私法の適用を受けて管理、処分される。(20 出)

・**条例又は議会の議決**──普通財産は、これを貸付け、交換し、売り払い、譲渡し、出資の目的とし、又はこれに私権を設定することができる。できるがこの場合でも、「条例又は議会の議決」が必要である。(27 出)

・**信託**──普通財産は信託が認められるが、信託の対象財産は「土地」及び国債等の「有価証券」である。

□**土地の信託**──普通財産である土地(その土地の定着物を含む)は、当該団体を受益者とする限り、議会の議決を経て、信託することができる。

□**有価証券の信託**──普通財産のうち国債その他の政令で定める有価証券は、当該団体を受益者として、指定金融機関その他の確実な金融機関に国債などをその価格に相当する担保の提供を受けて貸付ける方法により、当該国債などを運用することを信託の目的とする場合に限り「信託」することができる。

・**契約解除①**──普通財産を「貸付けた場合」において、その期間中に、国、地方公共団体その他の公共団体において「公用又は公共用に供するため必要が生じたとき」は、長はその契約を解除することができる。契約を解除した場合には、借受人は生じた損失についてその補償を求めることができる。(20 出)

・**契約解除②**──上述の場合だけでなく、①用途を指定して売り払った場合、(20 出)②当該指定された期日までに指定した用途に供しない場合、③用途に供した後指定された期間内にその用途を廃止した場合には、「長は契約を解除できる」。

## ■ 8 物品

● **物品**──物品とは、地方公共団体の「所有」に属する動産、及び地方公共団体の所有に属さないが地方公共団体が「使用」のために保管する借用動産をいう。(20 出・24 出・27 出・30 出・令 4 出)「不動産」は含まれない。(20 出)

- 除外──ただし、「所有の場合」は、①現金及び現金に代えて納付される有価証券、②公有財産に属するもの、③基金に属するものが除かれ、「使用の場合」は、警察法の規定により都道府県警察が使用する国有財産及び国有の物品は除かれる。
- 災害救助法──災害救助法による応急仮設住宅は、その性質や形状から物品として扱われる。
- 商品券──商品券は、物品に該当する。
① **物品の出納**──会計管理者は、長の通知がなければ物品の出納を行うことができない。（30 出）現金の出納と同趣旨である。
- 違法──長の通知が違法なときは、会計管理者は物品の出納を拒否できる。
- 出納区分──物品の出納区分は、金銭会計と異なり、年度経過の出納整理期間がなく、物品の「出納を執行した日の属する年度」をもって所属年度となる。すなわち、前の年度で購入手続をした物品が新年度に納入されれば新年度の物品となる。
- 分類──物品の分類（備品、消耗品等）は、地方公共団体において適宜分類することができる。
- 「款」別──物品は、その適正な供用を図るため、歳出予算で定める物品に係る経費の「目的」に従い、歳出予算の「款」別に分類される。
② **物品の管理**──「地財法」では、物品は自治法上の財産の一区分であり、常に良好な状態においてこれを管理し、その所有の目的に応じて最も効率的にこれを運用しなければならないとしている。（24 出・27 出）
- 物品の保管の責任者は、会計管理者若しくはこれらの事務を補助する職員、物品を使用している職員であり、物品の種別によって集中管理方式がとられている。（30 出）ただし、「使用中の物品の管理・保管」は「長」の権限である。（30 出）
③ **物品の処分**──物品の処分とは、売却、廃棄などにより、物品出納簿からの消滅整理を手続としている。
- 条例又は議会の議決──物品は、適正な対価なく売り払う場合には条例又は議会の議決が必要であるが、「適正な対価で」譲渡や貸付けをするときは「条例又は議会の議決を要しない」。
- 売払い──物品は、売払いを目的とするもののほか、不用品の決定をしたものでなければ売払うことができない。
④ **職員の制限**──物品事務に従事する職員の制限は、直接出納保管する職員に限定されず、物品の処分の契約事務をする職員、これらの監督者も含まれる。
- 譲受け「制限」──物品事務に従事する職員は、「政令で定める物品を除き」、その取り扱いに係る物品を当該団体から譲り受けることができず、これに反

する行為は「無効」となる。（30 出）

・譲受け「例外」──職務の公正な執行を妨げない物品、例えば、価格が一定している証紙類、売払いを目的とする物品、不用品を決定した物品で長が指定したものは、譲り受けることができる。

・違反──譲渡禁止に違反してなされた物品の譲渡は無効であるが、譲受職員から善意に物品を取得した第三者に対しては無効を主張することができない。

⑤ **職員の賠償責任**──物品を使用している職員などが、「故意」又は「重大な過失」により物品などを亡失し又は損傷したときは、その生じた損害を賠償しなければならない。職員の賠償責任には民法の規定は適用されない。

⑥ **占有動産**──地方公共団体の所有に属さない動産で地方公共団体が使用のためでなく保管するもののうち特定のものは、占有動産とよばれる。（令元出）

・範囲──占有動産には、地方公共団体が「寄託を受けた動産」、「遺失物法による拾得物」などがある。

・管理者──占有動産は、法令に特別の定めがある場合を除くほか、会計管理者が管理する。

・通知で出納──会計管理者が占有動産を管理する場合にも、長の通知がなければ出納できない。

## ■ 9 債権

● **債権**──債権とは、特定人（債権者）が他の特定人（債務者）に対し、特定の行為（給付）を請求することを内容とする権利である。

・分類──債権には、その目的とする収入の性質によって2つに分類できる。一つは公法関係により発生した債権（公法上の債権）と、もう一つは私法関係により発生した債権（私法上の債権）である。

・金銭給付──地方公共団体の財産管理の対象となる債権は、「金銭の給付を目的」とするものに限られるが、次の公債権、私債権を問わない。（20 出・25 出・30 出）

□公債権──公法上の債権である「地方税」、分担金、「使用料」、手数料などの法令又は条例に基づく収入金に係る債権である。（20 出・22 出・25 出・27 出・30 出）

□私債権──私法上の債権である「物品の売払代金」、「貸付料」、歳出金の過誤払い等に基づく返還金に係る債権である。（20 出・22 出・25 出・27 出・30 出）

[1] **債権の管理**

□個別法に規定「あり」──公法上の金銭債権は、個別の法律に規定があるもの、

すなわち地方税の規定に基づく徴収金に関する債権は地方税の規定により管理される。

・過料に係る債権や預金に係る債権などは「個別法」が適用され、自治法上の債権管理の規定は適用されない。（25出）

□個別法に規定「なし」——公法上の金銭債権で個別の法律に規定がない場合には、自治法の規定により管理される。

□私法上の金銭債権——私法上の金銭債権も自治体のものであるから、自治令171条から171条の7や民法によって管理される。

○ 自治法第240条の債権管理の対象となる債権 とは、貸付金など、いまだ債務の「弁済期が到来していない債権」及び債務者の「債務不履行状態にある債権」である。

①債権管理——自治法240条の債権管理の対象となる債権は、自治法231条の3に規定されている分担金、使用料、加入金、手数料及び過料などを「除く」債権である。

②長の措置——長は、債権について、政令で定めるところにより、その督促、強制執行その他その保全及び取立てに関して必要な措置をとらなければならない。

③管理除外——「自治法240条の債権管理」については、「個別法に特別の規定があるもの」又は「債権として管理する性質を持たないもの」は「除外」される。

○ 特別の規定があるもの・・・・・・・適用除外 ——次の債権は、すでに「個別法」に特別の管理規定があることなどから、自治法に定める債権の規定が適用されない。（22出）

□除外——①地方税法に基づく徴収金の債権（22出）、②過料の債権（22出）、③証券に化体された債権、④電子記録債権 ⑤預金の債権（25出）、⑥歳入歳出外現金となるべき金銭の給付を目的とする債権、⑦寄附金の債権及び⑧基金の債権は「適用除外」となる。ただし、⑧基金に関する債権の管理は自治法241条に基づき債権管理の規定が適用される。

[2] 公法上の債権の保全及び取立て ——債権（分担金、使用料、加入金、手数料及び過料等）については、長が、その督促、強制執行その他その保全及び取立てに関し必要な措置をとらなければならない。

○ 督促 ——長は、分担金、使用料、加入金、手数料及び過料その他の歳入を納期限までに履行しない者があるときは、期限を定めて督促しなければならない。（22出・23出・26出・令2出）

・督促手続をせずに直ちに強制徴収することはできない。（26出）

・効力——督促及び納入通知は、民法の規定にかかわらず、「時効更新」の効力を有する。（23出・26出）ただし、督促ができるのは「1回限り」である。2

回目以降は督促したとしても事実行為であり何ら法的効力を有しない。

- 履行期限——履行期限とは、納入通知の場合には、通知書に記載された納期限、口頭、掲示などの場合は、それぞれで示された期限をいう。

○ **強制履行（滞納処分）**——長は、債権について、督促後、相当の期間を経過してもなお履行されないときは、強制履行の方法を取らなければならない。

- 滞納処分——公法上の収入金のうち、分担金などの歳入につき、督促を受けた者が指定期限までに納付しないときは、当該「歳入」及び当該歳入に係る「延滞金」について、地方税の滞納処分の例で徴収できる。（令2出）すなわち、裁判上の手続を経ないで強制徴収することができる。（23出）

○ **長が執ることができる措置**——長は、債権について、その「徴収停止」「履行期限の延長」又は当該債権に係る債務の「免除」をすることができる。（30出）

- **徴収停止**——①法人である債務者がその事業を休止し、将来その事業を展開する見込みがなくかつ差し押さえることが財産の価格が強制執行の費用を超えないと認められるとき、②債務者の住所が不明でありかつ①の後段に該当するとき、③債権金額が少額で取立てに要する費用に満たないと認められるときに「徴収停止」ができる。

- **履行期限の延長**——①債務者が無資力又はこれに近い状態のとき、②債務者が当該債務の全部を一時に履行することが困難でありかつその現に有する資産の状況により履行期限を延長することが徴収上有利であると認められるとき、③災害などにより履行期限を延長することがやむをえないと認められるとき、④損害賠償金などによる返還に係る債権について、債務者が当該債務の全部を一時に履行することが困難でありかつ弁済につき誠意を有することが認められるときに「履行期限の延長」ができる。

- **免除**——履行期限の延長をした債権について、当初の履行期限から「10年」を経過した後において、なお、「債務者が無資力」又は「これに近い状態にありかつ弁済することができる見込みがない」と認められるときに「免除」することができる。（22出・30出）この免除には議会の議決は不要である。（22出）

- その他——公法上の収入金のうち、滞納処分の例により処分できる歳入「以外」の歳入に係る債権の保全、取立て等の手続は、「督促及び延滞金に関する事項を除いて」、「私法上の債権の手続」によらなければならない。

[3] **私法上の債権の保全及び取立て**

- **督促**——私法上の債権を、債務者が履行期限までに債務を履行しないときは、期限を指定して督促しなければならない。この督促は文書で行う必要がある。

- **強制執行**——私法上の債権を督促した後、相当の期間を経過してもなお

履行されないときは、債権の内容に従いそれぞれ担保の実行、保証人に対する履行の請求、強制執行、訴訟手続などによる履行請求などの措置をとらなければならない。ただし、徴収停止の措置をとる場合、履行延期の特約などをする場合、その他特別の事情があると認める場合は、強制執行などの措置をとらないことができる。

- 免除——私法上の債権は、当初の履行期限から「10年」を経過した後も弁済できない見込みが認められるときは、当該債権及びこれに係る損害賠償金等を免除できる。この免除には議会の議決は不要である。
- 時効——時効とは、ある事実状態が一定期間継続した場合に、その状態が真実の権利関係に合致するか否かを問わず、その事実をそのまま尊重して、権利を発生させ又は消滅させる制度である。前者を「取得時効」といい、後者を「消滅時効」という。

◇公法上の金銭債権に係る消滅時効に関し、その年数及び時効更新事由「以外」の時効については、民法の規定が準用される。

◇公法上の金銭債権に関する消滅時効は、地方税法18条、地方公務員等共済組合法169条、国民健康保険法110条などの規定が適用される。

◇私法上の金銭債権に関する消滅時効は、全て民法、商法、小切手法などの私法が適用される。

□時効の援用及び放棄①——「民法」では、時効の援用を求めない限り、時効によって権利関係が変動しないのが原則であり、したがって、時効を放棄することも自由である。（23出・26出・令2出）

□時効の援用及び放棄②——「自治法」では、「公法上の金銭債権」は時効に関して他の法律に定めのないものについては、地方公共団体の権利であると地方公共団体に対する権利であるとを問わず、金銭の給付を目的とする公法上の権利は、「時効の放棄は許されず」、これを行使できる時から「5年」の期間の経過によって時効の「援用なし」に絶対的に消滅する。（23出・26出・令2出）

○ 不納欠損処分——不納欠損処分とは、すでに調定された歳入が徴収し得なくなったことを表示する決算上の処分である。

- 整理——不納欠損処分は、法令又は条例により、地方公共団体の債権が消滅したとき、その債権額を表示して整理するものであり、時効により消滅した債権、放棄した債権などについて行うものである。

## ■ 10　基金

● 基金——基金には、①財産の維持や基金の積み立てのための「積立基金」と②定額の資金の運用のための「運用基金」の2つがあり、「条例」の定める

ところにより設置できる。（20出・21出・29出・令元出）

[1] **積立基金**——「積立基金」は、「条例」で定めるところにより、特定の目的のために財産を維持し資金を積み立てる場合に設置される基金である。当該基金は、当該目的のためでなければこれを処分することができない。（21出・25出・29出・令元出・令4出）すなわち、利息を含め、当該目的以外のために、全部又は一部でも処分することができない。

・「積立基金」は、基金の積み立てから生ずる収益のみならず、元本も使用できる。（21出）

・**処分**——基金の全部を処分する場合は、基金の廃止となるため、まず基金の設置条例を廃止した上で行い、廃止に伴う収益や経費は、必ず、歳入歳出予算に計上しなければならない。

・**財政法**——地財法では、決算上「剰余金」を生じた場合には、積立基金などの経費の財源に充てることを義務づけている。

・**法律根拠**——積立基金は条例で設置されるが、「法律」で設置される場合がある。例えば、災害救助法により都道府県は必ず災害救助基金を設ける義務を負っているが、この法律に設置根拠がある場合には条例を必要としない。

[2] **運用基金**——「運用基金」は、「条例」で定めるところにより、特定の目的のために定額の資金を運用する場合に設置される基金である。（29出）

・**例**——運用基金の例には、①用品会計の基金や奨学資金貸付の基金、②中小企業への資金の貸付けのための基金などがある。（29出・令元出）

□**設置段階**——運用基金であっても、基金の「設置」に当たっては「予算執行の方法」をとる必要がある。（21出・令4出）

□**運用段階**——運用基金によって、原資金による物品、土地購入等を要する「費用」は、「歳入歳出予算」に計上する必要はない。（令元出）

・**処分**——運用基金の処分については、何ら制限規定はない。

・**議会提出**——運用基金は、設置後はその運用が予算と無関係に資金が運用されるため（令4出）、長は、「毎会計年度」、その運用状況の書類を作成し、監査委員の審査に付し、その意見を付けて議会に提出する義務がある。（29出・令元出）監査委員の意見の決定は「合議」による。

● **基金の管理**——基金の管理は、条例で定める特定の目的に応じ、及び「確実」かつ「効率的」に運用しなければならない。（21出）

・**条例規定**——基金の「管理」及び「処分」に関し必要な事項は、自治法で定めるもののほか「条例」で定めなければならない。（21出・25出）

○**総計予算主義**——基金は、その運用から生ずる「収益」及び基金の管理に要する「経費」は、「総計予算主義の原則」に基づき、それぞれ毎会計年度の歳

入歳出予算に計上しなければならない。（25出・29出・令4出）
- **収益とは**——基金の運用から生ずる収益とは、「貸付金の利子」、「積立預金の利子」などをいう。
- **運用益**——基金管理条例で基金の「運用益」は基金に編入すると規定していても、歳入歳出予算に計上しない限り当該運用益を基金に編入することはできない。

○**管理・保管**——基金管理の権限は「長の権限」である。 基金に属する現金及び有価証券の「保管」は、「会計管理者の権限」である。（令4出）

## ■ 11　賠償責任 ■

● 職員の賠償責任

○**職員の範囲**——「会計管理者をはじめ会計管理者を補助する職員」、「資金前渡を受けた職員」、「占有動産を保管している職員」、「物品を使用している職員」、「有価証券を保管する職員」、又は「予算執行の職員」、「支出負担行為を行った職員」等が、その職務の遂行に当たって「故意」又は「重大な過失」により、地方公共団体に財産上の損害を与えた場合に、特別の責任を負う。（23出・26出・27出・28出・29出・令元出・令2出）

○**賠償責任**——賠償責任は、いかなる場合でも生じるわけではなく、「故意」又は「重大な過失」があった場合に生じる。（23出）

- **認定**——「故意」又は「重大な過失」があったかどうかの事実の認定は「長が行う」。
- **現金の場合**——なお、現金の場合に限り「故意又は過失」で足りる。（23出・28出・令2出）
- **職分等による責任**——職員の賠償責任が、「2人以上」の行為による場合には、それぞれの「職分」に応じ、かつ損害発生の原因となった程度に応じて、賠償の責めを負う。（23出・26出・29出）
- **賠償請求先**——損害賠償は、職員が「退職」した場合でも請求できるし、また職員が「死亡」した場合でも「相続人」に行える。（23出・26出）

○**長の手続**——「長」は、職員が損害を与えたと認めるときは、監査委員に対し、その事実があるかどうかを監査し、「賠償責任の有無」と「賠償額」を決定することを求め、その決定に基づき「期限」を定めて賠償を命じなければならない。（23出・26出）

- **訴訟判決がある場合**——長は、「住民訴訟」において賠償責任を命ずる判決が確定したときは、監査委員の損害賠償の有無の決定を求める必要はない。
- **監査委員監査**は、長から請求があった場合に限り、「賠償責任の有無」と「賠償額」の2つを決定することができるに止まる。（29出）

- ・支払期限──長の賠償命令は、支払の「期限」を定めて行わなければならない。期限を過ぎても賠償をしないときは、督促、強制執行その他その保全及び取立てに関して必要な手続を執らなければならない。
- ・賠償方法──賠償命令に対しては、金銭賠償のほか、現状回復も認められる。
- ・消滅時効──賠償命令による金銭債権の消滅時効は「5年間」により消滅する。
- ・免除──長は、監査委員が、賠償責任があると決定した場合において、当該損害が避けることができない事故その他やむをえない事情によるものであるときは、賠償責任の一部又は全部を免除することができる。この場合、あらかじめ監査委員の意見を聴き、その意見を付けて議会に付議する必要がある。「議会」の同意を得て、賠償責任の全部又は一部を免除できる。（26出・29出
- ○合議──職員の賠償責任の場合の監査委員の意見は「合議」による。
- ・適用除外──職員の賠償責任には「民法」の規定は適用されない。（23出）

財務会計

## 12　住民監査請求

[1]　住民監査請求──住民監査請求は、当該団体の執行機関又は職員による「違法」又は「不当」な財務会計上の行為のほか、財務に関する「怠る事実」も対象となる。（30出・令2出）
- ・対象──住民監査請求の対象は、当該団体が処理する事務のうち、「財務会計上の行為のみ」が対象となる。（25出）
- ○　請求権者──住民監査請求をなしうる者は、当該団体の「住民」である。法律上の「行為能力」を有する住民であれば「1人」でもでき、「自然人」「法人」を問わない。（20出・23出・25出・27出・30出・令2出）
- ・住民であれば、「選挙権の有無を問わず」、「国籍を問わず」、「外国人も含まれる」。（30出・令2出）
- ・住民以外も参加可──住民監査の請求人の中に「住民以外の者」がいても、住民監査請求を行うことができる。
- ・再請求は原則不可──同一住民が同一内容で、「再度」の住民監査請求は認められない。ただし、不適法の却下の場合は「再請求」ができる。
- ・対象となる行為の主体は、「長」、「行政委員会」、「職員」である。（27出）一般職たると特別職たるを問わない。原則として議会の議員は除かれる。
- ・請求者の対象となる行為は、「違法」又は「不当」な財務会計上の「作為」のみならず、「怠る事実」の「不作為」も対象となる。（20出・25出）
- ・予測も可──行為には、行われることが相当の確実さをもって「予測」される場合も含まれる。（23出）
- ○　4種類の内容──住民監査請の内容は、次の「4種類」がある。
①　当該行為の「事前防止」の必要な措置。

② 当該行為の「事後是正」の必要な措置。

③ 当該「怠る事実を改める」必要な措置。

④ 団体の被った「損害補填」の措置。

○ **請求期間**——住民監査請求は、正当な理由がない限り、「怠る事実を除き」、対象となる行為があった日又は終わった日から「1年以内」に行わなければならない。（20出・23出・25出・27出・30出・令2出）ただし、正当な理由があるときはこの限りでない。

・**期間制限**——期間制限があるのは請求内容の「4種類」の行為のみであり、「怠る事実」についての監査請求には請求期間の制限が「ない」。

・**請求手続**——住民監査請求は、違法・不当な行為又は怠る事実があると認めるときに、それらを証する書面を添え、請求しなければならない。

・**関係者へ通知**——監査委員は、住民監査請求があったときは、「直ちに」当該請求の要旨を「議会」及び「長」に通知しなければならない。

○ **監査の実施**

・**実施期間**——監査委員は、住民監査請求を受けた日から「60日以内」に監査を行わなければならない。

・**陳述等**——監査委員は、住民監査を行うに当たっては、請求人に証拠の提出及び陳述の機会を与えなければならない。

○ **監査結果**——監査結果の通知及び公表は「監査委員」が行う。

・**請求人へ通知**——「監査委員」は、住民監査請求に理由があると否とにかかわらず、監査結果を「請求人」に通知しなければならない。（30出）

□ **請求に理由が「ある」場合**——監査委員は、住民監査請求に理由が「ある」と認めるときは、当該「議会、長その他の執行機関又は職員に対し」、「期間を示して」必要な措置を講ずべきことを勧告するとともに、当該勧告の内容を「請求人」に「通知」し、かつ、これを「公表」する。（20出・23出・25出・27出）

□ **請求に理由が「ない」場合**——監査委員は、住民監査請求に理由が「ない」と認めるときは、理由を付して、その旨を書面により「通知」するとともに、これを「公表」する。（20出・23出・25出・27出）

○ **監査委員の「勧告」**——監査委員は、住民監査請求の内容を「修正」して勧告することができる。

・**停止勧告**——監査委員は、住民監査請求があった当該行為が違法又は不当であると思料するに足りる相当な理由があり、それによって回復困難な損害を避けるための緊急性があり、かつ人の生命又は身体に重大な危険の発生の防止その他公共の福祉を著しく阻害するおそれがないと認める場合に、停止すべきことを勧告できる。（27出）

・監査委員は、停止勧告を行った場合には、請求人に通知するとともに、これ

を公表しなければならない。

[2] 　住民訴訟　——住民訴訟は、住民監査請求を行った住民に限り提起できる。（26出）

・提起①——請求人が住民監査の結果等に不服がある場合に、住民監査請求の手続を経ていることを前提に、当該執行機関又は職員による「違法」な財務会計上の行為と「違法」な「怠る事実」を訴訟の対象として提起でき、「不当な行為又は不当な怠る事実を対象としない」。（20出・23出・25出・26出・令2・令3出）

・提起②——住民が提起した住民訴訟が係属しているときは、当該団体の他の住民は「別訴」をもって同一の請求をすることができない。（令3出）

・提起③——住民監査請求をしなかった者は訴訟には参加できるが、出訴権者にはなれない。

・前置主義——回復困難の内容であっても、住民監査請求を経た後でなければ「出訴できない」。

・訴訟の対象——行政事件訴訟法の「民衆訴訟」に該当する。

○　訴訟の4要件　は、次の場合である。

　① 監査委員の監査の結果（棄却など）や勧告に不服があるとき。

　② 勧告を受けた機関や職員の措置内容に不服があるとき。

　③ 監査委員の勧告を受けた機関や職員が期間内に必要な措置を講じないとき。

　④ 監査委員が60日以内に監査や勧告を行わないとき。

・訴訟の内容——訴訟の内容は、住民監査請求を行った事項に限られる。

・訴訟相手——住民訴訟は、住民監査請求を行った住民が、当該団体の執行機関としての「長等」を被告として請求とされ、直接当該職員に対して訴訟を提起することはできない。（26出・令2出・令3出）

・判決が確定すれば、当該職員は、違法に職権を行使したこと等に基づく個人としての責任を問われる。（令2出）

○　訴訟期間　——出訴できる期間は、住民監査請求の監査結果等が出された後「30日以内」である。この期間は「不変期間」である。

○　訴訟の種類

□ 1号住民訴訟——「差止め請求」は、違法な行為を事前に防止、抑制する請求である。（25出）

・差止め請求は、当該行為がなされる前の段階でも認められる。

・差止め請求は、差止め請求をすることによって、人の生命又は身体に対する重大な危害の防止その他公共の福祉を著しく阻害するおそれがあるときは「認められない」。（26出）

□ 2号住民訴訟——「取消又は無効確認の請求」は、行政処分たる当該行為に

ついてのみ認められる訴訟請求である。

・取消又は無効確認の請求にも、出訴期間の制限の適用がある。

□3号住民訴訟──「怠る事実の違法確認の請求」は、請求人の個人的な権利利益とは全く無関係な財務会計上の一定の職務不履行の違法性を求めることにより、一般的な「公共の利益を擁護する」ことを目的とする請求である。

□4号住民訴訟──財務会計上の違法な行為若しくは怠る事実に係る「損害賠償」又は「不当利益の返還」を執行機関又は職員に求める請求は、機関としての長などを住民訴訟の被告とし、敗訴した場合に関係職員の責任を追及する請求である。（25出・令3出）

・4号住民訴訟において、「損害賠償」又は「不当利得の返還」の請求を命ずる判決が確定した場合には、当該団体の長は、当該判決が確定した日から60日以内の日を期限として、当該請求に係る損害賠償又は不当利得の返還の請求をしなければならない。すでに裁判手続で債権の内容及び義務内容が明確にされていることから、「当該請求を目的とする訴訟を提起する必要はない」。（令3出）

・ 裁判所管轄 ──住民訴訟は、当該団体の事務所の所在地を管轄する「地方裁判所」の管轄に専属する。（26出・令3出）

## ■ 13 公の施設

○ 公の施設 とは、住民の福祉を増進する目的をもってその利用に供するための施設をいう。（令3出）

・自治法には、住民の利用という点に着目した公の施設という概念は「ない」。昭和38年の法改正で、「営造物という概念は廃止されている」。（28出）

・例として、公園、流域下水道、公立学校などが挙げられる。（令3出）

◇対象外①──公の目的のために設置された施設であっても、「住民の利用」に供することを目的としないもの、「庁舎」や純然たる「試験研究所」は公の施設ではない。（30出）利用の形態は一般使用であると、許可使用等であるとを問わない。

◇対象外②──住民の福祉の増進の目的をもって住民の利用に供するために設置されたものであり、利用そのものが福祉の直接の増進とならない「競輪場」、「競馬場」、「留置場」は「公の施設ではない」。（21出・26出・30出・令3出）

◇物的施設──公の施設は、地方公共団体が設置する「物的施設」を中心とする概念であり、人的側面（産婆、巡回講師、貸付用の機械、種畜等）は公の施設ではない。（21出）

◇自治体の設置──公の施設は、地方公共団体が設けるものである。「国」「その他の地方公共団体以外の公共団体」が設置するものは公の施設ではない。

・公の施設は、特別区、地方公共団体の組合、財産区も設置できる。

○権原があればOK——地方公共団体は、当該公の施設について何らかの「権原」を取得していることが必要であるが、必ずしも施設を「所有する必要はなく」、使用権、賃借権等を有していれば足りる。（21出・30出）

・原則・長の権限——公の施設の設置、管理及び廃止は「長」の権限である。ただし、教育委員会の所管に属する学校その他の教育機関の管理は「教育委員会」の権限である。

○ 公の施設の設置管理と議会の議決 ——公の施設の設置及び管理に関する事項は、「条例」事項である。（28出）

□一般議決——公の施設の設置条例などは、原則として議会の「過半数議決」で足りる。

□特別議決——議会の議決の「例外」として、次の場合は、議会の出席議員の「3分の2以上」の同意が必要である。（30出・令3出）

◇条例で定める重要な公の施設のうち、①「条例で定める特に重要なもの」を「廃止」する場合。（30出・令3出）

◇条例で定める重要な公の施設のうち、②条例で定める「長期かつ独占的な利用をさせる」場合。（30出・令3出）

○公用開始——公の施設は、条例の施行をもって公用開始となる。

● 区域外設置 ——公の設置は、当該区域内に限られるのが原則であるが、他の自治体との合意に基づき区域外に設置することも可能である。

□他の住民の利用あり——公の施設を区域外に設置する場合、その「区域外の住民にも利用させる場合」には、関係団体と協議が「必要」である。協議に際しては議会の議決を経る「必要」がある。（24出・26出・28出・30出）

□他の住民の利用なし——公の施設を区域外に設置する場合、その「区域外の住民の利用関係がない場合」は、協議は「不要」であり、関係団体の議会の議決も「不要」である。（30出）

・区域外に単に土地や建物を所有する場合も、協議は「不要」である。（24出）

● 公の施設の利用 ——公の施設を住民の利用に供するには、住民の利用に供する旨の当該団体の意思的行為を必要とする。

・利用拒否——地方公共団体（指定管理者を含む）は、正当な理由がない限り公の施設の利用を拒んではならない。（21出・24出・26出）

・利用拒否の正当理由——正当な理由として、①使用料を支払わない、②利用者が予定人数を超える、③利用者に著しく迷惑を及ぼす危険があることが明白である、④利用に関する規定に違反する場合などがある。正当な理由として、その利用を許可しない旨を条例で定めることができる。（24出）

・不当差別禁止——地方公共団体（指定管理者を含む）は、住民が公の施設を利用することについて、不当な差別的な取扱いをしてはならない。

・不当差別の例——「不当な差別」としては、信条、性別、社会的身分、年齢

等により、合理的理由なく利用を制限し又は利用料を減額するなどが該当する。

○利用料金——<u>公の施設は、他の地方公共団体との協議によって、他の住民に利用させることができる。この場合、合理的な理由があれば「利用料金」に差を設けることができる。</u>（26 出・28 出）

・使用料徴収と過料——公の施設の利用に関して条例で使用料を徴することができる。また利用に関して条例で「過料」を科すこともできる。

● 公の施設の管理委託 ——公の施設の管理は、当該団体の「直接管理」か、「指定管理者による管理」かのいずれかの方式となる。

○ 指定管理者制度 ——指定管理者制度とは、「指定」により、公の施設の「管理権限」を当該指定を受けた者に「委託」ではなく、「委任」する制度である。

・条例整備——<u>公の施設を指定管理者に行わせるためには、条例で規定しなければならない。</u>（26 出）

・指定に議会の議決——<u>公の施設の管理を行わせるため法人その他の団体を指定するとき、すなわち、指定管理者を指定する場合には、あらかじめ「議会の議決」を経る必要がある。</u>（26 出・28 出・令 3 出）

・団体の指定——<u>指定管理者となることができる者は、「法人その他の団体」であって、団体であれば法人格の有無を問わない。したがって、団体であれば、出資団体に限られず、民間事業者も対象となるが、「個人は対象とならない」。</u>（24 出・26 出・令 3 出）

・長や議員も可——指定管理者は「請負ではない」ため、長や議員も兼業禁止に当たらない。

・付与する権限——指定管理者の権限は、「管理権限と責任」である。主なるものは、①施設使用許可、②利用料金の設定、③一部業務の第三者委託などである。

・委任できない——ただし、<u>①過料の賦課徴収</u>（24 出）、②使用料の強制徴収、③審査請求、④行政財産の目的外使用の許可などは「委任できない」。

・期間指定——<u>指定管理者の指定は、「期限」を定めて行われる。</u>（令 3 出）

・利用料金——<u>適当と認めるときは、公の施設の「利用料金」を指定管理者の収入として収受させることができる。</u>（24 出・令 3 出）しかし利用料金の設定については当該団体の承認を受けなければならない。

・報告書の提出——指定管理者は、毎年度終了後、公の施設の管理の業務に関し、事業報告書を提出しなければならない。

・報告聴取・調査等——当該団体は、指定管理者から経理状況の報告を求め、実地調査又は指示ができる。これらに従わないときは、指定管理者の取消又は停止ができる。

# 3 地方公務員法

# 1 地方公務員法の基本原則

● **地方公務員法の基本原則**——地公法は、憲法の原理である「国民主権主義」に即して、民主的で能率的な近代的な公務員制度を確立することを基本理念とし、これを直接の目的としている。

[1] **全体の奉仕者の原則**——憲法15条では「全て公務員は、全体の奉仕者であって一部の奉仕者ではない」と規定している。この精神を受けて地公法30条は、「全て公務員は全体の奉仕者として公共の利益のために勤務し、かつ職務の遂行に当たっては、全力でこれに専念しなければならない」と定め、これを制度の基本原則の一つとしている。
・適用——全体の奉仕者の原則は、一般職、特別職を含む、「全て」の公務員に適用される原則である。

[2] **成績主義の原則**——地公法では、職員の任用は「能力の実証」に基づいて行わなければならないと規定している。また公務の「平等公開」によって広く人材を求めることを明らかにし、職員の採用などを能力の実証に基づく成績主義に基づくことを原則としている。
・目的——成績主義の原則は、公務に有能な人材を配置し、公正な人事管理を行うことで行政全般の能率を向上させ、それにより住民に対する奉仕を図ることを目的としている。（20出）
・メリット・システム——地公法は、職員の採用などを党派的利益や政治的功績により行うスポイルズ・システム（猟官主義）による情実人事などの弊害を排除するため、「メリット・システム（成績主義）」に基づいている。（20出）
・原則の適用①——成績主義の原則は、任用の根本基準であり、臨時的任用職員を含む一般職の職員に適用されるが、特別職には適用されない。（24出）
・原則の適用②——成績主義の原則は、職員の採用、昇任のみならず降任や転任にも適用される。（20出・24出）
・原則の適用③——成績主義の原則に基づき、職員の任用は、地公法の定めるところにより、受験成績、人事評価その他の能力の実証に基づいて行わなければならない。（28出）
・免許を有することや一定の勤務実績を有することも能力実証方法の一つである。（20出・24出）
・原則の適用④——成績主義の原則は任用の根本基準とされ、これに反して任用を行った者は懲戒処分の対象となり、また罰則の適用がある。（20出）

[3] **政治的中立の原則**——政治的中立の原則とは、公務員は、政治的に中立で、

特定の政治的立場に偏らず、全体の奉仕者としての性格を堅持しなければならないとする原則をいう。

・公務員には「政治的中立」であることが要求されているが、これは公務員の性格を維持し、公正な行政を担保するとともに職員自身を「政治的影響から保護する」ことにある。

[4] <u>平等取扱いの原則</u>——<u>平等取扱いの原則は、憲法の定める法の下の平等の原則に基づくものとされている。</u>（24 出）

・**地公法の規定**——<u>地公法では、「全て公務員は、この法律の適用について平等に取り扱わなければならず、人種、信条、性別、社会的身分、門地によって又は地公法第 16 条第 5 号に規定する場合を除くほか、政治的意見、政治的所属関係によって差別されてはならない」と定めている。</u>（令元出）

・**原則の適用①**——<u>平等取扱いの原則は、地公法の「全ての規定」の適用についての原則であり、それは単なる宣言規定ではなく、実体的規定である。</u>（28 出）

・**原則の適用②**——<u>平等取扱いの原則は、任用の根本基準であり、全ての国民に適用されるが、この「国民とは日本国籍を有する者」をいう。</u>（24・28 出・令元出・令 4 出）

・<u>地公法上、「日本国籍を有しない者」を地方公務員として任用することについては直接の禁止規定はないが、①「公権力の行使」又は②「地方公共団体の意思決定に参画する職」（管理職）に任用することはできないと解されている。</u>（24・28 出・令元出・令 4 出）

・<u>公権力の行使が想定される管理職の昇任選考の受験資格に「国籍要件」を設けることは「適法」である。</u>（令 4 出）

・**原則の適用③**——<u>平等取扱いの原則は、「合理的な理由」なくして差別することを禁止する趣旨であり、「政治上・道徳上の信念・主義は」禁止される差別の事由に含まれる。</u>（令元出・令 4 出）

・**欠格条項①**——<u>合理的取扱いとして、「欠格条項」に該当する者は、職員となり又は競争試験若しくは選考を受けることはできないと規定しているが、「成年被後見人は欠格条項の該当者でなくなっている」。</u>（令 4 出）

・**欠格条項②**——<u>日本国憲法の下に成立した政府を暴力で破壊することを主張する団体に加入した者は、欠格条項の該当者であり、「平等取扱いの原則」による保護の対象とならない。</u>（令元出）

・**審査請求**——<u>平等取扱いの原則に違反して不利益な処分を受けた職員は、人事委員会又は公平委員会に対して審査請求ができる。</u>（令元出）

・**罰則**——<u>平等取扱いの原則の規定に違反して差別した者は、「1 年以下の懲役又は 50 万円以下の罰金」に処せられる。</u>（24 出・28 出・令元出・令 4 出）

地方公務員法

[5] **情勢適応の原則（均衡の原則）**——地公法は、「地方公共団体」は給与、勤務時間その他の勤務条件が社会一般の情勢に適応するように、「随時」適当な措置を講じなければならないと定めている。

・**人事委員会の勧告**——「人事委員会」は、給与、勤務時間その他の勤務条件が社会一般の情勢に適応するように、「随時」、講ずべき措置について、議会及び長に勧告することができる。（28出）

・**勧告は裁量**——人事委員会が勧告を行うか否か、勧告を行う場合の内容をどのようにするかは、人事委員会の裁量とされている。なお勧告は「企業職員及び単純労務職員には適用されない」。

・**給料額の勧告**——地公法には、毎年少なくとも「1回」、給料表に定める給料額を増減することが適当であると認めるときの勧告がある。

・**代償措置**——情勢適応の原則は、公務員の労働基本権が制限されていることから、民間労働者との均衡上の「代償措置」として規定されている。

・**経済の保障**——情勢適応の原則は、職員の経済的権利の保障を目的とするものであり、地方公営企業に勤務する職員にも適用される。

・**罰則の適用なし**——情勢適応の原則に違反しても「罰則の適用はない」。

[6] **勤労者としての地方公務員**——地公法は、一般職員の勤務条件を条例に基づかせることによって、勤労者としての権利を保障している。しかし、公務員には全体の奉仕者としての公務の特殊性があるため勤労者としての権利が制約されている。地方公務員の勤労者としての性格を認めたことは現在の地方公務員制度の特徴である。

## ■ 2 地方公務員に係る法律 ■

[1] **地方公務員法**——地公法は、一般職に属する全ての地方公務員に適用される。ただし、その職務と責任の特殊性に基づいて地公法に対する特例を必要とするものについては別に法律で定めるとしている。（令4出）また法律に特別の規定がある場合を除くほか、特別職に属する地方公務員には適用されない。

① 「一般行政職員」は、地公法の全面適用を受ける。

・地公法では、労働組合法、労働関係調整法及び最低賃金法並びにこれらに基づく命令の規定は職員に関して適用しないと定めているが、この職員には「企業職員」「単純労務職員」は含まれない」。（令4出）

② 「教育職員」は、地公法の適用のほか「教育行政法、教公特法」の適用を受ける。（令4出）

③ 「警察職員」は、地公法の適用のほか「警察法」の適用を受ける。

④ 「消防職員」は、地公法の適用のほか「消防法」の適用を受ける。

⑤ 「企業職員」は、地公法の一部適用除外（地公企法 39 条）されるほか、給与や労働関係等については「地公企法、地公労法、労組法、労働関係調整法」の適用を受ける。

・企業職員、単純労務職員及び特定地方独立行政法人の職員は地公労法（地方公営企業等の労働関係に関する法律）11 条で争議行為等が禁止されている。(令4出)

⑥ 「単純労務職員」は、地公法の適用が一部除外（地公企法 39 条）されるほか、「地公法、地公労法、労組法、労働関係調整法」の適用を受ける。（令4出）

⑦ 「特定地方独立行政法人の職員」は、地公法の適用が一部除外されるほか、「地方独法」の適用を受ける。

・独法職員の労働関係は「企業職員」の場合と「同様」である。

・特定地方独立行政法人の役員は「特別職」の地方公務員であり、職員は「一般職」の地方公務員であるとともに（29出・令4出）、「地方公務員としての身分を有する」。（令4出）

[2] **労働基準法**——労働基準法は、労働者の労働条件の「最低基準」を定める法律であり、地方公務員の場合は、「地公法で定める事項以外」は原則として労働基準法が適用され、職務の性質により必要な適用除外規定が地公法に設けられている。（29出）

・国家公務員には労働基準法は適用されない。

[3] **教育公務員特例法**——教育公務員特例法は、教育を通じて国民全体に奉仕する「教育公務員」の職務と責任の特殊性に基づき、国や地方の教育公務員の任免、分限、懲戒、服務、研修等の特例を定めている。（29出）

[4] **警察法**——警察法は、都道府県警察の職員のうち、地方公務員の身分を有する者の身分取扱いについて特例を定めている。

・「警察職員」と「消防職員」は、職員団体を結成し又は加入することはできないが、単に親睦や公正を目的とする団体を組織することは差し支えない。

[5] **消防組織法**——消防組織法は、消防長は市町村長が任命し、消防長以外の消防職員は市町村長の承認を得て消防長が任命し、また消防団長以外の消防団員は市町村長の承認を得て消防団長が任命する。

・消防団員の任用、給与、分限、懲戒、服務等は消防組織法に定めるものを除くほか、地公法の定めるところによる。

[6] **地方公営企業法**——地方公営企業法は、地方公共団体の経営する企業の組織、財務、職員の身分取扱い等を定めている。

・地方公営企業の補助職員の任免は「企業管理者」が行うが、地方公共団体の規則で定める主要な補助職員の任免には当該団体の長の同意が必要である。

・企業職員の勤務条件について「地公法 24 条 5 項の規定は適用されず」、給与

の「種類」及び「基準」のみを「条例」で定めることとしている。

・企業職員は、「勤務条件の措置要求」、「不利益処分の審査請求」、「職員団体の結成等」に関する地公法の規定は「適用されず」、原則として「政治的行為の制限」も行われないが、一方、労働基準法は全面的に適用され、労働関係調整法も一部適用されるなど一般の職員と異なる取扱いが行われている。

[7] 地方公営企業労働関係法 ——地方公営企業労働関係法は、地方公共団体が経営する企業の労働関係について定めている。

・この法律は、企業職員は一般の職員と異なり労働組合を結成することができ、また当局との間で労働協約を締結することができ、労働協約が条例や規則等あるいは予算と抵触する場合における調整措置、労働争議に関する調停や仲裁等について定めている。

・条例等により地方公営企業法4章の規定が適用される「病院事業」に勤務する職員は、地方公営企業法上の企業職員であり、地方公営企業等の労働関係に関する法律の適用を受ける。(29出)

[8] 労働組合法 ——労働組合法は、「労働条件」の最低の基準を定めることによって労働者の保護を図る法律である。

・労働組合法及び労働関係調整法は、「企業職員」「単純労務職員」「独法職員」にも適用される。(29出)

## 3 一般職と特別職

● 一般職と特別職 ——地方公務員の職は一般職と特別職に分類され、特別職に属する地方公務員の範囲は地公法に「限定列記」されている。(30出・令3出)

・一般職は特別職に属する職以外の一切の職とされ、地公法の規定は原則として特別職に適用されないが、一般職の常勤職員のみならず非常勤職員(会計年度任用職員・定年前再任用短時間勤務職員)にも適用される。(30出)

○ 区別する基準 ——「一般職と特別職」とを区別する意義は、次のとおり。

①地公法の適用の有無——地公法の規定は、一般職に属する地方公務員に適用され、特別職に属する地方公務員には法律に特別の定めがある場合に適用される。(23出・令3出)

②成績主義の原則の適用の有無——「一般職」は、原則として受験成績なり勤務成績に基づいて任用の取扱いが行われるが、特別職には成績主義の原則が全面的に適用されない。

③終身職としての性格の有無——「一般職」は原則として終身職であるが、特別職は終身職ではない。なお定年前再任用短時間勤務職員は任期が定まっているが一般職とされる。

□判断——ある職が一般職の公務員に属するか特別職の公務員に属するかを決定する権限は、第一義的には「任命権者」に与えられている。だが判断できないときは最終的には司法判断を受けることになる。（30出・令3出）

[1]　一般職——　一般職は、「特別職を除いた」一切の地方公務員の職をいう。（23出）

○職種——「一般職」には、行政職、教育職、警察・消防職、企業職、単純労務職がある。（20出）

○職員——地公法では一般職に属する全ての地方公務員を「職員」という。

□議会事務局の職員は議長に任免されるが、「一般職」である。（26出・27出）

□教員は、その職務と責任の特殊性に基づき、教育公務員特例法により地公法の特例が定められているが、「一般職」の地方公務員である。（20出）

□都立学校の教職員や警視庁の警察官（警視正以上の階級にある警察官を除く）も一般職である。（23出・27出）

□東京消防庁職員は一般職である。（27出）

□特定地方独立行政法人の職員は一般職の地方公務員である。（20出）

・一般職には「常時勤務の職」のほかに「非常勤の職」がある。

[2]　特別職——特別職は地公法に列記されているが、これは例示ではなく特別職の範囲の「限定列記」である。（23出）

○列記事項を挙げると、次の9つである。

①就任について「公選」又は地方公共団体の議会の「選挙」、「議決」・「同意」によることを必要とする職

●公選によるもの・・・・・・・地方公共団体の長（23出）、議会の議員（30出）が該当する。

●議会の「選挙」によるもの・・選挙管理委員会の委員が該当する。

●議会の「議決」によるもの・・議決による事例は現在なし。

●議会の「同意」によるもの・・副知事（30出）及び副市町村長、監査委員（23出・26出・27出）、教育長（30出）及び委員、人事委員、公安委員、固定資産評価審査委員、収用委員などが該当する。

・住民の公選により就任する知事は特別職であり、また、住民の公選によらずに議会の同意により就任する監査委員の職も「特別職」である。（令3出）

・警視正以上の階級にある警察官は「一般職」の「国家公務員」である。（20出）

②地方公営企業の管理者（26出・27出）及び企業団の企業長の職

・都では、交通局長、水道局長及び下水道局長が「管理者」となっている。（26出）

③法令又は条例、地方公共団体の規則若しくは規程により設けられた委員及び委員会（審議会その他を含む）の構成員の職で、臨時又は非常勤の者

地方公務員法

④<u>都道府県の労働委員会の委員で常勤の者</u>（30出・令3出）

・条例で定められた「常勤」の労働委員も特別職とされる。

⑤<u>臨時又は非常勤の顧問、参与、調査員、嘱託員及びこれらの者に準ずる者の職</u>（20出・23出）

・<u>臨時又は非常勤の顧問、参与、調査員及び嘱託員は、常時勤務することを必要としない特別職である。</u>（26出）

・上述のほか、非常勤の公民館長、非常勤の学校医、公立学校の非常勤講師、体育指導員、非常勤の統計調査職員、民生委員などが該当する。

⑥投票管理者、開票管理者、選挙長、選挙分会長、審査分会長、国民投票分会長、投票立会人、開票立会人、選挙立会人、審査分会立会人、国民投票分会立会人その他総務省令で定める者の職

⑦<u>地方公共団体の長、議会の議長その他地方公共団体の機関の長の秘書の職で条例で指定する者</u>（30出）

・一般職の者が特別職の秘書となる場合には一般職を退職する必要がある。

⑧<u>非常勤の消防団員及び水防団員の職</u>（30出・令3出）

⑨<u>特定地方独立行政法人の役員</u>

・役員として理事長、副理事長、理事及び監事が置かれる。

## ■ 4 任命権者

● 任命権者 ── <u>任命権者とは、地公法、地公法に基づく条例、規則及び機関の定める規定に従い、職員の任命、人事評価、休職、免職、及び懲戒などの人事権を行使する権限を有する機関をいう。</u>（23出・30出）

○権限 ── 任命権者は、休職、懲戒及び分限の処分その他職務命令を発する権限、営利企業への従事等の許可、人事評価などの権限を有する。

・<u>任命権者の権限として「人事評価」が挙げられるが、これは、任用、給与、分限その他の人事管理の基礎とするために、職員がその職務を遂行するに当たり発揮した能力及び挙げた業績を把握した上で行われる勤務成績の評価をいう。</u>（30出）

● 種類 ── 次の者が「任命権者」である。地公法では任命権者を例示している。

①地方公共団の長、②議会の議長、③行政委員会（例外あり）、④警視総監（道府県警察本部長）、消防総監（市町村の消防長）、地方公営企業の管理者、⑤法律又は条例に基づく任命権者

・<u>任命権者は、地公法に列挙された者に「限定されず」、その他法律又は条例で定める者が任命権者になることも想定している。</u>（24出）

◇<u>教育委員会の職員の任命権者は、教育長ではなく「教育委員会」である。</u>（20

出・24 出・令元出・令 4 出）

◇選挙管理委員会の職員の任命権者は、「選挙管理委員会」である。（24 出・27
出・30 出）

◇人事委員会の職員の任命権者は、「人事委員会」である。（30 出）

◇議会事務局の職員の任命権者は、「議会の議長」である。（27 出）

◇地方公営企業の職員の任命権者は、「管理者」である。（令元出）

○例外──任命権者が「執行機関と必ずしも一致しない」次の場合がある。

□公安委員会は警察を管理する執行機関ではあるが、警察職員の任命権者は警
視総監又は道府県警察本部長である。（24 出・令 4 出）

□労働委員会と収用委員会の事務局職員の任命権者は「知事」である。

□地方公営企業の管理者はその業務の執行を代表し企業職員の任命権者である
が、長の補助機関であって「執行機関ではない」。

● 任命権の委任 ──任命権者がその権限を行使することが困難なときには
「任命権の委任」が認められる。

・委任には、職員の任命権のみならず職員の休職、免職及び懲戒処分も含まれる。

□委任の条件──委任に当たっては次の条件がある。

①権限の委任は、任命権者の権限の「一部」に限られる。（24 出）

②権限の委任は、任命権者の「補助機関」の職員に限られる。したがって、長
は議決機関である「議長」に権限を委任することはできない。

③権限の委任は、補助機関の「上級の地方公務員」に限られる。（令 4 出）上級
の地方公務員は一般職であると特別職であるとを問わない。

□受任の条件──

①受任者は「自己の名と責任で」任命権を行使する。委任者は委任した権限を
行使できない。

②任命権者は、任命権の一部を補助機関である上級の地方公務員に委任するこ
とができるが、受任者は法律に定めがある場合を除き、さらに「復委任」す
ることはできない。（20 出・30 出）

・権限──地公法は、任命権者の権限として職員の任命、人事評価、休職、免
職及び懲戒等を行う権限を規定している。（20 出）

● 人事行政の運営等の状況の公表 （法 58 条の 2）──任命権者は、毎年、
職員の任用、人事評価、給与、勤務時間その他の勤務条件、休業、分限及び懲戒、
服務、退職管理、研修並びに福祉及び利益の保護などの「人事行政の運営状況」
を、「長」に報告しなければならない。（20 出・24 出・令 4 出）

・公表──長は、任命権者の報告を受けたときは、条例で定めるところにより、
「毎年」、報告を取りまとめ、その概要を公表しなければならない。

地方公務員法

# ■ 5　人事委員会 ■

● 　人事委員会　 は、人事機関であり、必置の機関であり、条例で設置される機関であり、合議制の機関である。人事委員会を含む「地方公務員制度」は、戦後、アメリカから導入された制度である。（27出）

○設置——人事委員会及び公平委員会の設置方法は、次の3種類による。

□人事委員会の設置——人事委員会は、都道府県及び指定都市に、必ず設置しなければならない。（21出・27出）

□いずれか選択——「人口15万以上の市」及び「特別区（人口に関係なく）」は、人事委員会を置くか、公平委員会を置くかを「選択」できる。

□公平委員会の設置——「人口15万未満の市」、「町村」及び「地方公共団体の組合」は、公平委員会の設置となる。（21出）

・地方公共団体の組合には一部事務組合と広域連合があり、「広域連合も公平委員会の設置」となる。

○財産区には、人事委員会や公平委員会を置くことを想定していない。

● 　人事委員会の権限　 ——人事委員会は、準立法的権限、準司法的権限及び行政的権限を有する。

□準立法的権限——人事委員会の準立法的権限としては、法律又は条例に基づき人事委員会「規則」を制定することができる。（27出）

・人事委員会には、準立法的権限として人事委員会規則により、営利企業への従事等の制限に対する許可の基準を定める権限がある。（23出）

・人事委員会又は公平委員会の規則においては、それに違反した者に対する制裁についての法律の根拠がないため、過料を科する規定を設けることはできない。

□準司法的権限——この権限には、「勤務条件の措置要求」、「不利益処分の審査請求」、「職員団体の登録・取消の審査権」がある。

・証人喚問等——人事委員会は、準司法的権限に基づき、勤務条件の措置要求や不利益処分の審査請求の審査に対し、その権限の行使に関し必要があるときは、書類の提出を求め、証人を喚問することができる。（23出・25出・令2出）これに正当な理由なく応じない者には罰則の適用がある。（令2出）

・職員に対する不利益な処分についての不服申立てに対する「裁決」をすること。人事委員会の処分の承認、修正若しくは取消又は指示は「裁決」という形式で行われる。（30出）

□行政的権限——この権限での主なる権限を挙げると、次のとおり。

①職員に関する「条例等の制定改廃」について、「議会」及び「長」に意見を申し出る。

・人事委員会を置く地方公共団体は、「人事行政に関する条例」を制定改廃するときは、「議会」で人事委員会の「意見を聴かなければならない」。
・人事委員会が、「職員」に適用される基準の実施その他職員に関する事項について「規則」を制定改廃しようとするときには、任命権者の同意は不要である。（21出）
②人事行政の「運営」に関し任命権者に勧告する。（30出）
③人事行政に関する調査、研究、立案などを行う。
④証人の喚問、書類の提出などを求める。
⑤職員の競争試験又は選考並びにこれらに関する事務を実施する。（30出）
⑥「給料表」に関し「議会」及び「長」に対して報告又は勧告する。
・給料表が適当であるかを少なくとも年1回の「報告は義務」であるが、給料表の「勧告は任意」である。
⑦職員団体の登録及びその取消しに関する事務を執行する。
⑧「非現業職員」の勤務条件に関し、「労働基準監督機関」としての職権を行使する。
・「非現業職員」とは企業職員及び単純労務職員の「以外」の職員である。
⑨職員の苦情を処理する。
○公平委員会の3権限──公平委員会には、人事委員会とは異なり、「①勤務条件の措置要求」、「②不利益処分の審査請求」、「③職員の苦情を処理する権限」のみが与えられている。

● 人事委員会の委員

・委員数──人事委員会（公平委員会）の委員は、「3名」で構成される合議制の執行機関である。（21出）
・会議──委員会は、3人の委員が出席しなければ会議を開くことができない。
・もし委員1人が欠員となった場合には2人の委員が出席すれば会議を開くことができる。1人の場合は合議体なので委員会は成立しない。
・除斥なし──委員は、委員の配偶者その他親族と関係ある事案であっても当該会議から除斥されない。
・選任──委員は、当該団体の長が議会の同意を得て選任される。（27出）
・年齢要件なし──人事委員及び公平委員ともに「年齢要件はない」。
○失職──委員は、地公法16条の欠格条項に該当したときは失職する。（令2出）
・委員が、その職務上知り得た秘密を漏らしたことにより、「地公法」の「罰金刑」に処された場合には欠格条項に該当し、「当該委員は失職する」。（令2出）
○罷免──委員の「罷免」は、その事由が法定されており（27出）、「心身の故障又は非行の場合」と「政治的所属関係の場合」の2つに限られる。
□心身の故障又は非行の場合とは、委員が心身の故障のために職務遂行が困難なとき又は委員に職務上の義務違反や非行があるときである。（21出・23出）

・上述の「罷免」の場合は「議会の同意が必要である」。この場合、議会の常任委員会又は特別委員会においてあらかじめ公聴会を開くことが要件となっている。

□政治的所属関係の場合とは、委員は、委員3人のうち「2人」が同一政党に所属する場合である。

◇一部の委員の異動──「一部の委員」が新たに特定の政党に加入した結果「2人以上」が同一政党に属することとなった場合には、所属政党関係に異動のなかった者を罷免できないことから、「新たに加入した委員を罷免することになる」。（27出・令2出）この場合は、判断が覊束され、裁量の余地はない。

・「罷免」であっても、「政治的所属関係では」、当該委員が議会の常任委員会又は特別委員会における公聴会を求めることはできない。（25出）

◇複数の委員の異動──同時に「複数の委員」が同一政党に加入したため必要な措置をとる必要が生じた場合は、どの委員一人を引き続き在任させ、他のどの委員を罷免するかは「任命権者の裁量」と「議会の判断」によって決定される。

・**任期**──委員の任期は4年、ただし、補欠委員の場合は「残任期間」である。

・**勤務**──人事委員は常勤又は非常勤、公平委員は非常勤の勤務である。

・**服務**──「常勤の委員」は地公法の服務規定の全部、「非常勤の委員」は地公法の服務規定の一部が適用される。

・**非常勤の委員に準用されない**──非常勤の委員の場合は、地公法の服務規定のうち「営利企業への従事等の制限」と「職務専念義務」の規定が準用されない。（25出）なお、一部準用されるのは地公法の服務規定の法30条から34条までと法36条から37条である。したがって、「政治的行為の制限に関する法36条の規定は準用される」。（令2出）

・**兼職**──人事委員会の委員は、当該団体の地方公務員との兼職が禁止されているが、当該人事委員会の事務局長の職を兼ねることはできる。

・**解職請求なし**──委員には、住民からの「直接請求の解職請求」の「適用がない」。

○ 権限の委任 ──「地公法」は次の3つに限り委任規定を定めている。これ以外の事項は委任できない。

〔1〕法8条の3項と4項に基づく委任

・**第3項**──「人事委員会」は、①人事行政に関する事項の調査、人事記録の管理及び人事に関する統計報告、②人事評価、給与勤務時間その他の勤務条件、研修、厚生福利制度等の研究、③職員の競争試験及び選考に関する事務（23出）、④職員の給与の支払の監理、⑤その他の事務で人事委員会規則で定めるものを当該団体の「他の機関」又は「事務局長」に委任できる。（23出）

・**第4項**──「人事委員会又は公平委員会」は、「職員の苦情を処理する事務」

を「委員」又は「事務局長」に委任できる。

〔2〕**任命権の委任**──「任命権者」は、法6条の任命権の一部を「上級の職員」へ委任できる。

〔3〕**不利益処分の審査の委任**──「人事委員会又は公平委員会」は、法50条の不利益処分の審査請求に対する「裁決以外」の「審査」に関する事務の一部を「委員」又は「事務局長」へ委任できる。（21出）

○ 兼務 ──人事委員会は、原則として事務局を置き、事務局に事務局長その他の事務職員を置くこととされているが、人事委員会の委員に事務局長の職を兼ねさせることもできる。（25出）

○ 権限の保障 ──人事委員会は、権限の行使に関し必要があるときは、証人を喚問し又は書類若しくはその写しの提出を求めることができる。

・刑罰の適用──不利益処分の審査請求の審査に際し、「証人」として喚問を受けた者が正当な理由なく応じない場合、又は「書類の提出」を求められて正当な理由なく応じない場合、又は「虚偽の書類」を提出した場合には「刑罰」の適用がある。

○ 協力協定 ──人事委員会又は公平委員会は、国若しくは他の地方公共団体の機関又は特定地方独立行政法人との間に、人事行政に関する必要な情報を得るための協定を結ぶことができる。

○ 人事委員会の議事 ──人事委員会は、3人（全員）の委員が出席しなければ会議を開くことができない。（令2出）ただし、会議を開かなければ公務の運営又は職員の福祉若しくは利益の保護に著しい支障が生ずると認める十分な理由があるときは、2人の出席で会議を開くことができる例外がある。

・持ち回り──人事委員会の会議は、委員全員の出席を原則とし、委員会の会議で決定すべき事項を、会議を招集することなく、持ち回りによって決定することはできない。（25出・令2出）

・過半数議決──人事委員会の議事は、出席委員の「過半数」で決する。

○ 共同設置 ──地公法には「公平委員会同士」の共同設置規定がある。「人事委員会同士」が共同設置する場合には「自治法」の規定による。

□共同実施──人事委員会は、競争試験又は選考を他の人事委員会などと共同して実施できる。

□事務の委託──事務の委託は人事委員会に限られ、他の公平委員会に委託することはできない。

□委託実施──人事委員会が他の地方公共団体の機関と協議して、委託して実施することもできる。

○ 人事行政の運営等の状況の公表 ──人事（公平）委員会は、条例で定めるところにより、毎年、当該団体の長に対し業務の状況を報告しなければならない。報告を受けた当該団体の長は、これを公表しなければならない。

138

## 6 欠格条項

● **欠格条項**——欠格条項とは、職員となるための競争試験や選考を受けることができない要件をいう。（24出・30出）

○現に職員である者が欠格条項に該当することとなったときは、当然にその職を失う。ただし、「条例で欠格条項の特例を定めることができる」。

● **欠格条項の要件**——地公法が規定する欠格条項は、次の「4項目」である。

(1) 禁錮以上の刑（禁錮、懲役、死刑）に処せられ服役中の者又は刑の執行猶予中の者

・禁錮以上の刑に処せられた者は、刑の執行を終わるまで又はその執行を受けることがなくなるまでは欠格条項に該当する。したがって、その執行を終えた後又はその執行を受けることがなくなった後においては、欠格条項に該当しない。（20出・21出・22出・23出・27出・30出・令3出）

・刑の執行後2年の経過の規定はない。（30出）

・刑が不服で「控訴」している場合には、刑が確定していないため、欠格条項に該当しない。

・禁錮以上の刑に処せられた者は、当該刑に対して執行猶予が付された場合でも欠格条項に該当する。（25出）したがって、当該執行を受けることがなくなるまで地方公共団体の職員となることはできない。また、執行猶予期間中に職員となり又は競争試験や選考を受けることもできない。（25出）

(2) 当該地方公共団体で懲戒免職を受け当該処分の日から2年を経過しない者

・本号は、当該団体における懲戒免職を受けた者に限られ、「分限免職は該当しない」。（22出・令3出）したがって、分限免職の元職員は、当該団体の競争試験や選考を受けることができる。

・当該団体において「懲戒の免職」の処分を受け、当該処分の日から「2年」を経過しない者は、欠格条項に該当する。（23出・令3出）

・処分を受け再度当該団体の職員になる場合に2年の経過が必要であるが、すぐに他の地方公共団体の職員になることを妨げるものではない。（20出・21出・25出・26出・27出・30出）

(3) 人事（公平）委員の職にあって、地公法の罰則を受けた者

・人事委員又は公平委員が「地公法」の罰則を受けた場合は欠格条項に該当し、職員になる資格を失う。（20出）

・罰則は「地公法」に限られ、他の法律による罰則ではない。

(4) 憲法又はその下に成立した「政府」を暴力で破壊することを主張する政党その他の団体を結成し又は加入した者

・政府の範囲——その下に成立した「政府」とは、国の立法、司法、行政の各

機関を含むが、「地方公共団体の機関は含まれない」。

- 団体を結成した者のみならず当該団体に加入しただけの者も、欠格条項に該当する。（22出・23出・25出・令3出）
- 脱退──その後当該団体から脱退しても、「永久に」欠格条項の該当者となる。

○成年被後見人又は被保佐人は、法改正で「欠格条項者でなくなった」。

- 成年被後見人及び被保佐人は本人を保護するための制度であり、成年被後見人及び被保佐人は、欠格条項には該当しない。（令3出・令4出）

● 欠格条項の特例 ──条例で当該条項に該当する職員を失職させないことを定めることができるため、条例に特別の定めがあれば「失職しない」。（25出・27出）

- 条例で定めることができる欠格条項の適用除外（特例）規定は、「失職をしない特例規定であり」、欠格条項の追加はできない。
- 例えば、交通事故で禁錮刑以上の場合の情状酌量を条例で定める場合などがある。

● 欠格条項該当者の取扱い

①欠格条項に反する「採用」は、当然に無効である。（25出・26出）

- 既に職員である者が欠格条項に該当することとなった場合は、失職する。（22出）
- 欠格条項に該当するに至ったときは、「任命権者による処分を要することなく」、失職する。（20出・21出）

②その無効は「任用時に遡る」。

③欠格条項者が行った行政上の行為は「法律上は無効」となるが（21出・27出）、事実上の公務員の理論により、「善意」の第三者に対しては「有効」として扱われる場合がある。（27出・令3出）

④欠格条項者に支払った「給与」は、その間の労働の対価として「返還は免除」される。（21出・25出・26出・30出）

⑤「退職手当は支給されない」。（27出）また退職一時金も支給されない。

⑥欠格条項者に対する「通知方法」は無効宣言に類する。任用自体が無効であるため「登庁の要なし」という通知書でたりる。（30出）

⑦欠格条項の規定には「外国人に関する規定はない」。（23出）

## ■ 7 任用の方法 ■

● 任用の方法 ──任用とは、任命権者がある特定の人を特定の職に就ける行為をいう。

- 方法──任用の方法として、地公法は、「職員の職に欠員を生じた場合」に採用、昇任、降任及び転任の4つの方法によるとしている。（22出・29出・令4出）

地方公務員法

これ以外の任用はない。

○任用手続──職員の任用は、「平等取扱いの原則」、「任用の根本基準」及び「不利益取扱いの禁止」の３つの規定に従って行わなければならない。

□平等取扱いの原則──地公法では、「全て公務員は、この法律の適用について平等に取り扱わなければならず、人種、信条、性別、社会的身分、門地によって又は地公法16条5号に規定する場合を除くほか、政治的意見、政治的所属関係によって差別されてはならない」と定めている。（令元出）

・公開規定はなし──人事委員会は、平等公開の原則により、競争試験において定めた「合格基準」を全ての者に対して平等に公開しなければならないとする規定はない。（24出）

□任用の根本基準──地公法では、職員の任用は、地公法の定めるところにより「受験成績」、「人事評価その他の能力の実証」に基づいて行わなければならないと定めている。

□不利益取扱いの禁止──地公法では、職員は、職員団体の構成員であること、職員団体を結成しようとしたこと、若しくはこれに加入しようとしたこと又は職員団体のために正当な行為をしたことの故をもって不利益な取扱いを受けることはないと定めている。

● 一般的任用──職員の任用は、能力の実証に基づいて行わなければならないが、任用のうち、「採用と昇任」については「競争試験又は選考」による。（26出）

・両者ともに職務遂行能力と適性を判定する手段であり、「本質的に異なるものではない」。（令4出）

□競争試験とは、特定の職に就けるべき者を、不特定多数の者の競争による得点の優劣によって選抜する方法である。（法改正で結果に順位が付かなくなる）（令4出）

・競争試験は、「筆記試験その他の人事委員会等が定める方法により」行うことが地公法に定められているが、具体的な「実施方法までは定めていない」。従来の競争試験では、筆記試験により、若しくは口頭試問及び身体検査並びに人物性行、教育程度、経歴、適性、知能、技能、一般的知識、専門的知識及び適応性の判定の方法により、又はこれらの併用により行うとされていたが、「この規定は廃止されている」。（29出）

□選考とは、競争試験以外の方法で、特定の者が特定の職に就く能力を有するか否かを判定する選抜方法である。（令4出）選考を受ける者の間には競争関係はない。順位も付かない。

○欠格条項の該当──欠格条項に該当する者は、職員になることができず、また職員を採用するための競争試験又は選考を受験することもできない。（24出）

## ● 採用の方法

□ 人事委員会を「置く」地方公共団体の採用は「競争試験」による。ただし、人事委員会規則で定める場合には選考によることを妨げない。（22出・24出・令元出）

□ 人事委員会を「置かない」地方公共団体（公平委員会）の採用は「競争試験又は選考」による。（令元出）

・退職者の特例──人事委員会は、正式任用によりある職に就いていた職員が定数の改廃によりその職を離れた後、再びその職に復する場合における資格要件、採用手続及び採用の際における身分に関する事項を定めることができる。（令元出）

○ 試験等の目的──採用試験及び採用選考の目的は、受験者が、当該採用試験の職の属する職制上の段階の標準的な職の「標準職務遂行能力」及び当該採用試験の「職の適性」を有するかどうかを正確に判定することにある。（令元出）

□ 標準職務遂行能力とは、職制上の段階の標準的な職（職員の職に限る）の職務を遂行する上で発揮することが求められる能力として「任命権者が定めるもの」をいう。（29出）

□ 標準的な職とは、職制上の段階及び職務の種類に応じて任命権者が定めるものをいう。

・協議──長及び議会の議長以外の任命権者は、「標準職務遂行能力」及び「標準的な職」を定めようとするときは、あらかじめ「長」に協議しなければならない。

・公開平等──採用試験は、人事委員会等の定める受験の資格を有する全ての国民に対して平等の条件で公開されなければならない。

・禁止事項──試験機関に属する者その他の職員は、受験を阻害し、又は受験に不当な影響を与える目的をもって特別若しくは秘密の情報を提供してはならない。

・資格要件──人事委員会等は、受験者に必要な資格として職務の遂行上必要であって最少かつ適当な限度の客観的かつ画一的な要件を定めることができる。（22出・令元出）

・試験方法──採用試験は、筆記試験その他の人事委員会等が定める方法により行われる。（22出・24出）筆記試験及び口頭試問をあわせ用いる方法に限られない。（24出）

・名簿作成──人事委員会を置く地方公共団体における採用試験による職員の採用については、人事委員会は、試験ごとに採用候補者名簿を作成する。（26出）

・名簿の記載事項──採用候補者名簿には、採用試験において合格点以上を得た者の「氏名」及び「得点」を記載する。（22出・29出）「得点順に記載す

地方公務員法

る規定は廃止されている」。(29 出)

・提示①——採用候補者名簿に記載された者の数が採用すべき者の数より少ない場合その他の人事委員会規則で定める場合には、人事委員会は、他の最も適当な採用候補者名簿に記載された者を加えて提示することができる。

・提示②——採用候補者名簿による職員の採用は、任命権者が「人事委員会の提示する当該名簿に記載されている者の中から行う」。(29 出)

・当該名簿に記載された者について、採用すべき者1人につき人事委員会の提示する採用試験における高点順の志望者5人のうちから行うものとする規定は「廃止」されている。(29 出)

○特例——競争試験又は選考は、人事委員会又は任命権者が行う。ただし、次の特例がある。

□共同実施——共同実施は、人事委員会を置かない地方公共団体(任命権者が実施)のみならず、人事委員会を置く地方公共団体にも認められている。(令4 出)

・人事委員会又は任命権者は、他の地方公共団体の機関との協定によって、競争試験又は選考を共同で実施することができる。(令元出)

□実施委託——「人事委員会」又は「任命権者」は、協定によって「国」又は「他の地方公共団体の機関」に競争試験又は選考を委託することができる。(24 出・令元出)

□みなし合格——任用候補者名簿がなく、かつ人事行政の運営上必要がある場合は、国又は他の地方公共団体において能力の実証がなされた者を任用する職の選考に合格したものと見なすことができる。

● 昇任の方法 ——昇任の方法には、受験成績(競争試験又は選考)に基づく場合と、人事評価その他の能力の実証に基づく場合とがある。

・「昇任」は、任命しようとする職の属する職制上の段階の「標準的な職」に係る『標準職務遂行能力』及び当該任命しようとする『職の適性』を有すると認められる者の中から行われる。

・選択制——「昇任」は、「人事委員会を置く又は置かないに関わらず」、「競争試験又は選考」の選択制となっている。(22 出・24 出・令4 出)

・受験資格——昇任は、「人事委員会」の指定する職の「正式任用職員に限り」、受験することができる。(26 出・令4 出)したがって、条件付採用期間中の職員は受験できない。

● 降任・転任の方法 ——降任と転任は、任命権者が、職員の人事評価その他の能力の実証に基づき行う。競争試験又は選考による必要はない。

○ その他

・資格要件——「人事委員会」は、競争試験の受験資格として、職務の遂行上必要な最少かつ適当の限度の客観的かつ画一的な要件を定めることができる。

● 任期付採用

・一般職の「任期付職員」の採用に当たっては、「地方公共団体の一般職の任期付職員の採用に関する法律」を直接の根拠として、「条例で定めるところにより」、選考により任期を定めて、採用を行うことができる。（28出・令3出）

・服務規定——任期付採用職員は、一般の職員と同様に、「守秘義務」、「営利企業への従事等の制限」などの服務規定の適用を受ける。

[1] 一般職の任期付職員採用

① 特定任期付職員 ——特定任期付職員とは、「高度」の専門的な知識経験又は優れた識見を有する者を、一定の期間活用して遂行することが特に必要とされる業務に従事させる場合をいう。（28出・令3出）

・昇給を予定しない特別の給料表が適用されるなど、給与の特例が定められている。

② 一般任期付職員 ——「一般任期付職員」とは、専門的な知識経験者を有する者を当該専門的業務に従事させる場合をいう。（令3出）

・採用——特定任期付職員及び一般任期付職員の任期は「5年以内」であり、またその任期が5年に満たない場合には「採用した日から5年を超えない範囲で更新することができる」。（28出・令3出）

③ 時限的な業務職員 ——「時限的な業務職員」とは、一定の期間内に終了することが見込まれる業務又は一定の期間内に限り業務量の増加が見込まれる業務に、期間を限って従事させるため、任期を定めて職員を採用することができる場合をいう。（28出・令3出）

○単独採用——この類型の任期付採用は、専門的な知識経験に着目した特定任期付職員に定められている任期付法3条3項の任命権者は、人事委員会の承認を得なければならないとする規定に相当する定めがないことから「任命権者は単独で採用できる」と解されている。したがって、「この場合は、選考によらない」。（令3出）

[2] 任期付短時間勤務職員 ——任命権者は、次の場合に「条例」の定めるところにより、公務能率の確保の必要性から、短時間勤務職員について任期を定めて採用することができる。

□時限的な業務の場合（一定期間内の業務終了、一定期間の業務量増加）

□住民に直接提供されるサービスについて、提供時間の延長や繁忙期の提供体制の維持のために必要がある場合。（28出・令3出）

□職員が修学部分休業や介護休業、育児のための部分休業などを取得した場合に、勤務しない時間帯の補充のために必要がある場合

[3] 任期付研究員 ——任期付研究員は、公設の試験研究機関の研究職員を対象とし、「招へい型研究員」と「若手型研究員」の2つの類型がある。いずれ

も昇給を予定しない特別の給料表が適用されるなど、給与の特例が定められている。

□ **招へい型研究員**——招へい型研究員とは、研究業績等により優れた研究者として認められる者を、「高度」の専門的知識経験を要する研究業務に従事させる場合に採用するものである。任期は「5年以内」が原則である。

□ **若手型研究員**——当該研究分野における高い資質を有する者を、その育成を図るような研究業務に従事させる場合に採用するものである。任期は「3年以内」が原則である。

## ■ 8　条件付採用と臨時的任用

[1]　**条件付採用**——条件付採用は、職員の職務遂行能力及び職の適性を実務を通じて確認するための制度である。（30出）

・職員の採用は、「全て」条件付としているが、定年前再任用短時間勤務職員の場合は職務遂行能力は既に実証されているため、条件付採用の規定は適用されない。（21出・24出・26出・27出・30出）

○条件付期間——採用後6か月間、その職務を良好な成績で遂行したときに、はじめて正式任用されるものである。（21出・23出・26出）

・特例——「会計年度任用職員」の条件付採用は、「1か月」とする特例が設けられている。

・延長——条件付採用の期間は採用後6か月間であるが、職員の勤務日数が少なく、この期間に能力の実証が得られないときは、「人事委員会」はその期間を「1年を超えない範囲で」延長することができる。（21出・24出・26出・27出・30出・令3出）

・短縮——条件付採用期間の6か月間を短縮することはできない。（26出・27出・30出）

・発令行為なし——条件付採用期間後の正式採用に際しては、任命権者の特段の発令行為を必要としない。（令3出）

・任用関係——条件付採用期間中の職員を「昇任」させることはできないが、「転任」はできる。

・身分保障——条件付採用期間中の職員には、原則として身分保障の適用がない。（23出・26出）

○地公法の適用——条件付採用職員に対する地公法の適用関係は、次による。

□適用行為——条件付採用職員には、次の行為に関する規定が適用される。

・条件付採用職員は一般職の地方公務員であることから、地公法に定める服務義務や懲戒に関する規定が適用される。（23出）

・給与、勤務条件に関する「措置要求」などを行うことができる。（23出・24出・

30 出・令 3 出)
- 職員団体に加入することができる。（23 出・令 3 出）

□適用除外──条件付採用職員にも平等取扱いの原則及び公正の原則が適用されるが、次の 2 つは適用されない。（26 出）

①分限に関する規定は適用されない。（21 出）そのため、地公法に定める事由によらずとも、その意に反して降任、免職されることがある。（24 出）

- 原則として分限処分は適用されないが、その分限について「条例」で必要事項を定めることができることから、地方公共団体は、条件付採用期間中の職員の分限について「条例」で必要な事項を定めることができる。（令 3 出）

②不利益な処分を受けた場合でも、条件付採用期間中の職員には「行政不服審査法」の規定が適用されないため、地公法に定める不利益処分に関する審査請求に関する規定は「適用されない」。（23 出・24 出・26 出・27 出・令 3 出）

○労働基準法の適用──条件付採用期間中の職員を「罷免」する場合、その職員の勤務が 14 日を超えて使用された場合には、労働基準法 20 条の「解雇予告」が適用される。

[2] 臨時的任用──臨時的任用制度は「正式任用の特例」であり、次の「事由」がある場合に任命権者が職員を臨時的に任用する制度である。

- 事由──臨時的任用は、人事委員会規則で定めるところにより、「常時勤務」を要する職に「欠員」を生じた場合において、「緊急の場合」、「臨時の職の場合」、「人事委員会に採用候補者名簿がない場合」のいずれかに該当する場合に任用できる。（22 出・25 出・29 出・令 2 出）「常勤職」の欠員の場合であり、非常勤職の欠員による臨時的任用は認められない。

- 職の規定はない──「臨時的任用の具体的な職の規定はない」。（令 2 出）臨時の顧問、参与、調査員、嘱託員は「特別職」の職であり、これらの者は、臨時の職に任用される一般職の臨時的任用職員ではない。（25 出・令 2 出）

○要件①──任命権者が臨時的任用を行う場合には「人事委員会の承認」が必要である。この承認は「職員個々」に対してではなく「職」に対する承認である。その都度の承認に代わって事前に「包括的な承認」を得ることもできる。

- 要件②──人事委員会を置く地方公共団体では、人事委員会は、臨時的に任用される者の経験や経歴などの「資格要件」を定めることができ、人事委員会は、これに違反する臨時的任用について「取消す」ことができる。（25 出）

○期間及び更新──臨時的任用の期間は、原則として「6 か月以内」の期間である。必要な場合には、「さらに」6 か月以内の期間に限り「1 回だけ」更新できる。（21 出・22 出・29 出）いずれの場合も、人事委員会の承認が必要である。（実際は事前に承認手続を得ておりその都度の承認を必要としない）

- 任用──臨時的任用を行う場合は、競争試験又は選考の方法によらない。（22

出）

○地公法の適用——臨時的任用職員に対する地公法の適用関係は、次による。

□適用行為——臨時的任用職員には、次の行為に関する規定が「適用される」。

・臨時的任用職員には、服務、懲戒に関する規定が適用される。（19出）

・臨時的任用職員は、職員団体を結成し又は職員団体に加入することができる。（25出）

・臨時的任用職員は、勤務条件の措置要求を行うこともできる。（21出・22出・令2出）

□適用除外——臨時的任用職員には、次の行為に関する規定が「適用されない」。

・臨時的任用職員には①分限に関する規定が適用されず、また②その意に反して分限処分又は懲戒処分を受けても「行政不服審査法に基づく」不利益処分に関する審査請求の規定も適用されない。（21出・22出・29出・令2出）

・臨時的任用職員には「条件付採用の期間の規定」は適用されない。（29出）
臨時的任用職員には「定年による退職の規定」は適用されない。（29出）

・臨時的任用職員の昇任や転任は、正式任用と違ってあり得ず、異なる職に就けるときは、新たに臨時的任用を行えば足りる。

○特例法による臨時的任用——臨時的任用の方法には、地公法に基づく場合のほか、①女子教職員の出産休暇に伴う補助職員の確保法に基づく臨時的任用、②育児休業法に基づく臨時的任用、③構造改革特区法に基づく臨時的任用がある。

○給料等——臨時的任用職員は「フルタイム」で任用され、常勤職員が行うべき業務に従事するとともに、自治法204条に基づき、給料、旅費及び「一定の手当」が支給される。

○優先権——臨時的任用職員には、その職務を良好な成績で遂行した場合でも、正式任用に際して、いかなる「優先権も認められない」。（21出・22出・25出・27出・令2出）

## ■ 9 会計年度任用職員

● 会計年度任用職員の採用の方法等 ——会計年度任用職員は、常勤職員とはその職務の内容や責任の程度が異なる業務に従事する者として、「一般職」の職として置かれる「非常勤職員」である。

○制度の2つの類型——

□「フルタイムの者」——会計年度任用の職を占める職員であって、その1週間当たりの通常の勤務時間が「常時勤務」を要する職を占める職員の1週間当たりの通常の勤務時間と「同一」の時間である者

□「パートタイムの者」—— 会計年度を超えない範囲内で置かれる非常勤の職

（短時間勤務の職を除く）を占める職員であって、その1週間当たりの通常の勤務時間が常時勤務を要する職を占める職員の1週間当たりの通常の勤務時間に比し「短い」時間である者

・採用——採用は、地公法17条の2の採用の方法の規定にかかわらず、「競争試験又は選考による」。
・競争試験によらず、面接や書類選考等による適宜の能力実証によることも可能である。
・任期——任期は、その「採用の日」から同日の属する「会計年度の末日」までの期間の範囲内で「任命権者」が定める。
・任命権者は、採用の際に、当該会計年度任用職員に対してその任期を明示しなければならない。
・更新①——任命権者は、会計年度任用職員の任期がその採用日から会計年度末日までの期間に満たない場合には、当該職員の勤務実績を考慮した上で、「当該期間の範囲内で」その任期を更新できる。
・更新②——更新により、翌会計年度も任用することは可能であるが、地公法にはそれを何回まで更新できるかについての規定はない。各自治体が個別に規定することになる。
・条件付——会計年度任用職員の条件付採用については、その任期が一会計年度に限られているため、原則として6か月のところ、「1か月」とする特例が設けられている。
・定数外——会計年度任用の職は、毎年度の予算編成の中で職の設置が査定され、議会の予算議決により認められ、定数管理上は、臨時の職かつ非常勤の職として「定数条例の対象外」となる。
・給付——「フルタイム」の職員は給料、手当及び旅費の支給の対象となり、「パートタイム」の職員は報酬、費用弁償のほか「期末手当」が対象となる。
○服務関係——会計年度任用職員（フルタイム・パートタイム）であっても、職務専念義務や信用失墜行為の禁止などの規定が適用され（パートタイムの営利企業への従事等の制限は除く）、これに違反する場合には「懲戒処分」の対象となる。
・対象外——「パートタイム」の職員に限り、その勤務形態の多様性を踏まえ、営利企業への従事等の制限の「対象外」となっている。
・適用除外——会計年度任用職員の条件付1か月間は、「分限」及び「不利益処分の審査請求」ができない。
○人事行政の運営等の公表——「フルタイム」の職員は、その任用や勤務条件等について、任命権者から地方公共団体の長に対する報告や長による公表等の対象となっている。
・その他——会計年度任用職員は、任期の定めのない常勤職員等と同様、勤務

地方公務員法

条件に関する措置要求や不利益処分に関する審査請求などの規定が適用される。
・会計年度任用職員の休暇には、労働基準法に定める年次有給休暇、産前産後休業、育児時間及び生理休暇等が適用される。

## ■ 10　定年前再任用短時間勤務職員 ■

● ▎定年前再任用短時間勤務職員 ▎ ——定年前再任用短時間勤務職員とは「60歳」以降の勤務について、定年退職日相当日（65歳）前まで、「短時間勤務」を希望する職員を指す。（法22条の4〜22条の5）当該職員のことを「短時間勤務職員」ともいう。
・短時間勤務の職とは、1週間当たりの通常勤務時間が、同種の常勤勤務職の1週間当たりの通常勤務時間に比して「短時間勤務」の職である。
○制度——制度は、「条例年齢（60歳）以上の退職者」を、「条例で」、従前の勤務実績その他の人事委員会規則で定める情報に基づく「選考」により採用する制度である。
・制度の適用除外——制度は、「臨時的任用職員」、「法により任期を定めて任用する職員」、「非常勤職員」には適用されない。
・退職——この制度を希望する職員は、一度、「退職」しなければならない。
○条例年齢——条例年齢は、国の職員につき定められる「年齢（60歳）」を基準として定められる。
・選択——60歳の条例年齢の時点において、引き続き「フルタイムで勤務するか」又は「定年前再任用短時間勤務職員として勤務するか」の選択がある。
・任期——当該職員の任期は、採用の日（60歳）から定年退職日相当日（65歳）までである。
○ ▎任用権に対する制限 ▎
□制限①——定年退職日相当日（65歳）を『経過した者』は、定年前再任用短時間勤務の職に「採用」できない。
□制限②——定年前再任用短時間勤務職員の「昇任」、「降任」又は「転任」は、「定年退職日相当日（65歳）」を『経過した者』には、これをすることができない。
□制限③——定年前再任用短時間勤務職員を「常時勤務職」に昇任、降任又は転任することもできない。
・条件付はない——当該職への採用には「条件付採用の規定は適用されない」。
・地公法の適用——当該職員は「一般職」に属するため、地公法が全面的に適用される。
・懲戒の対象——当該職員が、条例年齢以上の退職者となった日までの引き続く職員としての在職期間、又は、かつて採用されて定年前再任用短時間勤務

職員として在職していた期間中に、地公法や地公法 57 条に規定する特例を定めた法律又はこれらに基づく条例、地方公共団体の規則、規程に「違反」した場合には「懲戒処分」の対象となる。

・兼職の禁止——当該職員は、「議会の議員」、「長」若しくは「監査委員」などと兼職できない。

・準用——制度は、「地方公共団体の組合」を組織する任命権者にも準用される。

## ■ 11 人事評価 ■

● ▨人事評価▨——人事評価は、職員の任用、給与、分限その他の人事管理の基礎とするために、①「職員がその職務を遂行するに当たり発揮した能力」及び②「挙げた業績」を把握した上で行われる「勤務成績」の評価をいう（法6条①）。（29出・令4出）

○ ▨人事評価の根本基準▨——地公法は、人事評価の根本基準として次の2つを挙げている（法23条）。（令4出）

①職員の人事評価は、公正に行われなければならない。（令元出）

②任命権者は、人事評価を任用、給与、分限その他の人事管理の基礎として活用するものとする。（令元出）

□能力評価——「職務を遂行するに当たり発揮した能力を把握した上で行われる勤務成績の評価を「能力評価」という。（令元出）「能力評価」は、企画立案、専門知識、協調性、判断力などの評価項目に照らし評価する。（令元出）

□業績評価——「その職員が果たすべき職務をどの程度達成したかを把握するものが「業績評価」である。（令元出）具体的な業務の目標や課題を評価期間の期首に設定し、期末にその達成度を把握するのは「業績評価」である。（令元出）

・なお、能力評価も業績評価も、「職員が持つ潜在的能力を評価するものではない」。（令元出）

・地公法上、人事評価に当たって「数値目標」を設定しなければならない規定はない。（令4出）

○公正の原則——公正の原則とは、公平で邪曲のないこと、明白で正しいことを意味し、かたよりや差別がなく、全てのものが一様で等しいことを意味する「平等とは異なる」。（令4出）

○実施①——任命権者は、職員の執務に対して、「定期的に」人事評価を行わなければならない。（29出・令4出）

・実施②——人事評価の基準及び方法に関する事項その他人事評価に関し、必要な事項を定めることができるのは「任命権者」である。（29出・令元出）

・実施③——人事評価の基準及び方法は「任命権者」が定めるが、任命権者が「長」

及び「議会の議長」以外の者であるときは、あらかじめ「長」に協議する必要がある。（令4出）

○措置義務——任命権者は、人事評価の実施の結果に応じた措置を講じなければならない。（令元出・令4出）

○勧告①——人事委員会は、人事評価の「実施」に関し、任命権者に勧告することができる。（29出・令元出）

・勧告②——人事委員会の勧告は「実施」に関してであり、法改正前の「勤務成績の評定に関する計画の立案その他勤務成績の評定に関し必要な事項について」任命権者に勧告できる規定は「廃止」されている。（29出）

・措置要求の対象外——人事評価制度は、職員の勤務条件に影響を及ぼすことはあり得るが、制度自体は勤務条件そのものとはいえないため、勤務条件の措置要求の対象にはならない。（令4出）

## ■ 12　職員の給与 ■

●給与とは、正規の勤務時間の勤務の対価として支給される給料及び諸手当である。

・職員の給与は、その「職務」と「責任」に応ずるものでなければならない。この職務給の原則を徹底するため、平成26年5月に公布された「地方公務員法及び地方独立行政法人法の一部を改正する法律」により、地方公共団体の職員の給与に関する条例に、新たに「等級別基準職務表」を規定するものとされた。等級別基準職務表には、職員の職務を複雑、困難及び責任の度合いに基づく等級ごとに分類する際の基準となる職務内容を定めることとされている。（令元出）

○給与には、次の諸原則がある。

① 条例主義の原則 ——条例主義の原則とは、職員の給与は必ず「条例」で定めなければならず、また職員の給与は法律又は条例に基づかない限り支給できないとする原則をいう。

・条例主義①——条例主義の理由は、一つには職員の給与は住民自治の原則に基づいて住民の同意が必要であること。もう一つは職員に対して給与を保障することにある。

・条例主義②——条例主義は、「団体協約締結権」が制限されている職員の勤務条件を保障する機能も有している。

・条例主義③——「行政職員」の給与は、給料表や具体的な額を条例で定めなければならないが、「企業職の職員及び単純労務職員」の給与には「条例主義の適用がなく」、団体協約により決定され、条例では「給与の種類」と「基準」のみが定められる。（23出・25出）

- 条例主義④——「教育職員」のうち県費負担職員の給与は都道府県が負担する。県費負担教職員の給与、勤務時間その他の勤務条件は、「都道府県」の条例で定めなければならない。（25出）

○ 等級別基準職務表——給与に関する条例に規定するものとされている「等級別基準職務表」には、職員の職務の複雑、困難及び責任の度に基づく等級ごとに、職員の職務を分類する際に基準となるべき職務の内容を定めていなければならない。（28出）

② 職務給の原則 ——職務給の原則とは、職員の給与は、その職務と責任に応ずるものでなければならないとする原則をいう。しかし現行の給与には、生活給や年功給も加味されている。（20出・23出・25出・28出）

- 職務給の決定——具体的には、給与が勤務に対する対価であることから、職務の複雑性や困難性、責任の度合いによって決定される。

- 同一職務同一給料——職務給の原則によって、同一の職務に同一の額が支払われる。

③ 給与均衡の原則（情勢適応の原則） ——給与均衡の原則とは、職員の給与は、生計費並びに国又は他の地方公共団体の職員並びに民間事業の従者者の給与その他の事情を考慮して定めなければならないとする原則をいう。（20出・27出）

- 民間も加味——給与に限っては、「民間事業者の従業員の賃金」も考慮される。

- 給与勧告——人事委員会の給与の勧告は、均衡の原則（情勢適応の原則）に基づいている。

- 措置——給与は、職員の勤務条件の一つであり、「地方公共団体」（長でなく地方公共団体）は、職員の給与が社会一般の情勢に適応するように、「随時」、適当な措置を講じなければならない。（23出）

- 企業職員の場合——地方公営企業の職員の給与は、均衡の原則に基づき、民間事業の従事者の給与等を考慮して定めなければならず、給与の決定の際には、当該地方公営企業の経営の状況も考慮しなければならない。（25出）

④ 給与支給の原則 ——給与支払の原則とは、職員の給与は原則として通貨で、直接に、全額を、毎月1回一定時期に支払わなければならないとする原則をいう。

○ 給与とは——給与とは、職員の勤務に対する報酬として支給される「金銭」又は「有価物」をいう。

- 給与は「給料」、「諸手当」及び「現物給与」の3種類に区分される。（23出・24出・27出）旅費、公務災害補償制度に基づく給付や共済制度に基づく給付などは「給与に含まれない」。（24出）

◇「給料」は、「給料月額」と「給料の調整額」を合わせたものをいう。（27出）

◇「諸手当」は、自治法204条2項に規定された各手当をいう。

◇「現物給与」は、被服、食事、公舎等の現物支給であって、「条例に根拠規定があるとき」に支給される。「職務の遂行上」必要なものとして貸与される被服は給与に含まれない。

・通貨払──給与は、法律又は「条例」により特に認められた場合を除き、「通貨で」、直接職員に、その全額を支払わなければならないが、条例により「例外」を設けることはできる。条例があれば通貨でなく一部現物支給も可能であり、又条例に根拠があれば給与からの控除も可能である。（28出）

・給与は通貨で支払われるが、通貨とは貨幣をいい、小切手は通貨ではない。

・口座振替──給与の口座振替には、条例の有無にかかわらず「本人の同意」が必要である。

・請求権の制限──給与の請求権は公法上の権利であり、これを放棄し、譲渡し、質入れをすることはできない。

・支払の原則──企業職員や単純労務職員などには、支払三原則のうち、「通貨払い」や「全額払い」は、法令（条例を含む）に特例の定めがある場合などに認められるが、直接支払いの原則は、特別法によらない限り、特例を条例で定めることは認められない。（20出）

・給与の決定──職員の職務遂行能力や職員の勤務成績などを考慮して、給与の具体的な支給額を決定することは、平等取扱いの原則に反しない。（27出）

・ノーワーク・ノーペイの原則──休職中の職員にもノーワーク・ノーペイの原則が働くが、地公法の分限規定の休職事由により、給与の一部が支給される場合がある。（27出）

⑤　重複支給禁止の原則──重複支給禁止の原則とは、職員が他の職員の職を兼ねる場合にも給与を二重に支給してはならないとする原則をいう。（23出・25出・28出）

・職員が特別職を兼ねることもできるが、特別職を兼ねた場合などには、いずれか高い方の金額の支給を受けることができる。

・教育公務員の特例──職員は、他の職員の職を兼ねる場合にはこれに対し給与を受けてはならないが、教育公務員の場合は「教育に関する」他の職を兼ねる場合には、給与の支給を受けて他の職を兼ねることが認められている。（20出）

●　給料表に関する報告及び勧告──人事委員会は、毎年少なくとも一回、給料表が適当であるかどうかについて、地方公共団体の議会及び長に同時に報告するものとされている。（24出）

○給料表の勧告──給与を決定する諸条件の変化により、給料表に定める給料額を増減することが適当であると認めるときは、あわせて勧告することができる。（24出）

・給与勧告──給与勧告は、人事委員会に与えられている制度で、公平委員会

には与えられていない。

- 給料表の報告と勧告——給料表が適当か否かは、毎年、議会及び長に報告する義務があるが、同時に勧告しなければならないものではない。また勧告は、給料額の「増減が適当」であるときに限り行われる。
- 企業職員及び単純労務職員にはこの報告及び勧告の制度は適用されない。

● 給与の支給条件——給料とは、職員の正規の勤務時間に対する報酬であって、給与の中から諸手当を除いたもの、すなわち、<u>給料表に定める給料月額と給料の調整額とを合わせたものをいう</u>。（27出）
- 給料月額の決定——給料月額は給料表の級号給によって示される。新たに職員となった場合、初任給の級号給が決定され、その後は、初任給の級号給を基礎として、昇給、昇格により受けるべき給料月額が決定される。
○昇格——<u>昇格とは、職員の職務の級を同一給料表における上位の級に変更することをいう。</u>（24出）<u>職務の級は、職員の職務を複雑、困難及び責任の度合いに応じて分類したものであり、知事が規則により級別標準職務表として定めている。</u>（24出）
○昇給——<u>昇給とは、給料月額を同じ級の上位の号給の給料月額に変更することをいう。</u>（19出・27出）<u>職員が1年間勤務したときに、「勤務成績に応じて」、6号給から昇給なしの7段階で実施される。</u>（24出）
○降給——降給とは、「給料月額を下位の号級の給料月額に変更すること」をいう。一定期間ではなく、昇給しない限りその給料額が継続する。
- 給与の一定割合を減額するのは「減給」である。また降給は分限処分の一つであるが、制裁として行われるわけではない。
- 降給の事由——降給の事由は、「条例」による場合のほか、役職定年の導入に伴い「法律」（地公法）に基づき他の職への降任等に伴い「降給」する場合がある。
○支給の始期と終期——<u>新規職員の給与は、その採用の日から支給される。</u>昇給、降給等により給料額に異動がある職員には、発令の日から新たな給与を支給される。離職した職員が即日他の職に任命されたときはその日の翌日から支給される。<u>職員が退職したときはその日まで支給され、職員が死亡したときはその月まで支給される。</u>（24出）
○労働基準法の適用——<u>労働基準法は、国家公務員には適用されないが、地方公務員には明文をもって適用除外されているものを除き「全て適用される」。</u>（20出）
- 労働基準法の賃金規定では、毎月払、一定期日払の原則、非常時払、時間外・休日及び深夜の割増賃金、賃金請求の時効などが適用される。

## 13 職員研修

● 職員研修──地公法 39 条は、職員には、その勤務能率の発揮及び増進のために、研修を受ける機会が「与え」られなけばならないことを定めている。（23 出）地公法では「研修を受講する義務」は課していない。（27 出）

・実施の責務──地公法 39 条によって、職員には研修受講の機会が保障され、任命権者には、職員に対して研修を実施する責務が課せられている。（23 出）

・他律的──地公法で定める職員に対する研修は、他律的な能力開発としての研修である。

・方針の策定──研修は「任命権者」が行うものであるが、研修に関する基本的な『方針』は『地方公共団体』が定めるとして、地公法では『地方公共団体』は研修の目標、研修に関する計画の指針となる事項その他研修に関する基本的な方針を定めるものと規定している。

・研修の実施は「任命権者」の責務とされているが、この研修には任命権者自らが主催して行う場合のみならず、他の機関に委託して行う場合や特定の教育機関へ入所を命ずる場合も含むと解されている。

・研修の内容と方法──研修の「内容」と「方法」は「任命権者」が定めるとされている。

・受講の取扱い──職員の研修受講の服務上の取扱いは、職員の職務に専念する義務の特例に関する条例において、「職務専念義務」が「免除」される場合の一つとして、研修を受ける場合が規定されている。

○研修の方法には、職員の監督者に日常の職務を通じて職員に実務的な研修を行わせる「職場研修（OJT）」と、日常の執務を離れて特別の研修機関等において基礎的又は専門的な研修を受けさせる「職場外研修（OFFJT）」とがある。（23 出）

・職場研修（OJT）──職場研修（OJT）とは、職場において上司・先輩等から仕事を通して職務に必要な知識・ノウハウ等を学ぶものであり、若手職員も、後輩職員を指導したり、職場勉強会に参加する等、OJT に積極的に取り組むことが期待されている。（27 出）

・都の研修──都職員人材育成基本方針では、都政を担うプロ職員育成のため、職員の自ら育つ意識のもとに、職員が将来に展望を持ち、自らの選択でキャリアを切り拓くことのできる人事管理を確立することとしている。（23 出）

・都研修基本方針では、効果的な研修として、「職場外研修」、「職場研修」及び「自己啓発支援」の 3 本柱を明示している。（23 出）

・都研修基本方針では、都政を担う「プロ職員の育成」を職員研修の目標に掲げるとともに、職員研修所における中央研修等の職場外研修のほか、職場研修や自己啓発のメリットを組み合わせ、相互に機能を高めることが効果的な

研修であるとしている。職場外研修を最も効果的な研修であると明示していない。(27 出)

- 都において研修を実施するに当たっては、知事部局では総務局長が研修に関する基本方針を策定し、総務局人事部長がその方針に沿って研修に関する基本計画及び中央研修に関する実施計画を策定することとしている。(27 出)
- **自己啓発支援**——自己啓発は、職員が自ら育つ意識をもって、勤務時間外に主体的に自分の能力開発を行うことをいうが、都では平成 21 年度より、新たな自己啓発支援制度を開始している。(23 出)
- 自己啓発は、都では研修の 3 本柱の 1 つとして位置付け、都では自己啓発に取り組む職員に対して情報提供などの支援を行っている。(27 出)
- ● **人事委員会の勧告**——人事委員会を置く地方公共団体においては、「人事委員会」は、研修に関する計画の立案その他研修の方法について「任命権者」に「勧告」することができる。
- 人事委員会は、人事行政に関する専門的行政機関として、研修に関する「総合的企画」を行うことをその任務としている。

## 14 分限処分

- ● **分限制度**——分限処分とは、公務能率の維持及び適正な運営の確保のため、一定の事由のある場合に、職員の意に反する不利益な身分上の処分をする権限を任命権者に認め、「職員の身分保障」の見地からその処分権限を発動する場合を限定したものである。(令元出)
- 種類——任命権者は、職員が一定の事由によりその職責を十分に果たすことができない場合には、分限処分として「降任」、「免職」、「休職」及び「降給」を行うことができる。(21 出・令 4 出)
- 職員の意に基づく勧奨退職は分限処分ではない。(令元出)
- ○根拠事由——「免職」と「降任」は『地公法』に定める事由(20 出・21 出・25 出・27 出)、「休職」と「降給」は『地公法』又は『条例』で定める事由によらなければ、処分を受けることはない。

- ● **種類と事由**——地公法は、分限処分として、次の 4 種類を定めている。
- [1] **免職と降任**——任命権者は、「地公法」に定める事由による場合でなければ、職員をその意に反して、「免職」又は「降任」することができない。(21 出・27 出)
- 禁錮以上の刑に処せられ、その執行を終わるまで又はその執行を受けることがなくなるまでの者は、「欠格条項の該当者であり、分限免職の対象ではない」。(29 出)

- 分限免職には「退職手当」が支給される。（令4出）
- 分限降任とは職員を下位の職級の職員の職に任命することである。（令元出）
- 分限降任を受けたことに伴って給料が下がった場合でも、降給処分を同時に受けたものとみなされない。（25出）

① 人事評価等に照らして勤務実績がよくない場合
- 任命権者は、職員が人事評価又は勤務の状況を示す事実に照らして、「勤務実績が良くない場合」には職員をその意に反して降任又は免職にすることができる。（21出・22出）

② 心身の故障で勤務に堪えられない場合
- 任命権者は、職員が「心身の故障」のため職務の遂行に支障がある場合には、当該職員の意に反して免職又は降任とすることができる。（22出）その際当該職員の同意を得る必要はない。職員の同意を得て行う処分は「分限処分ではない」。（21出）

③ その職の適格性を欠く場合
- 任命権者は、職員がその職に必要な「適格性を欠く」ことを理由として、職員をその意に反して、分限免職又は降任とすることができる。（22出）

④ 職制、定数の改廃等による廃職、過員などの場合
- 任命権者は、「職制若しくは定数の改廃」又は「予算の減少により廃職」又は「過員」が生じた場合には、免職又は降任させることができる。（22出）その際、職員の同意を必要としない。（25出）
- 当該過員等による職員は、その復職に際し、他の一般の採用と異なる「優先的な取扱い」が認められている。（令4出）

○役職定年制──「役職定年制」の導入に伴って、管理監督職の勤務上限年齢による他の職への「降任」制度が導入される。


[2]　休職──休職は、「法律」又は「条例」の事由による。（25出・27出）
- 休職は、職員の身分を保有したまま職務に従事させない処分であり、職務に従事させない点では、懲戒処分の停職と同じであるが、休職は、一定の義務違反に対して任命権者が科する制裁ではない。（20出）

□法律の事由は、次の2つである。
① 心身の故障で、長期の休養の場合
- 職員が「心身の故障のため長期の休養を要する場合」には、刑事事件に関し起訴された場合と同様に、職員の意に反してこれを「休職」することができる。（27出）
- 長期の休養を要するかどうかの判断は、必ず医師の診断に基づいて行うこととされている。（25出）
- 復職──任命権者は、職員が病気による休養を要する場合に休職処分を行うことができるが、休職期間中に病気が治った場合には、すみやかに復職を命

じなければならない。

- ・給与支給──休職処分を受けている職員に対して、当該休職中の休職事由に応じて相当の給与を支給するか否かは「条例があるか否かによる」。（令4出）
- ・定数外──心身の故障による休職者は、定数に関する条例において定数外とすることができる。（令4出）

②刑事事件で起訴された場合

- ・任命権者は、職員が刑事事件に関して起訴された場合には、犯罪の成否その他の事情の有無を問わず、当該職員の意に反して休職にすることができる。（20出・21出・22出）分限処分としての免職とすることはできない。（22出）なお、休職期間中に懲戒免職にすることができる。（21出）
- ・任命権者は、許可を受けて「職員団体」の業務にもっぱら従事している職員が刑事事件に関し起訴された場合には、休職処分を行うことができる。（25出）
- ・職刑事事件で起訴された場合は、その意に反して休職処分を行うことができるし、刑事休職期間中であっても、懲戒処分を行うこともできるとする行政実例がある。（令4出）

③条例で定める事由──条例事由では、「人事委員会規則で定める事由に該当した場合」としている。

- ・人事委員会規則には、①職務に関連する学術調査、研究又は指導に従事する場合、②外国の政府等の招きでそれらの機関の業務に従事する場合、③水難や火災等の災害により生死不明等の場合などがある。

[3] 降給 ──「地公法」又は「条例」で定める事由による場合でなければ、その意に反して「降給」されることがない。（27出・29出）（当該条例は都及び各区で制定済みである）

- ・法律事由──役職定年制の導入により、管理監督職の勤務上限年齢による他の職への「降任」等に伴い「降給」する場合が規定され、この「法律の事由」による「降給」の場合も該当することとなる。

● 分限の特色 ──分限処分を行うかどうかの決定は、「公正の原則」が適用され、処分の程度については、それが苛酷であるかどうか、及び他の処分との均衡が図られているかどうかの2点を考えなくてはならない。（20出）

- ・遡及できない──分限処分は、過去に遡って処分を行うことができない。
- ・処分説明書──分限処分の場合も、相手方に対して「処分説明書」を交付しなければならない。しかし、処分説明書の交付は「処分の効力の発生要件ではない」。
- ・併科──分限処分は、同一事由で「2つの分限処分」を行うことも可能である。例えば、分限休職と分限降任の2つの処分を併せ行える。

地方公務員法

- 裁量──同一の事実に基づいて、分限処分にするか懲戒処分にするか、または分限処分と懲戒処分の双方を行うか、行わないかは、任命権者の裁量である。（29出・令4出）
- 支給──分限免職は、懲戒免職と異なり「退職手当が支給される」。分限休職は、懲戒処分の停職と異なり、給与が全部又は一部が支給される。（令元出）
- ● 分限処分の手続及び効果 ──職員の意に反する分限の免職、降任、休職及び降給の手続及び効果は、法律に特別の定めがある場合を除くほか、「条例」で定めなければならない。（27出）
- ○地方公営企業の職員及び単純労務職員の分限の免職及び休職の基準に関する事項は、団体交渉の対象となっている。（29出）
- ○ 適用除外 ──条件付採用職員及び臨時的任用職員には次の適用除外がある。（20出・令元出）
- □原則として分限規定が適用されない。（20出・令元出）
- ・条件付採用職員及び臨時的任用職員には原則として「分限」規定が適用されないが、例外として「条例」で分限に関する必要事項を定めることができる。
- □不利益処分の審査請求権もない。
- ・条件付採用職員及び臨時的任用職員には「行政不服審査法」の規定が適用されないため、不利益処分を受けても、これに対する審査請求ができない。
- ● 労働基準法による分限免職の制限 ──職員を分限免職にする場合も労働基準法の規定に従わなければならない。したがって、職員が公務上負傷し又は疾病にかかり、療養のために休養する期間及びその後30日間、並びに産前産後の女子職員が休業する期間及びその後30日間は分限免職をすることができない。

## ■ 15 定年制

[1] 役職定年制 ──（第28条の2）　役職定年制とは、組織の新陳代謝を確保し、組織活力を維持するための制度として導入された管理監督職の「勤務上限年齢制」をいう。

- ○役職定年の対象──役職定年の対象範囲は、「管理職手当の対象職」及び「これに準ずる職」であって、条例で定める者を指す。
- ・原則制度──対象者は次の流れを原則とする。
- ・①「任命権者」は「管理監督者で」、管理監督職の「勤務上限年齢」に達している者について、「異動期間」に→②「管理監督職以外の職」又は「管理監督職の勤務上限年齢が当該管理監督者の年齢を超える管理監督職」（これらの職を「他の職」という）へ→③「降任」又は「転任」を行うことが原則である。
- ・例外──ただし、次の場合はこの限りでない。

□異動期間に、地公法の「他の規定」により当該管理監督者について、「他の職への昇任、降任若しくは転任をした場合」

□地公法28条の7の規定により管理監督者として「引き続き勤務（勤務延長）」させる場合

○**上限年齢**——管理監督職の勤務上限年齢は「条例」で定められる。

・**権衡**——「管理監督職」及び管理監督職の「勤務上限年齢」（60歳を基本）を定めるに当たっては、「国」及び「他の地方公共団体の職員」との間に権衡を失しないように適当な配慮が払わなければならない。

・**例外措置**——役職定年制に関し職員の年齢別構成等の「特別の事情」がある場合には「例外措置」を講ずることができる。

・**条例事項**——「他の職への降任又は転任」を行うにあたって、任命権者が遵守すべき基準に関する事項、その他の他の職への降任等に関する必要事項は「条例」で定められる。

○ **管理監督職への任用制限** ——（第28条の3）「任命権者」は、管理監督職に係る管理監督の「勤務上限年齢に達している者」を、「異動期間の末日以降」、「管理監督職に」採用、昇任、降任又転任することができない。

○ **任用制限の適用除外** ——（第28条の4）管理監督職に関する規定は、「臨時的任用職員」「その他の法律により任期を定めて任用される職員」には適用されない。

● **特例** ——（第28条の5）　特例（延長）には次の2つがある。

| 「法律事由」による延長 | 原則1年延長——最長3年 |
| 「特定管理監督職群の条例事由」による延長 | 原則1年延長——最長5年 |

### ■ 「法律事由」による延長

◇「延長」——任命権者は、「他の職への降任等をすべき管理監督者」を、「次の延長の事由」があるときは、「条例」で、「1年を超えない期間内」で「異動期間を延長し」、引き続き当該管理監督者に管理監督職を占めたまま勤務させることができる。

・延長の「事由」には、次のものがある。

①**特別の事情がある**——職員の職務の遂行上の「特別の事情」を勘案して、職員の他の職への降任等により公務の運営に著しい支障が生ずると認められる事由として「条例で定める事由がある場合」。

②**職務が特殊で、欠員補充が困難**——職員の「職務の特殊性」を勘案して、職員の他の職への降任等により、管理監督職の「欠員の補充が困難」となることにより、「公務の運営に著しい支障が生ずると認められる事由」として「条例で定める事由がある場合」。

◇「再延長」——任命権者は、異動期間が延長された管理監督者に延長事由が引き続きあるときは、「条例」で、「1年を超えない期間内」で延長された異動期間を「更に延長」できる。ただし、「3年」を超えることはできない。

■ 「特定管理監督職群の条例事由」による延長

○ 特定管理監督職群 ——特定管理監督職群とは、「職務の内容が相互に類似する複数の管理監督職」であって、これらの「欠員を容易に補充することができない年齢別構成」「その他の事情がある管理監督職」として「人事委員会」で定める管理監督職を指す。

◇「延長」——特定管理監督者の延長は、次の流れによる。

　①任命権者は、「法律事由」に該当し延長する場合を「除き」、他の職員への降任等をすべき「特定管理監督者」に属する管理監督職の場合において、

　②特定管理監督者の他の職への降任等により、その特定管理監督職の「欠員の補充が困難」となることにより、「公務の運営に著しい支障が生ずる事由として」「条例で定める事由があるとき」には、

　③条例で、「1年を超えない期間内」で、当該異動期間を「延長」して、

　④『引き続き』当該管理監督者に管理監督職を占めたまま勤務させるか、又は当該管理監督者が属する特定管理監督職群の『他の管理監督職に降任し若しくは転任させる』ことができる。

◇「再延長」——任命権者は、異動期間が延長された「特定管理監督者」が、欠員の補充が困難で、公務の運営に支障が生ずる事由が引き続きあるときは、「条例」で「1年を超えない期間内」で、延長された異動期間を「更に延長」できる。

・最長5年——特定管理監督者の場合は「最長5年」の延長が可能である。

・条例化——異動期間の延長及び当該延長に係る職員の降任又は転任に関し必要な事項は「条例」で定めなければならない。

・不利益処分にあたらず——役職定年制による他の職への降任等に該当する「降任」をする場合、又は他の職への「降任等」に伴い「降給」をする場合は「不利益処分にあたらず」、したがって、処分説明書の交付を必要としない。

[2] 定年による退職 ——（第28条の6）

○ 一般の職員の「定年制」——職員は、定年に達したときは、定年に達した日以後における最初の3月31日までの間において、条例で定める日（定年退職日）に退職する。

・国の基準——定年は、「国の職員」の定年を基準として「条例」で定める。国は改正後「65歳」である。

・経過措置——年齢は、60歳から65歳まで、2年に1歳ずつ段階的に引き上げられる。

- **条例で定める別の基準**──職員に関し①「その職務と責任に特殊性がある」こと、又は②「欠員の補充が困難である」ことにより、「国の定年」を基準として定めることが実情に即さないと認めるときは、当該職員の定年については「条例で別の定めができる」。
- **権衡**──定年退職日を条例で定める場合には、国及び他の地方公共団体の職員との間に「権衡」を失しないように適当な配慮が払われなければならない。
- **適用除外**──定年制の「例外規定」は、①「臨時的任用職員」、②「その他の法律により任期を定めて任用される職員及び③非常勤職員には「適用されない」。
- **労基法の適用除外**──定年退職は、任命権者の再使用の余地のない自動的退職であり、解雇でないため、労働基準法の「解雇制限の適用はなく」、また「解雇予告の適用もない」。

[3] 　**定年退職の特例**　──（第28条の7）
◇a 　**勤務延長**　──任命権者は、「定年退職者」に、次の「事由」があると認めるときは、「条例により」、定年退職日の「翌日」から起算して「1年を超えない範囲内」で期限を定め、職員を定年退職日に従事している職務に従事させるため、「引き続き勤務させる」ことができる。

○事由──
①**特別の事情がある**──退職職員の職務の遂行上の「特別の事情」を勘案して、その職員の退職で「公務の運営に著しい支障が生ずる」と認められ事由として「条例で定める事由に該当する場合」。
②**職務の特殊性がある**──退職職員の「職務の特殊性」を勘案して、その職員の退職で、その職員が占める職の欠員の補充が困難となり、「公務の運営に著しい支障が生ずる」と認められ事由として「条例で定める事由に該当する場合」。

◇b 　**再延長（役職以外）**　──任命権者は、延長期間が到来する場合に、「延長の事由」が引き続きあると認めるときは、条例で「1年を超えない範囲内」で延長できる。
◇c 　**再々延長**　──1年を超えない範囲で「さらに」期間延長ができる。
○（a＋b＋c）＝3年──その期限は「定年退職日」の翌日から起算して「3年」を超えられない。
- **決定権者**──定年延長は、「任命権者」が決定権を有する。
- **協議**──行政委員会がその基準を定める場合には長と協議する必要がある。
- **身分**──定年延長された職員の身分は原則として一般の職員と同じであり、分限処分や懲戒処分の適用があり、その他給与条例や退職手当の通算などの適用がある。

地方公務員法

162

[4]　その他
○　情報提供・意思確認制度——任命権者は、当分の間、職員が60歳に達した日の「前年度」に、60歳以後の任用、給与、退職手当に関する情報を提供するものとし、職員の60歳以後の「勤務の意思を確認するよう」努めるものとする。
・確認——確認は、60歳以降65歳まで「フルタイム」で勤務するか、「定年前再任用短時間勤務」で勤務するかの意思を確認する。
○　給与に関する措置——地方公務員についても、国家公務員の給与及び退職手当について以下の措置が講じられることを踏まえて、「均衡の原則」（法24条）に基づき、条例において、必要な措置を講ずるように要請されている。
・給与水準——当分の間、60歳を超える職員の給料月額は、60歳前の「7割水準」に設定するとされる。
・退職手当——60歳に達した日以後に、定年前の退職を選択した職員が不利にならないように、当分の間、「定年」を理由とする退職と同様に、退職手当は算定される。

## ■ 16　懲戒処分

○　懲戒処分——懲戒処分とは、職員の一定の義務違反に対する道義的責任を問うことにより、地方公共団体の規律と公務の秩序維持を図ることをいう。（29出・30出）
○　種類——懲戒処分は、次の「免職」、「停職」、「減給」及び「戒告」の4種類と「法定」されており、条例でこれ以外の懲戒処分を定めることはできない。（20出・22出・23出・25出・27出・30出）
①免職——職員として身分を失わせる処分。
②停職——職員を一定期間職務に従事させず、その期間は給与を支給しない処分。（22出）
③減給——職員の給与の一定割合、一定期間減額して支給する処分。（23出）
④戒告——職員の規律違反の責任を確認するとともに、その将来を戒める処分。
○　事由——懲戒処分の事由には、次の3つがある。
　①地公法これに基づく条例、規則、要綱等に違反した場合（22出・23出・25出・令2出）
　②職務上の義務に違反し、また職務を怠った場合（22出・23出・25出・令2出）
　③全体の奉仕者たるにふさわしくない非行がある場合（22出・23出・25出・令2出）
○懲戒処分の事由は、「全て法律事由」とされており、条例で定めることはでき

ない。（令 2 出）

・裁量——懲戒処分を行うか否かは、任命権者の「自由裁量」である。（27 出）

○ 懲戒処分の要件——懲戒処分は、地公法の事由の 4 つの処分に限られる。訓告や口頭注意は懲戒処分ではない。（27 出）

・裁量——職員の行った義務違反行為に対し、「いずれの懲戒処分」を行うかも、任命権者の自由裁量とされている。（30 出）

・併課——懲戒処分は、「1 つの義務違反」に対して「複数」の種類の懲戒処分を行うことはできない。なお、複数の義務違反に対してまとめて一の懲戒処分を行うことは差し支えない。（25 出・30 出・令 2 出）

・説明書の交付——任命権者が職員に懲戒処分を行う場合、処分の事由を記載した説明書を交付しなければならないが、この説明書は「教示」としての意味であり、処分説明書を欠く場合であっても処分の効力には影響しないと解されている。（20 出・27 出・30 出）

・処分関係——懲戒処分は、すでに特別権力関係にない者に対して行えない。したがって、依願退職した職員に対し、「遡って」懲戒免職を行うことはできない。

・兼務関係——同一地方公共団体の異なる任命権者に属する職を兼務している職員は、いずれの任命権者も懲戒処分を行うことができ、一方の任命権者の懲戒処分が、他の任命権者を拘束する場合もある。

・異動関係——職員が同一の地方公共団体内で任命権者を異にする異動があった場合でも、前の任命権者の下における義務違反について、後の任命権者が懲戒処分を行うことができる。

・重複処分はできない——分限免職をした職員に懲戒免職の処分を行うことはできない。

・刑事休職者——刑事休職中の場合であっても、判決確定まで、任命権者は、事由が明らかであれば、懲戒処分を行うことができる。（27 出）

・賠償——懲戒処分を受けた者が当該団体に損害を与えた場合には、その者に損害賠償を請求できる。

・判例——裁判所が懲戒処分の適否を審査する場合、懲戒権者の立場に立って処分を行うか否か、また、いずれの処分を行うかを判断し、その結果と懲戒処分とを比較して軽重を論ずるべきではなく、懲戒権者の裁量権の行使に基づく処分が社会観念上著しく妥当を欠き、裁量権を濫用したと認められる場合に限り違法である、とする判例がある。（30 出）

○ 労働基準法の適用——職員には、原則として労働基準法が適用される。（22 出・23 出）

□解雇予告必要あり——任命権者が職員を懲戒免職する場合には、労働基準法に基づき、原則として、少なくとも 30 日前に解雇予告などが必要である。（22

出・23出）ただし、職員の責に帰すべき事由があると労働基準監督機関の認定を受けたときは、解雇予告などを行わずに、直ちに免職できる。（令2出）

□ **解雇予告必要なし**——職員の責めに帰すべき事由に基づき懲戒免職処分を行う場合は、その事由について行政官庁の認定を受けて、解雇予告なしに懲戒免職することができる。（20出）

○ **適用除外規定**——条件付採用期間中の職員や臨時的任用職員には「分限処分」の適用除外規定があるが、「懲戒処分」には適用除外規定がない。（20出・22出・25出）

・**欠格条項**——懲戒「免職」の処分を受けた職員は、その処分の日から2年を経過しない者は、当該団体の職員となることができない。

○ **懲戒処分の取消と撤回**——懲戒処分は、原則として「取消や撤回ができない」。ただし、「取消」は人事委員会の判定又は裁判所の判決があれば取消せる。しかし「撤回」はいかなる場合も許されない。

○ **退職前の在職期間中の事由による懲戒処分**——定年退職者等が再任用等に採用された場合には、退職前の違法・違反行為に対して、懲戒処分を行うことができる。（20出・23出）

□ 『職員がいったん退職し、「職員以外の職（「特別職地方公務員等」）」についた後、再度職員となった場合』、退職前の職員としての在職期間中の事由が懲戒処分の対象となる。（30出）

□ 『職員が「定年前再任用短時間勤務職員」として採用された職員の場合』、退職前の職員としての在職期間中の事由や以前に定年前再任用短時間勤務職員として在職した期間中の事由が懲戒処分の対象となる。（30出修正）

○ **手続と効果**——懲戒処分の手続と効果は、法律に定めがある場合のほか、条例で定めなければならない。（22出・25出）ただし、条例で、「懲戒処分を消滅させる規定、懲戒処分を創設する規定」や「懲戒処分の執行猶予を規定」することはできない。（25出・令2出）

・**効果は遡及せず**——懲戒処分の効果は、分限処分と同様に、原則として遡及しない。

・**退職手当は支給されず**——懲戒免職を受けたときは、退職手当条例の定めるところにより、退職手当は支給されず、懲戒免職又は停職処分を受けたときは、地方公務員等共済組合法に基づく長期給付の一部が制限される。

## ■ 17 服務 ■

● **服務**——服務とは、「現に」職務に服している職員が守るべき義務ないし規律をいうが、守秘義務などは、退職後においても適用される。（28出・令2出）

○ **服務の根本基準**——地公法30条は「全て職員は、全体の奉仕者として公

共の利益のために勤務し、かつ、職務の遂行に当っては、全力を挙げてこれに専念しなければならない」と定めている。この規定は憲法 15 条 2 項の「全体の奉仕者」の規定を受けたものである。

- 職員は、全体の奉仕者として公共の福祉のために勤務しなければならないが、無定量な勤務に服することは「地公法に定められていない」。(28 出・令 2 出)
- ● 服務の宣誓──服務の根拠は、具体的な服務規定に基づくものではなく、いわゆる「特別権力関係」に服することを受諾することによって発生する。
- 根本基準──服務の根本基準は、憲法及び地公法に規定されている「全体の奉仕者の精神」と「職務専念義務」から成り立っている。
- 目的──服務の宣誓は、職員が服務上の義務を負うことを確認し、宣誓する行為であり、職員の倫理的自覚を促すものである。(23 出)
- 行為①──服務の宣誓は、職員が誠実かつ公正に職務を執行することを宣言する行為である。
- 行為②──服務の宣誓は、「条例」の定めるところにより、職員が服務上の義務を負うことを確認し、当該団体の住民」に行う事実上の行為である。(23 出・令 2 出)服務の宣誓は、条件付採用の要件ではない。(23 出)
- 義務──服務の宣誓は「義務」であり、条例の定めるところにより服務の宣誓をしなければならない。(23 出・28 出)職員が服務の宣誓を行なわない場合には服務義務の違反となり、懲戒処分の対象となる。(23 出)
- 義務の発生──職員の「服務上の義務」は、宣誓を行うことによって生じるものではなく、職員として「採用」された(辞令の交付を受けた)ことよりに当然に生じる義務である。(23 出・28 出・令 2 出)服務の宣誓は辞令交付後に行われる。
- 服務の宣誓は、新たに職員になったときに、その都度行わなければならず、退職した職員が再び職員として採用されたときも、原則として改めて行う必要がある。
- ○ 種類──義務には、職務を遂行するに当たって守るべき「職務上の義務」と、職務の内外を問わず職員たる身分上から守らなければならない「身分上の義務」がある。(28 出)
- 「職務上の義務」とは、職員が職務を遂行するに当たって守るべき義務をいうが、営利企業への従事等の制限は、「身分上の義務」に該当する。(令 2 出)

| 職務上の義務 | 身分上の義務 |
|---|---|
| ①服務の宣誓(28 出) | ①信用失墜行為の禁止 |
| ②法令及び上司の職務上の命令に従う義務(28 出) | ②秘密を守る義務 |
| ③職務に専念する義務(28 出) | ③政治的行為の制限 |
| | ④争議行為等の禁止(28 出) |
| | ⑤営利企業への従事等の制限 |

## ■ 18 信用失墜行為の禁止

● **信用失墜行為**——信用失墜行為とは、その「職の信用を傷つけ」、又は職員の「職全体の不名誉となる行為」をいう。(20出・24出・28出)

□「職の信用を傷つける」とは、当該職員が占めている職の信用を毀損する行為であり、職務に関連して非行を行った場合である。例えば、争議行為、職務規定違反、職権の収賄や職権濫用など刑罰を科される行為のみならず刑罰を科されない行為でも該当する。(24出)

・公務員の職権濫用は刑法上の罪に問われるが、職権濫用など職務に関する罪に該当する場合も「信用失墜行為の禁止に該当する」。(20出・28出)

□「職全体の不名誉となる行為」とは職務に関連する非行も含まれるが、必ずしも直接に職務とは関係のない私的な非行も含まれる。(24出・28出)例えば、勤務時間外の飲酒運転、常習の賭博、不道徳なスキャンダルなどがある。

・全体の奉仕者としてふさわしくない非行があった場合には、その行為が「公務員の身分を前提としたものでなくても」、信用失墜行為に該当する。(令2出)

・信用失墜行為は、職員は全体の奉仕者であり、住民から信託を受けて公務を遂行するという職員の地位の特殊性に基づき禁止されている。(20出)

○ **信用失墜行為の禁止の要件**

・信用失墜行為に該当するか否かは、「地公法には具体的に列挙されていない」。(20出・28出)最終的には、「任命権者」が「社会通念」に基づき、事例に即して判断することになる。(24出・令2出)ただし、任命権者の恣意的な判断を許すものではない。

□信用失墜行為の禁止規定は「職務との関係を問わない」。職員が職務と無関係な一市民として法令に違反した場合でも該当する。(令2出)

□信用失墜行為の禁止規定は「勤務時間の内外を問わない」。(令2出)

□信用失墜行為の禁止規定は「犯罪の有無を問わない」。

・来庁者に対して著しく粗暴な態度を取るという常識に反する言動や行為は、職務上の命令に従う義務に違反し、また「信用失墜行為に該当することもあり得る」。(28出)

・**規定の違反**——信用失墜行為の禁止規定に違反すると、「法令に違反する場合」と「全体の奉仕者たるにふさわしくない非行のあった場合」に該当し、「懲戒処分」の対象となる。しかし「罰則の適用」はない。(20出・24出・28出・令2出)

## ■■■ 19　法令等及び上司の職務上の命令に従う義務　■■■■

○ 　法令等に従う義務　——法令等に従う義務とは、職員が、その職務を遂行するに当たって、法令、条例、規則及び規程に従わなければならない義務をいう。

・法令等に従う義務は、「法律による行政の原理」と「行政の適法性の原則」に基づいている。

○ 　法令等に従う義務の要件

①法令等に従うこと——法令等の「等」には、条例のみならず「規則」、「規程」、「要綱」、「訓令」、「通達」なども含まれる。（20 出・令 3 出）

・この義務は、「職員の職務の遂行に関連する法令等に限られる」。したがって、職員の職務に直接には関係のない法令、あるいは職員が一般市民として遵守しなければならない法令は「含まれない」。（29 出）

②勤務時間中に限る——法令等に従う義務は、職務の遂行時間中に限られる。残業などの命令がある場合にはその時間も含まれる。

③違法判断能力はない——法令等に違法性があっても「重大かつ明白な瑕疵がある場合を除き」、職員には違法性を判断する能力はない。ただし、上司の職務命令に「重大かつ明白な瑕疵」がある場合は「無効」な職命令として、職員はこれに従う義務を負わない。

④義務違反の場合——法令等に従う義務に違反しても罰則の対象とはならないが、懲戒処分の対象となる。

・事務職員が勤務時間中に道路交通法に違反しても法令等に従う義務違反は生じないが、運転手である職員が職務としての運転中に道路交通法に違反したときは、法令等に従う義務の違反となる。

● 　上司の種類　——上司を、「職務上の上司」と「身分上の上司」に分けることができる。（29 出）

□ 　職務上の上司　——職務上の上司とは、職員に対し職務命令を発し、指揮監督する権限を有する者をいう。（20 出）

・上司の権限——職務上の上司は、「職務上の命令」のみならず「身分上の命令」を発することができる。しかし身分上の上司は、職務上の命令を発することができず、「身分上の命令のみ」を発しえるにとどまる。（令 3 出）

・職務上の上司でない、任用上の地位が職員より上位にある者（身分上の上司）が、職員に「職務命令」を発した場合には、その命令に従う義務を負わない。（24 出）

□ 　身分上の上司　——身分上の上司は、職員に対して職員の任免や懲戒等の命令を行うことができる権限を有する。（29 出）

地方公務員法

- 身分上の命令は、必ずしも職務上の上司を通じて発しなければならないわけではない。（26出）
○ 上司が異なる場合──職員の職務上の上司と身分上の上司とが異なる場合、職員は、職務上の命令については職務上の上司の命令に従うことになるが、身分上の命令については、身分上の上司の命令に従う必要がある。（20出）
- 知事部局の職員が選挙事務に従事する場合は、「知事」は「身分上の上司」であり、「選管の委員長」は「職務上の上司」である。
● 職務命令
○ 職務命令の要件──職務命令が有効に成立するは、次の要件を充足していることが必要である。
①権限ある職務上の上司の命令であること。
- 職務命令が有効に成立するためには、まず職務上の上司が発した職務命令でなければならず、地位が上級であっても職務上の上司でない者が発した指示や依頼は職務命令たりえない。
- 矛盾命令──同一の職務について、2人以上の上司の命令が矛盾するときは、「より上位の命令が直近上位の命令より優先する」。（24出・26出・令3出）例えば、部長と課長の命令が矛盾する場合には部長の命令が優先する。
②職務上の命令は職務に関するものであること。
- 上司の職務上の命令は、その職員の職務に関するものでなければならない。通常の場合、税務課の職員に保健衛生の事務に関する命令は無効である。
- 職務命令は、職務の遂行を内容とするものに限られず、職務の必要上から生活上の制限が及ぶ場合もあり、その例として居住場所の制限がある。
③実行不可能な内容であってはならない。
- 職務命令は、法律上、事実上において、不可能なものであってはならない。
④要式行為に限られない。
- 職務命令は、要式行為ではないため、口頭によっても文書によっても可能であり、特段の制限はない。（20出・24出・26出・29出）口頭で行われた場合でも、命令に従わなければ法律上の義務違反となる。（24出）重要な職務命令であっても、文書で行わなければならない「わけではない」。（29出）
⑤意見の具申──上司の職務命令に疑義があるとき、職員は上司に対して意見を述べることができるが、「その命令には従う必要がある」。（20出・29出）
○ 無効──上司の職務命令が当然に無効である場合、すなわち、職務命令に「重大かつ明白な瑕疵がある場合」には、職員はこれに従う義務はない。当該職務命令に従った場合には、その行為及び結果についても責任を負うことになる。（24出・26出・29出・令3出）
- 上司の職務命令に取消の原因となる瑕疵があるに止まるとき、あるいは違法な命令であるかどうか疑義があるに過ぎない場合には一応「有効」である推

定を受け、その命令に従う義務がある。（24出）いわゆる、部下にはその職務命令の違法性を判断する能力はない。

◇上司の職務命令が「**違法である**」場合には『**有効**』な職務命令としてこれに従う義務を負う。

◇上司の職務命令が「**重大かつ明白な瑕疵がある**」場合のほか、「**全く違法**」の場合や「**明らかに違法**」の場合は『**無効**』な職務命令としてこれに従う義務を負わない。

○**違反**——職員は、上司の職務上の命令に違反した場合には懲戒処分の対象となる。（26出・令3出）

## ■ 20　秘密を守る義務

● 秘密を守る義務 ——秘密とは、一般に了知されていない事実であって、それを一般に了知せしめることが一定の利益の侵害になると「客観的」に考えられるものを指す。（20出・25出・令元出・令3出）

・範囲——職員が漏らしてはならない秘密は、一般に知られることが「個人の不利益となる個人的な秘密」のほか、「公的な秘密も」職員が漏らしてはならない秘密に該当する。（23出・令3出）

・客観性——秘密であることを明示してある文書は地公法に定める秘密に該当するが、秘密は「客観的」にみて秘密に該当するものであり、実質的に秘密でなければならない。（29出）

・黙認も——秘密を守る義務には、秘密事項を文書や口頭で漏らすことをはじめ、秘密事項の漏えいを黙認する場合も含まれる。（29出）

・秘密に属する文書を外部の者が読んでいるのを、その文書の管理責任者が故意に黙認することも、「秘密を漏らすことに当たる」と解されている。（令3出）

・何が公的な秘密に属するかは、「法令」又は「上司の命令」による。

・職員は、その職を退いた後も秘密をもらしてはならない。（23出・29出・令元出）

○ 種類 ——秘密には、職務上の秘密と職務上知り得た秘密とがある。「職務上の秘密」とは職員の職務上の所管に属する秘密であり、「職務上知り得た秘密」とは職員が職務執行上知り得た秘密をいう。（20出・25出・令3出）

■ 職務上知り得た秘密 ——職務上知り得た秘密とは、職員が自己の職務を執行するにあたり実際に知った秘密を指す。職務に関連して知り得たものを含むが、逆に職務と関係のない秘密は含まれない。

・「職務上知り得た秘密」は、「職務上の秘密」の秘密より広く、職務上の所管に関する秘密のほか、職務上知り得た個人的な秘密も含まれる。（令元出）

■ 職務上の秘密 ——職務上の秘密とは、職員の職務上の所管に関する秘密を指す。

地方公務員法

- 職務上の秘密には、法令で秘密とされているもの、上司の命令で秘密とされているもののほか未発表の公文書なども含まれる。
- **公表**——秘密は原則として公表してはならないが、例外として、「証人、鑑定人」として尋問される場合には、その秘密を公表することができる。この場合でも、「職務上の秘密」を公表する場合には任命権者の許可が「必要」である。（23出・29出）
- 「職務上知り得た秘密」を公表するときには、任命権者の許可を「必要としない」。（令3出）
- ○ 　任命権者の許可　——職務上の秘密に関して、①裁判所の証人又は鑑定人となる（刑事事件に関して証人として尋問されるときも）場合（令元出）、②議会の調査権による証人又は鑑定人となる場合（25出）、③人事委員会等が証人を喚問する場合には、任命権者の「許可」が必要である。
- 退職者の場合——退職した職員が、職務上の秘密を法令による鑑定人となって発表する場合は、その退職した職又はこれに相当する職に係る任命権者の許可が必要である。（23出・25出・29出・令元出）
- 許可を拒めない——職務上の秘密の公表の任命権者の「許可」は、法律に特別の定めがある場合を除くほか、職員が職務上の秘密を「発表」することの許可の申出を拒むことができない」。（20出・令3出）
- ○ 　罰則　——職員が職務上の秘密を漏らしたときは、「1年以下の懲役又は50万円以下の罰金」に処せられ、また職員に秘密を漏らすようそそのかした者に対しても「罰則が適用される」。（令元出）
- □現職者——現職職員は、「刑罰」と「懲戒処分」の対象となる。（20出・23出）
- □退職者——退職職員の違反に対しては、「刑罰」のみが対象となる。（20出）
- 退職後に秘密を漏らした場合、既に職員ではないため懲戒処分を受けることはないが、地公法に定める罰則を科されることがある。（25出・29出）
- □第三者——秘密を漏らす行為の企て者などの第三者は、「刑罰」のみが対象となる。（令元出）

## ■ 21　職務に専念する義務

- ● 　職務に専念する義務　——職務専念義務は、職員の勤務時間中に当該団体が行うべき責を有する職務に従事することを求めている。自治事務のみならず法定受託事務も対象となる。
- 職務専念義務の対象となる職務は、職員の勤務する当該団体の事務のみならず、他の地方公共団体から委託を受けた事務も含まれる。（20出）
- 職務専念義務は、身体的活動のみならず、精神的活動の全てを職務に集中しなければならない義務である。（23出）職務に直接関係ないプレート着用が、

精神活動の面からみれば注意力の全てが職務の遂行に向けられなかったものと解される判例がある。

・職務専念義務は、「正規の勤務時間」のみならず「超過勤務時間」及び「休日勤務時間」にも課せられる義務である。（20出）

○ 職務専念義務の免除──職務専念義務は、「法律」又は「条例」に特別の定めがある場合に限り、免除できる。（20出・23出）

□「法律」に免除根拠がある場合──次のものがある。

・適法な交渉に参加する場合（28出・令元出）

・刑事事件に関し起訴された場合の分限処分による休職の場合（26出）

・懲戒処分による停職の場合（26出・令元出）

・高齢者部分休業の承認を受けた場合（令3出）

・その他、「分限の休職」「懲戒の停職」「在籍専従の許可」「疾病の就業禁止」「育児休業」「労働基準法等の休暇等」「自己啓発等休業」「配偶者同行休業」などがある。

□「条例」に免除根拠がある場合──次のものがある。

・条例で定められる週休日（28出）、国民の祝日に関する法律に規定する休日（28出・令元出）年次有給休暇（28出）などの休暇、休憩などの場合

・選挙権その他の公民としての権利を行使する場合（令3出）

・職免条例で定められる研修を受講する場合（28出）

・厚生計画実施へ参加する場合（29出・令3出）

・感染症の予防又は家畜伝染病の予防のための通行遮断の場合（労働安全法に基づく条例）（令3出）

・裁判員、証人、鑑定人等として国会、裁判所等に出頭する場合（令3出）

○ 免除の理由──職務専念義務は、職員の基本的な義務であることから、その免除については「合理的な理由がある場合」に限られる。

○ 当然に「免除されない」場合──職務専念義務は、当然に免除されない場合がある。それは、ある行為を認めることと、勤務時間中における職務専念義務を免除するか否かは別の問題であるからである。

・職務専念義務が当然に「免除されない」場合には次のものがある。これらの場合には任命権者の職務専念義務の免除の許可を得る必要がある。

①営利企業等に従事する場合には任命権者の従事許可が必要であるが、許可を得た場合でも同時に職務専念義務が免除されるわけではないため、勤務時間内であれば、従事許可の外に、別途職務専念義務の免除又は年次休暇の取得手続が必要となる。（20出）

②勤務条件に関する措置要求を行う場合には、勤務時間中であれば、職務専念義務の免除の手続が必要である。当然に免除されない。（23出）

③不利益処分に関する審査請求を行う場合には、職務専念義務の免除の手続が

地方公務員法

必要である。
④職員団体の指名した役員等として適法な交渉を行う場合には、職員は職員団体の指名により当然に職務専念義務が免除されず、職務専念義務の免除の手続が必要である。
・勤務時間中に職務専念義務の免除を受け職員団体の活動に従事した職員は、条例で定める場合以外は給与は支給されない。（26出）
⑤職員団体の在籍専従の許可を受けた職員の場合には職務に専念する義務が免除されるが、いかなる給与も支給されない。（23出・26出）またその期間は、退職手当及び共済年金の算定の基礎となる勤続期間には算入されない。（26出）
⑥職員が子を養育するために育児休業の承認を得た場合には職務に専念する義務は免除されるが、給与は支給されない。（23出）
○　免除と給与の関係　――職務専念義が免除された職員に、免除された勤務時間に給与を支給するか否かは、法律に定められた場合を除き、給与条例に基づいて、職務専念義務の免除とは別に、任命権者が判断するところによる。（26出）この場合、別途、給与減免の手続を行えば給与を受けることができる。
・職員団体の役員として職員団体の業務に専ら従事することが認められた在籍専従職員に対しては、いかなる場合でも給与は支払されない。（20出）

## ■ 22　政治的行為の制限

●　政治的行為の制限　――政治的行為の制限は、職員の政治的中立性を保障することにより、行政の公正な運営の確保と職員の利益を保護することを目的としている。
○政治的行為には「絶対的制限」と「条件的制限」とがある。
■　絶対的制限　――絶対的制限とは、政治的目的の有無を問わず、また勤務地の内外を問わず制限する行為をいう。絶対的制限とは具体的には次のことを指す。
□結成関与――政党その他の政治的団体の「結成」に関与すること。この場合、勤務地の「内外」で禁止されている。（22出・30出）
□役員就任――政党その他の政治的団体の「役員」になること。この場合、勤務地の「内外」で禁止されている。（22出・30出）
□勧誘運動――政党その他の政治的団体の「構成員」となるように又はならないように「勧誘運動」をすること。この場合、勤務地の「内外」で禁止されている。（22出・24出）
・職員が政党等の「構成員」となることは「制限されない」。（22出）
■　条件的制限　――条件的制限とは、職員が属する地方公共団体の「区域内」において、特定の政党その他の政治的団体、又は特定の内閣若しくは地方公

共団体の執行機関を支持し又は反対する「政治的目的」をもって「政治的行為」を行うことができないことをいう。（22出）

・条件的制限は、「政治的目的」と「政治的行為」の「いずれかを欠く場合」には制限の対象とならない。

●条件的制限の「政治的行為」には、次の5つがある。

[1] 政治的目的をもって、**選挙運動を行うこと。**・・・・・・・（勤務地内で制限）

・特定の内閣を支持する「目的をもって」、公の選挙において投票するように又はしないように勧誘運動することは、当該地方公共団体の勤務地内で制限されているが、勤務地外では制限されていない。（22出）しかし、違反しても地公法上の罰則の適用はない。（26出）

・職員は、特定の候補者を支持する「目的がなければ」、特定の政治的目的を有するとはいえないため、当該地方公共団体の区域内において投票等の勧誘を行うことができる。（30出）

・職員は、特定の候補者を支持する目的をもって、当該地方公共団体の区域内において選挙公報に推薦人として名を連ねることはできない。（30出）

・職員の属する地方公共団体の「区域内」で、職員が、特定候補者の依頼により、当該候補者のポスターを各所に貼ることは、勤務時間外に無給であっても、政治的行為の制限に違反する。（令2出）

[2] 政治的目的をもって、**署名活動を行うこと。**・・・・・・・（勤務地内で制限）

・特定の政党その他の政治的団体を支持する目的をもって、署名運動を企画し又は主宰することは、勤務地内で制限されているが、勤務地外では制限されない。（26出・30出・令2出）

・職員は、当該職員が属する地方公共団体の区域内に限り、市長の解職請求の代表者として直接請求に関する署名を成立させる目的で署名運動を企画することはできないが、直接請求である条例の制定改廃の署名運動を企画することはできる。（22出・30出）

[3] 政治的目的をもって、**募金活動を行うこと。**・・・・・・・・（勤務地内で制限）

・職員は、当該職員が属する地方公共団体の区域内において、地方公共団体の執行機関に反対する目的で寄附金を募集することはできないが、寄附金その他の金品を与えることはできる。（22出・24出）しかし、違反しても地公法上の罰則の適用はない。（26出）

[4] 政治的目的をもって、**庁舎、公共施設に文書・図画を掲示又は施設等を利用すること。**・・・・・・・・・・・・・・・・・・・・（勤務地の内外で制限）

・職員は、当該職員の属する地方公共団体の区域の「内外を問わず」、公の選挙において特定の人を支持する目的をもって、文書又は図画を地方公共団体の庁舎、施設等に掲示することができない。（24出）しかし、違反しても地公法上の罰則の適用はない。（26出）

地方公務員法

・文書や図画を地方公共団体の庁舎に掲示しその他資材を利用する場合は、当該職員の属する地方公共団体の区域の「内外を問わず」制限されている。(27出)

[5] 政治的目的をもって、**条例で定める政治的行為を行うこと**。・(勤務地内で制限)

・「条例により」、地公法が定める事項以外の「政治的行為」の制限を定めることはできるが、地公法が定める事項以外の「政治目的」の制限を定めることはできない。(令2出)

○ 制限職員 ——制限規定は、一般職である一般行政職員、教育職員、警察消防職員に適用される。ただし、企業職員、単純労務職員には適用されない。(令2出)

・教育職員は、「全国的」に制限される。

・制限規定は、条件附採用期間中の職員、臨時的任用職員（令2出）、在籍専従職員にも適用される。

・制限規定は、職員としての身分を有する限り、休職、休暇、停職など、職務に従事していない者にも適用される。

○ 適用除外 ——政治的行為の制限は、地方公共団体の行政の公正な運営の確保と職員の利益保護を目的としているが、「企業職員」、「単純労務職員」を「除く」一般職の職員に適用され、臨時的任用職員にも適用される。(24出・令2出)

・第三者のそそのかし行為等——「何人も」、職員に対して当該行為を行うことを求め、そそのかし、あおってはならず、又職員が行為をなし、なさないことに対する代償又は報復を受けない。職員は、これら違法な行為に応じなかったことの故をもって不利益処分を受けることはない。

○ 罰則 ——政治的行為の制限には「罰則規定はない」が、違反すれば懲戒処分の対象となる。(26出・30出・令2出)

・地公法は、政治的影響から職員を保護するため、何人も職員に対し政治的行為を行うよう求め、そそのかし若しくはあおってはならないと規定しているが、こうした行為を行った者に対して、地公法は「罰則を定めていない」。(24出・30出)

## ■ 23 争議行為等の禁止 ■

● 争議行為等 ——争議行為等とは、「同盟罷業」、「怠業」その他の業務の正常な運営を阻害する一切の争議行為をいう。

・職員は、憲法が保障する勤労者の基本的権利を有するが、全体の奉仕者として公共の福祉のために勤務するという特殊性に基づき、争議行為については、「全面一律に禁止されている」。(令2出)

・争議行為は、一般に地方公共団体の正常な業務の運営を阻害する行為であり、「怠業的行為とはサボタージュともよばれ」地方公共団体の機関の活動能率を

低下させる行為である。（23出・24出）争議行為そのものであるため、争議行為等の禁止の対象に含まれる。

○ **争議行為の形態**——争議行為には、争議行為等の「実行行為」と、争議行為等の実行行為を計画し又は助長する「あおり等の行為」に分けられる。また実行行為は、「争議行為」と「怠業的行為」とに分けられる。

・遵法闘争は、怠業の一種であり、職員に禁止されている争議行為等に該当する。（23出）

○ **禁止される争議行為**

①争議行為は、「その目的のいかんを問わず」一切禁止されている。（26出）政治目的の場合や経済的目的の場合に限定されず、全て禁止されている。（23出）

②争議行為は、「その行為の態様を問わず」、業務の正常な運営を阻害するものをいう。

・リボン・はちまき・腕章などの着用についても、業務運営に支障を及ぼすときは、争議行為等に該当する。

・適法に承認された「年次有給休暇」を利用して違法な争議行為に参加した場合には「争議行為とみなされる」。（19出）

・超過勤務や宿日直の命令に対し組織的に拒否する行為は「争議行為に該当する」し、職務命令違反や職務専念義務違反に該当する。（令2出）

③「違法行為の企てやあおり等の行為」については、地公法は「何人」に対しても「禁止」している。何人とは職員に限らずそれ以外の第三者も含まれる。（26出・令2出）

・行為の企てとは、争議行為などを実行する計画の作成その行為の会議などの開催などをいう。当然にその準備行為も含まれる。

・計画・助長等の行為とは、その行為自体が独立して違法となるものであり、争議行為等が実行されたことを要件としない。したがって、争議行為等を計画し実際に争議行為等が実行されなくても罰則が適用される。（23出）

○ **対象職員**——争議行為等が禁止されているのは「職員」であり、職員である限り、企業職員や単純労務職員も含まれる。なお、「企業職員や単純労務職員」は地公法ではなく、「地方公営企業関係法11条及び附則4条に基づき禁止されている」。（23出）

○ **争議行為の相手方**——争議行為の相手方は、地方公共団体の機関を代表する使用者としての「住民」である。

○ **違反したとき**

□「職員」が、「実行行為」（争議行為・怠業的行為）を行った場合は「懲戒」の対象となる。

□「職員」及び「第三者」が、「あおり等の行為」を行った場合には「刑罰」の対象となる。

地方公務員法

- 職員が、争議行為を実行した場合には懲戒処分の対象となるが、罰則の適用はない。（24出）しかし職員が争議行為等の違法な行為の遂行を共謀し、そそのかし、若しくはあおり、又はこれらの行為を企てた場合には、罰則が適用される。（24出・26出・令2出）
- 対抗手段なし──職員が争議行為に違反したときは、法令に基づき保有する権利及び不利益処分に関する審査請求をする権利など、雇用上の権利をもって対抗するすることができない。（24出・26出）
- 事実争いの場合──争議行為等の禁止に違反した者が、争議行為等を行ったことを理由として懲戒処分を受けた場合に、「事実に争いがある場合には」人事委員会又は公平委員会に対し「審査請求をすることができる」。（令2出）
- 賠償責任あり──争議行為等によって相手方に損害を与えた場合には、民法上の不法行為として損害賠償の責任を負う。
- 一般職の職員が結成した職員団体が、争議行為等により当該団体や住民に損害を与えた場合、民事上の損害賠償責任は免責されない。（24出）

## ■ 24　営利企業への従事等の制限

○ 営利企業への従事等の制限 ──地公法は、営利企業への従事等の制限として、職員は、任命権者の許可を受けなければ①自ら営利企業を「経営」すること、②商業、工業又は金融業その他営利を目的とする私企業を営むことを目的とする会社その他の団体の「役員」（令3出）又は人事委員会規則で定める地位を兼ねること、③いかなる事務事業でも「報酬」を得てこれに従事することができないとしている。
○ 従事制限される職員 ──営利企業への従事等の制限は「一般職」に対する規定である。
- 一般職の行政職員、教育職員（特例あり）、警察消防職員、企業職員及び単純労務職員が制限される。
- 一般職の非常勤職員である「定年前再任用短時間勤務職員」や「会計年度任用職員のうちフルタイムの職員（パートタイム除く」も「制限される」。（令3出）
- 特例──教育公務員は一般行政職員と異なり、「給与を受け又は受けないで」、営利企業のうち教育関係の事務に従事することについて「特例」が認められている。
○ 制限される行為 には、次の3つがある。
（1）営利を目的とする「私企業」（営利企業）を営むこと。
- 職員自身が営利を営むことを制限し、職員の「家族」が営むことまで制限するものではない。
- 職員が、自ら営利を目的とする私企業を営む場合であっても、任命権者の許

可を得ればできる。（22出）

- 職員が、時々家族が営む私企業を「手伝う」程度なら制限に当たらない。
- 農業であっても営利を目的とする場合には制限されるが、農産物を自家消費に充てる場合には制限されない。（30出）

（2）営利を目的とする企業の「役員」に就任すること。

- 企業の役員とは、取締役、監査役等の責任や権限を有する者を指す。
- 職員は、営利を目的としない「農業協同組合」、「消費生活協同組合」などの団体の「役員」となる場合は任命権者の許可を必要としないが、この場合でも「報酬」を得る場合には任命権者の許可が必要である。（22出・25出・30出・令3出）

（3）「報酬」を得て他の事務事業に従事すること。

- 勤務時間の内外を問わず又営利の目的の有無にかかわらず、許可なく「報酬」を得ることはできない。（22出・令3出）
- 報酬には、労働の対価として支払われる賃金、給与、各種手当、賞与などが該当する。（令3出）
- 労働の対価でない「講演料」、「原稿料」、「旅費」、「葬儀等を営む際のお布施」などは報酬に該当せず、職員がこれらを受け取って事業に従事する場合には営利企業への従事等の制限に当たらず、任命権者の許可を受ける必要はない。（22出・25出・30出）
- 職員が特別職の職を兼ね報酬を得ることは、同一の地方公共団体の内外を問わず、任命権者の許可が必要である。（30出）
- 職員が「国家公務員」の特別職の職を兼ねて「報酬」を得る場合には、任命権者の許可を受ける必要がある。（22出）

○ 制限解除──職員が営利企業等に従事しようとするときは、「勤務時間の内外を問わず」、「任命権者」の許可を受けなければならない。（令3出）

- 職免又は年休──営利企業等の従事許可を受けた場合でも、当然に職務専念義務の免除がなされたものと解されず、「勤務時間中」であれば、従事等の許可とは別に「職務専念義務の免除」又は「年次有給休暇の承認」を受けなければならない。（令3出）
- 職員が「休職中の場合」、「刑事休職中の場合」又は「職員が停職中の場合」には職務専念義務は強制的に免除されるが、この期間中に報酬を得て他の事務事業に従事するときは任命権者の許可を必要とする。
- 許可基準──人事委員会は、営利企業への従事等の許可に対し、任命権者ごとに「許可基準」が不統一とならないように、「人事委員会規則」でその「許可基準」を定めることができる。（25出・30出）
- 違反──職員が営利企業等の従事制限に違反した場合には「罰則の適用はない」が、「懲戒処分の対象となる」。（25出）

# ■ 25 退職管理

## ● 対象職員

（1）**原則全職員**——退職管理は、「原則」全ての職員である。定年前再任用短時間勤務職員、一般職の任期付職員及び一般職の任期付研究職員も含まれる。

・**例外**——ただし、地方公共団体又は地方独立行政法人の「臨時的任用職員」、「条件付採用職員」、「非常勤職員である会計年度任用職員」は除かれる」。（28出・令4出）

・**営利企業等**——退職管理の営利企業等とは、「営利企業」及び「営利企業以外の法人」をいうが、営利企業以外の法人には「国、国際機関、地方公共団体、独立行政法人通則法に規定する行政執行法人及び特定地方独立行政法人は含まれない」。（28出・令4出）

・**規制職員**——規制される職員は、職員であった者で、「営利企業」及び「営利企業以外の法人（国、国際機関、地方公共団体等を除く）」に、離職後に、営利企業等の地位に就いている者をいう。（28出）

・**規制行為等**——公務員を退職後に営利企業等へ再就職した者に対して、「契約等事務」であって、「離職前5年間」の職務に属するものに関し、「離職後2年間」、現職職員へ、職務上の行為をするように又はしないように要求し又は依頼してはならない。（28出・30出・令4出）

（2）**役職員**——在職時の職制上の段階が上位であったことによる「上乗せ規制」

○長の直近下位の「内部組織の長」に、離職日の5年前より「前」に就いていた者は、当該職に在職した執行機関の組織等の役職員に対し、「契約等事務」で、離職日の5年前より「前」の職務に関し、「離職後2年間」、職務上の行為をするように又はしないように要求し又は依頼してはならない。

・組織の長であっても、管理者や教育長は特別職であるから、この規制の対象とはならない。

（3）**自ら決定事案**——在職時に関与した職務による「上乗せ規制」

○上述（1）と（2）のほか、再就職者は、在職していた地方公共団体の執行機関の組織等の「役職員」に対し、契約の締結にあたり、「再就職者自らが在職中決定したものに関し」、職務上の行為をするように又はしないように要求し又は依頼してはならない。「この上乗せ規制には期間の制限がない」。（28出）

（4）**国の部課長（条例による禁止規定）**——地方公共団体は、必要があるときは、再就職者のうち、「国家行政組織法に規定する部長又は課長の職に相当する職として人事委員会規則で定める者については」、当該団体の組織の規模に応じて、「条例に基づき」、在職時の職制上の段階が上位であったことによる「上乗せ規制」を定めることができる。（令4出）

○**適用除外**──適用除外は、働きかけを認めても、公務の公正及びそれに対する住民の信頼を損なうおそれがない場合や、その働きかけがやむを得ない場合には「規制の対象とならない」。

○**届出**──「現職の職員」は、上述の「適用除外の場合を除き」、再就職者から禁止される要求又は依頼を受けたときは、人事委員会規則で定めるところにより、人事委員会等にその旨を届け出なければならない。(29出・令4出)

・届出をしなかったときは、地公法違反として「懲戒処分」の対象となる。(令4出)

○**疑い報告**(第38条の3)──「任命権者」は、職員又は職員であった者に規制違反行為の疑いがあると思料するときは、その旨を「人事委員会又は公平委員会」に「報告」しなければならない。(29出)

○**違反行為に関する調査**(第38条の4、38条の5)

①**任命権者による調査**──「任命権者」は、職員又は職員であった者に規制違反行為の疑いがあると思料して当該規制違反行為に関して「調査」を行おうとするときは、「人事委員会又は公平委員会」にその旨を「通知」しなければならない。

・「任命権者」は「調査」を終了したときは、「遅滞なく」、人事委員会又は公平委員会に対し当該調査の結果を「報告」しなければならない。

・**情報収集**──職員からの届出と併せて、規制違反行為に関する情報は、全て人事委員会又は公平委員会に集まることになる。

②**任命権者に対する調査の要求**──人事委員会又は公平委員会は、職員が再就職者から禁止される要求又は依頼を受けた旨の「届出」、任命権者が職員又は職員であった者に規制違反行為があるとの「報告」、又はその他の事由により職員又は職員であった者に規制違反行為を行った疑いがあると思料するときは、「任命権者に対し」、当該規制違反行為に関する調査を求めることができる。(29出)

③**任命権者に対する報告要求、意見陳述**──人事委員会又は公平委員会は、任命権者が行う上述①及び②の「調査の経緯」について、報告を求め又は意見を述べることができる。

④**任命権者に対する調査結果の報告**──任命権者は、上述の①及び②の「調査」を終了したときは、「遅滞なく」、人事委員会又は公平委員会に対し当該調査の結果を報告しなければならない。

○**地方公共団体の講ずる措置**(第38条の6)

①地方公共団体は、「国家公務員法中の退職管理規定の趣旨」及び「当該団体の職員の離職後の就職状況」を勘案し、退職管理の適正を確保するために必要と認められる措置を講ずるものとする。

②「地方公共団体」は、次のa〜eのとおり、条例に基づき職員であった者に「届け出」をさせることができる。

地方公務員法

- a「再就職者による依頼等の規制の円滑な実施を図り又は上述①の措置を講ずる必要を認めるとき」は、b「条例により」、c「職員であった者で条例で定める者」が、d「条例で定める法人の役員その他の地位であって条例で定めるものに就こうとする場合又は就いた場合」には、e「離職後条例で定める期間、条例で定める事項を条例で定める者に届け出させる」ことができる。

○刑事罰——

□**再就職者**——退職管理の職務上「不正な行為」をするように、又はしないように要求し、又は依頼した再就職者には「1年以下の懲役又は50万円以下の罰金」が科せられる。（30出）

□**現職員**——退職管理の職務上の「不正な行為」で再就職者から依頼を受けた現職の職員は「懲役3年以下」が科せられる。

□退職管理の職務上の「**不正な行為以外**」の要求者又は依頼者には「10万円以下の過料」が科せられる。

# ■ 26 勤務条件に関する措置要求 ■

● 勤務条件に関する措置要求 ——勤務条件に関する措置要求とは、職員が「人事委員会又は公平委員会」に対し、勤務条件に関し地方公共団体の当局が適当な措置を執ることを要求する制度である。（24出・26出・30出）

・**代償措置**——措置要求制度は、労働基本権が制限されていることに対する代償措置の一つである。（22出・28出・令3出）

○ 措置要求者 ——措置要求の対象者は、原則として「一般職」の職員に認められる制度であり、特別職には認められない。

・「条件付採用期間中の職員」、「臨時的任用職員」、「会計年度任用職員（フル・パートを問わず）」も措置要求を行うことができる。（22出・24出・26出・30出・令3出）

・**他人**——「他の職員」の勤務条件であっても措置要求をすることができる。

・**共同**——措置要求は、職員個人で行うことが建前であるが、複数の職員が共同でもできる。（24出・26出・28出・令3出）

・**委任**——措置要求は、他の職員に「委任」して行うこともできる。また措置要求の審査に際して、本人以外の者が代理人として審理に参加することもできる。

・**対象外①**——措置要求は、一般職であっても「企業職員」及び「単純労務職員」のほか、すでに「退職した職員」や「職員団体」は対象から除かれている。（22出・24出・26出・28出・30出・令3出）

・**対象外②**——退職者は、現に職員の地位を有しないため、退職手当であっても、「勤務条件に関する措置の要求を行うことができない」。（28出）

● 要求内容──措置要求をすることができるのは、「給与、勤務時間その他の勤務条件」に関してである。(22出)休暇や執務環境も要求の対象となる。(22出)

・勤務条件──勤務条件とは、給与及び勤務時間によって代表される経済条件の一切であり、職員団体の交渉となる勤務条件と同義である。

・要求①──要求事項は、地方公共団体の当局や人事委員会の権限に属する事項に限られる。

・要求事項には、例えば、①職員の給料、諸手当、旅費、勤務時間、休日、休暇など、②職場の執務環境など、③当局が実施する福利厚生や安全衛生などがある。

・要求②──要求事項は、「現在」適用されている勤務条件のみならず、「過去」のもの、「将来」のもの、不変更を求めるもの、又は休暇の不承認も対象となる。（22出・24出・30出）

○ 管理運営事項は対象外──地方公共団体の管理運営事項については措置要求ができない。(30出)

・「管理運営事項」には①職員定数の増減、②予算の増減（30出）、③組織の改廃、④条例の提案、⑤人事異動などがある。、すなわち、地方公共団体の機関がもっぱら判断し執行する行政の企画、立案、予算編成などは措置要求の対象とならない。

○ 審査機関──審査機関は、人事委員会又は公平委員会である。

○ 要式行為──措置要求は、審査機関に書面でしなければならない。原則として要式行為である。

○ 一事不再理の原則の適用なし──措置要求については、職員は、同一の事項について何回でも措置要求を行うことができる。すなわち「一事不再理の原則」は「適用されない」。

・審査原則と例外──審査は、「書面審査」が原則である。ただし、審査機関が必要と認めたときは口頭審査によることもある。

○ 審査

①審査は「書面審理」が原則である。この場合審査機関が必要と認めたときは「口頭審理」によっても行うことができる。審査はあくまでも審査機関の責任で「職権」によって審査しなければならない。

・職員から口頭審理の請求があるときは口頭審理で行うとされているが、「口頭審理は人事（公平）委員会が必要と認めた場合に限られる」。また、口頭審理の公開は法定されていない。(令3出)

②審査機関は、審査のため必要があるときは証人を喚問し又は書類若しくはその写しを求めることができる。しかし当事者主義的な運用を行ってはならないため、証人の喚問等の要求に応じなくても、その拒否に対して「罰則の適用はない」。

地方公務員法

③審査機関は、審査を継続する実益がないと判断したときは審査を打ち切りることができる。

○ 判定

□却下——要件審査が行われ、要件が具備していなければ受理されず「却下」となる。

□棄却——適法な措置要求として受理後、審査の結果、要求内容が妥当でない場合には「棄却」となる。

□認容——審査の結果、要求内容が妥当であれば要求内容の全部又は一部を「認容」する判定となる。

・再審不可——要求者が審査機関の判定に不服があっても「再審」の手続を執ることはできない。しかし同一事項について「改めて」措置要求を求めることは可能である。（26出・30出・令3出）

・判定及び勧告は、要求者の要求事項に対してのみ行われる。

○ 勧告 ——審査機関は、審査の判定結果、当該権限に関する事項は自ら実行し、当該団体に関する事項については勧告できるが、その勧告には「法的拘束力」がないため、不利益処分の審査請求ができない。（22出・24出・28出・令3出）

・勧告を受けた機関は、「勧告を尊重する」ものの、勧告どおりに勤務条件の改善をしなければならない義務はない。（24出・令3出）

○ 出訴 ——職員が、審査機関の判定（却下又は棄却）に不服があるときは、判定に「違法性」がある場合に限り取消訴訟を提起することができる。（26出・28出・30出）

○ 罰則 ——措置要求に関しては、審査機関への措置の「申し出を故意に妨げた者」に対して罰則の適用がある。

## ■ 27　不利益処分に関する審査請求 ■

○ 審査請求と行政不服審査法 ——不利益処分の審査請求は、行政不服審査法に基づく制度であるが、ただし、次の事項は適用されない。

①不利益処分「以外」の職員に対する処分又は不作為については、行政不服審査法による審査請求の規定が適用されない。（29出）

②不利益処分の審査請求には、行政不服審査法の通則及び審査請求に関する規定が適用されない。

○ 不利益処分に関する審査請求 ——審査請求は、任命権者が行った職員の意に反する「違法」及び「不当」な処分に対し、簡易迅速な審査手続により救済する制度である。

○ 審査機関 ——不利益処分を受けた職員は、職員が属する地方公共団体の

「人事委員会」又は「公平委員会」に対してのみ審査請求ができ、これ以外の機関が審査を行うことはできない。（20出・22出・23出・29出・令4出）したがって、任命権者に対して行うことはできない。（20出）

○ **審査請求ができる者**——審査請求者は、「現職」の一般職の職員で、不利益処分を受けた者である。例外として、「免職処分を受け現に職員でない者」も審査請求ができる。（令4出）

・適用除外者——ただし、次の者は除かれる。

①「条件付採用期間中の職員」及び「臨時的任用職員」には、行政不服審査法の適用がないため、不利益処分の審査請求をすることができない。（22出・23出・令元出）

・「会計年度任用職員」は「1か月間」は条件付とされており、この期間の処分又は不作為については不利益処分の審査請求をすることができない。

②「単純労務職員」及び「企業職員」は、不利益処分も団体交渉などで解決が可能であるため、不利益処分の審査請求をすることができない。（22出・23出・令元出）

○ **審査請求事項**——審査請求事項は、分限処分、懲戒処分その他、職員の意に反しかつ客観的にみて不利益を与えているものが対象となる。（20出・23出）

・処分の「その他」には平等取扱いに反する不利益な処分も含まれる。

・審査請求事項は、職員の意に反する処分であり、任命権者が不利益処分であると認めるものではない。（25出）

・請求対象外——ただし、次の場合は審査請求の対象とならない。

①不利益処分以外の職員に対する「処分」のほか、（20出・29出・令元出）不利益処分であっても、「職員の意に反しないもの」や「職員の意に反していても客観的にみて不利益でないもの」は、審査請求の対象とならない。

②「職員の年次有給休暇の未承認」、「定期昇給の未実施」、「勤勉手当の減額支給」、「職員がした申請に対する不作為」などは、審査請求の対象とならない。（20出・22出・29出・令元出）

③一般に、昇給延伸、賃金カットなど処分性のないものは、審査請求の対象とならない。（25出）

④訓告等の「事実行為」は、審査求の対象とならない。

○ **処分事由説明書の交付**——任命権者は、職員に不利益処分を行う場合には、処分事由を記載した説明書を交付しなければならない。ただし、処分説明書の交付は処分の要件ではなく、処分の効力に影響を及ぼさない。（29出・令元出・令4出）

・交付不要（法改正で追加）——「役職定年制」の導入に伴い、他の職への降任等に該当する降任をする場合又は他の職への降任等に伴い降給をする場合に

は「処分説明書の交付を必要としない」。
・ **交付請求**──不利益処分を受けたと思う職員は、任命権者に対して処分説明書の交付を請求することができる。その交付を受けなくても、当該処分の取消しの訴えを提起できる。(25出・29出)
・ **交付**──処分説明書の交付請求を受けた任命権者は、当該処分につき人事委員会等に対して不服申立てができる旨を記載した説明書を、請求日の日から「15日以内」に交付しなければならない。(29出)
・ 15日以降に処分説明書が交付されても説明書の効力には影響がない。
○ **請求期間**──審査請求は、処分を知った日の「翌日」から「3か月以内」、処分のあった日の「翌日」から起算して1年を経過したときは行うことができず、「無効な処分を除き」不利益処分の取消しの訴えを提起できない。(20出・令元出・令4出)
・ **例外なし**──審査請求の期間には、一般に認められている「天災等その他やむを得ない理由」による場合の例外も、公務員には認められていない。
○ **審査**
①**職権審査**──審査は、原則として審査機関の自由であり、「職権審査主義」が認められており、書面審理、口頭審理のいずれによることも、また両者を併用することもできる。ただし、処分を受けた職員から口頭審理の請求があるときは、必ず口頭審理を行わなければならない。(22出・23出)
②**公開請求**──口頭審理を、職員から公開して行うべき旨の請求があるときは、必ず公開して行わなければならない。(22出・23出)
③**刑罰対象**──審査のため証人として喚問を受け、正当な理由なくしてこれに応ぜず、若しくは虚偽の陳述をした者又は書類等の提出を正当なく応ぜず、若しくは虚偽の事項を記載した書類等を提出した者は、「刑罰」に処せられる。
○ **判定**──審査請求の審査の結果に基づく判定には、次の「3種類」がある。(22出・25出)
①処分の「**承認**」とは、審査機関が任命権者の処分を適法かつ妥当と認めた場合の判定をいう。この場合、申立てを「棄却」する形式をとる。
②処分の「**修正**」とは、処分に理由はあるが、処分の量定が不適当であるときに処分を修正する判定をいう。
・ 修正には、次の場合がある。
　□「処分の種類の変更」とは、懲戒の減給処分を戒告処分に修正する場合である。
　□「処分の量定の軽減」とは、懲戒の停職の3か月を2か月に修正する場合である。
・ 懲戒処分を分限処分に、分限処分を懲戒処分に改めることは、いずれも処分の基準が異なるため、修正することができない。(25出)したがって、審査

の結果、分限免職が不当であると判断された場合、懲戒処分による減給又は停職に修正することはできない。

③処分の「取消」とは、処分が違法又は著しく不適当であるときに行う処分の取消の判定をいう。

・形成的効力──処分の修正又は取消の判定は「形成的効力があり」、処分の修正の判定は当初から修正後の処分があったことに、処分の取消の判定は当初から処分がなかったことになる。

④必要があれば是正の指示を行うこともできる。

・指示──人事委員会は、審査の結果に基づいて不利益処分を承認し、修正し又は取り消し、及び必要がある場合には任命権者に不当な取扱を是正するための指示をしなければならない。（20出）

・手続──審査機関が修正又は取消をした場合には、任命権者は、審査機関の判定に基づき、「新たな処分」を行う必要はない。

○ 再審 ──不利益処分の審査請求に対する判定は、人事委員会規則に定めるところにより「再審が可能である」。

・再審は、同一審査機関による審査であるため、自らの判定を再検討することが当然である場合であり、再審の事由は限定されている。

○ 罰則の適用 ──不利益処分に関する権限の行使に関し、人事委員会又は公平委員会から「証人として喚問を受け正当な理由がなくこれに応ぜず」、若しくは「虚偽の陳述をした者」又は「書類やその写しの提出を求められ正当な理由なくてこれに応ぜず」、若しくは「虚偽の事項を記載した書類やその写しを提出した者」には「刑罰」の適用がある。

・審査機関の審査結果、その指示に「故意に」従わぬ者に対しても「刑罰」の適用がある。

● 訴訟の提起 ──不利益処分を受けた職員は、「審査請求前置主義」がとられているため、人事委員会又は公平委員会の裁決又は決定を経た後でなければ、取消しの訴えの提起ができない。（23出・令4出）

①前置主義──不利益処分を受けた職員は、審査請求前置主義がとられているため、人事委員会又は公平委員会に対して審査請求をすることになるが、「例外として」、①審査請求があった日から3か月を経過しても裁決がないとき、②処分により生ずる著しい損害を避けるため緊急の必要があるとき、③その他裁決を経ないことに正当な理由があるときは、「裁決を経ないで」取消訴訟を提起できる。

②訴訟の種類──人事委員会や公平委員会の「判定に不服がある場合」には訴訟を提起することができる。この訴訟には「処分の取消しの訴え」と「裁決の取消しの訴え」がある。

・審査請求に対する人事委員会又は公平委員会の裁決又は決定を経た後でなければ取消訴訟を提起できないのは、当該「処分の取消しの訴え」と「裁決の取消しの訴え」であり、「無効等確認の訴えではない」。（25出）

③地方公共団体側の関係訴訟——

・出訴の禁止——人事委員会又は公平委員会の審査請求の審査の結果に対して、「任命権者その他地方公共団体の機関側」からはこれを不服として「出訴することはできない」。（25出）

・応訴の場合——人事委員会の判定に基づき職員側から出訴し、第一審裁判所で原判定が取り消された場合には、任命権者その他地方公共団体の機関の側から「控訴（応訴すること）ができる」。

## 28 職員団体

● 職員団体 ——職員団体とは、職員がその勤務条件の維持改善を図ることを目的として組織する団体又はその連合体をいう。（26出・令元出）地方公営企業の職員が結成する労働組合は職員団体に含まれない。（27出）

・「職員団体と労働組合」との連合体、又は「職員団体と国家公務員の職員団体」との連合体は「認められない」。

・職員団体の主たる目的が勤務条件の改善を図るものであれば、副次的に社交的目的、文化的目的、政治的目的などを持つことは差し支えない。（令元出）

○ 組織 ——職員団体の適用等の関係は、次のとおり。

□職員団体の「適用」————（行政職）と（教育職）は、地公法に基づく「職員団体」を結成することができる。

□職員団体の「適用除外」——（警察消防職）と（企業職）は、職員の勤務条件の維持改善を図ることを目的とし、かつ、地方公共団体の当局と交渉する職員団体を「結成」し、又はこれに「加入」することができない。（26出・27出・令元出・令4出）（警察消防職）は他の職員団体に加入することもできない。（令4出）（企業職）は「労働組合」を結成することができる。

□職員団体の「選択」————（単純労務職）は、地公労法、労働組合法及び労働関係調整法が適用されるため、「労働組合」を結成することができるし、地公法に基づく「職員団体」を結成することもできる。（23出・令4出）

○ 主たる職員 ——職員団体は、その主たる構成員が一般職員であればよく、民間企業の労働者などの当該団体の職員以外の若干の非職員の加入は差し支えない。必ずしも当該団体の職員でなければならないわけではない。（23出・27出・令4出）

・若干の非職員には企業職員も含まれるが、「警察職員」と「消防職員」は含められない。（令4出）

・なお、「登録職員団体」となるには原則として「同一の地方公共団体の職員のみによって」組織されなければならない。（令4出）

○ 管理職員等 ——管理職員等の範囲は、地公法に列挙する基準に基づき、人事委員会規則又は公平委員会規則で定められることになっている。（27出）

・管理職員等の職員も管理職等で職員団体を組織することができる。しかし、管理職員等の職員とそれ以外の職員とが、同一の職員団体を組織することはできない。（26出・27出・令元出）

○ オープン・ショップ制 ——職員は、職員団体を結成し若しくは結成せず、又はこれに加入し若しくは加入しない、いわゆる「オープン・ショップ制」が採用されている。（27出）

○ 不利益な取扱い ——職員は、職員団体の構成員であること、職員団体を結成しようとしたこと若しくはこれに加入したこと、又は職員団体のために正当な行為をしたことの故をもって、不利益な取扱いを受けることはない。

・職員が職員団体のための行為をした場合でも、当該行為が「違法」であれば、「職員個人としては免責されず」、不利益な取り扱いを受けることもある。（23出）

○ 交渉者 ——職員団体との交渉に応ずる当該団体の「当局」とは任命権者に限らず、職員の勤務条件に関する権限を委任された者も当局となる。

・「職員団体側」の交渉担当者は、原則として当該職員団体の「役員」でなければならない。

・職員団体は、役員以外の者を交渉に当たる者として指名することができる。例えば、弁護士などを指名することもできる。

○ 交渉手続

□交渉事項——交渉事項は、「職員の給与、勤務時間その他の勤務条件」及びこれに附帯して、社交的又は厚生的活動を含む適法な活動に関する事項である。交渉では「管理運営事項は対象とならない」。

・交渉事項は、登録職員団体であると非登録職員団体であると、全く同じである。（23出）

□交渉時間——交渉では、「適法な交渉」の場合は勤務時間中でも行える。

□予備交渉——交渉では、本交渉前に「予備交渉を行う義務」がある。

・予備交渉で決める「事項」は、交渉に当たる者の「員数」、「議題」、「時間」、「場所」及び「その他必要事項」の「5点」である。

□書面協定——交渉では、法令、条例、規則及び規程等に抵触しない限り、当該団体の当局と「書面協定」を結ぶことができる。職員団体の場合には「団体協約を締結することはできない」。（26出）

□団体協約——交渉では、当局と職員の「労働組合」とが団体交渉の結果、合意に達したときは「団体協約」を締結することができる。

・団体協約と条例の関係——「長」は、地方公営企業において当該団体の「条

地方公務員法

例に抵触する団体協約」が締結されたときは、その団体協約が条例に抵触しなくなるため「必要な条例の改廃の議案を議会に付議し」、議決を求めなければならない。（令4出）

● 職員団体の登録──職員団体の登録は、職員団体が自主的かつ民主的に組織されていることを公証する制度であり、条例で定めるところにより、理事その他の役員の氏名及び条例で定める事項を記載した申請書に規約を添えて、人事委員会又は公平委員会に登録を申請できる。（26出・令元出）

・要件──登録の要件には、規約を定めていること。同一の地方公共団体の職員で構成されていることなどがある。民間企業の勤労者や消防・警察職員の加入する職員団体は登録職員団体となれない。（令4出）
例外として、交渉員として弁護士等を採用することは認められる。

○登録の効果──登録の効果には、次のものがある。

①当局が交渉に応ずる地位に立つ。

・地方公共団体の当局と勤務条件に関する適法な交渉は、登録の有無にかかわらずできる。（23出）

・「登録」職員団体から適法な交渉の申入れがあれば、当局は「交渉応諾義務」が発生する。これに対し「非登録」の職員団体から適法な交渉の申入れがあった場合には、当局が交渉に応じるか否かは任意とされている。（令4出）

②在籍専従職員制度が認められる。

・在籍専従──職員は、「任命権者」の許可を受けて、登録職員団体の「役員」として「もっぱら」職員団体の業務に従事する場合以外は、職員団体の業務にもっぱら従事することはできない。（26出・令元出）

・期間──在籍専従期間は、「通算して7年」である。労働組合の役員として専ら従事したのち人事異動により知事部局の職員となった場合でも通算して7年以内である。

・休職扱い──在籍専従者は「休職者扱い」となり、在籍専従期間中は「給与が支給されず」、また「退職手当期間の算入とならない」。

・身分──在職専従職員も職員としての身分を有するため、職員としての服務規律に従う義務を負う。

③法人格の取得──法人格の取得は、登録職員団体自体の効果としてあるわけではなく、法改正により、非登録の職員団体も法人格を取得できるようになっている。（令4出）

□「登録」職員団体の場合──登録を受けた時は、その登録自体の効果として人事委員会又は公平委員会に申し出ることにより法人格を取得することができる。しかし、「勤務条件に関する措置の要求の当事者になることはできない」。（令4出）

□「非登録」職員団体の場合──登録を受けない職員団体又は混合連合団体は、

規約について認証を受けて、その主たる事務所の所在地において設立の登記をすることによって「法人格を取得できる」。

## ■ 29 罰則

● **罰則の適用**——①平等取扱いの原則の違反者、②任用の根本基準の違反者、③受験を阻害し又は情報を提供した者には「罰則」の適用がある。また服務の義務違反では①秘密を守る義務に違反した者と②争議行為等の違法行為を共謀し、そそのかした者などには「罰則」の適用がある。

● 「主なもの」を挙げると次のとおりである。

[1] **1年以下の懲役又は50万円以下の罰金**

①平等取扱いの原則に違反して差別した場合

・人種、信条、性別、社会的身分若しくは門地によって、又は政治的意見若しくは政治的所属関係によって差別した者は「平等取扱いの原則」に抵触し刑罰の対象となるが、「差別するよう職員をそそのかした者には刑罰規定はない」。

②秘密を守る義務に違反して秘密を漏らした者

・任命権者の許可を受けることなく、法令による証人、鑑定人となり、職務上の秘密に属する事項を発表するようそそのかした場合、懲役又は罰金に処せられる。

③不利益処分に関する審査請求による人事委員会（公平委員会）の「指示」に「故意」に従わなかった者（令3出）は、懲役又は罰金に処せられる。

④退職管理の規定に違反し、「再就職者」が在職していた役所の役職員等に契約事務について不正を働きかけた場合は、懲役又は罰金に処せられる。

[2] **3年以下の懲役又は100万円以下の罰金**

①不利益処分の審査請求の証人喚問等に応じない——不利益処分の審査請求の権限の行使に関し、人事（公平）委員会から証人として喚問を受け、正当な理由なくてこれに応ぜず、若しくは虚偽の陳述をした者又は人事（公平）委員会から書類・その写しの提出を求められ、正当な理由がなくてこれに応ぜず、若しくは虚偽の事項を記載した書類若しくはその写を提出した者は、懲役又は罰金に処せられる。

②任用の根本基準に違反——受験成績、人事評価その他の能力の実証に基づかず、任用の根本基準に違反して任用した者は、懲役又は罰金に処せられる。

③受験阻害等——試験機関に属する者その他職員で、受験を阻害し又は受験に不当な影響を与える目的をもって特別若しくは秘密の情報を提供した者は、懲役又は罰金に処せられる。

④争議行為の共謀等——何人たるを問わず、争議行為等の違法な行為の遂行を

「共謀し」、「そそのかし」、若しくは「あおり」、又はこれらの行為を「企てた者」は、（令3出）懲役又は罰金に処せられる。

⑤勤務条件の措置要求を妨げた者——勤務条件に関する措置要求の「申出」を「故意」に妨げた者は、懲役又は罰金に処せられる。

# 4 行政法

## ■ 1 行政法の法源

● 行政法の法源──行政法の法源とは、一般に法の存在形式をいうものであり、したがって、行政法の法源とは行政の組織及び作用に関する法の存在形式をいう。

○**法源**──法源は、「成文法（制定法）」と「不文法（非制定法）」とに分けることができる。わが国では原則として「成文法主義」をとっている。（22出・26出・令２出）

□**成文法**──成文法とは、法を制定する権限を有する公の機関が文書の形式をもって定立した法をいう。

・成文法源には「憲法」、「法律」、「命令」、「条約」などがある。（令２出）

□**不文法**──不文法とは、成文法以外の一切の法であり、「慣習法」「判例法」「条理」などがある。（令２出）

・**基準**──行政法の法源は、それが「裁判の基準」であると同時に「行政の基準」となる。しかし逆に行政機関の行為規範が必ずしも裁判の基準とはならない。

・例えば、訓令や通達は行政の基準となるが、裁判の基準として裁判所を拘束するわけではない。

■ 成文法源──成文法源には次のものがある。

①**日本国憲法**──憲法は、行政の組織及び作用の基本原則を定める部分は、その限りにおいて行政法の法源となる。憲法は、行政法の法源の中で最上位の成文法源とされる。（令２出）

②**法律**──法律は、国会の議決によって制定され、行政法の法源となる。

③**命令**──命令は、行政権により制定される法の総称であって、政令、省令及び規則などがあり、行政法の法源となる。（26出・令２出）

④**条約**──条約とは、国家間の権利義務を定める約定であるが、原則として国内法として公布・施行され、効力を持つことによって法源としての効力を持つことになる。なお、自動執行的効力を持つ場合は国内法の制定を待たずに法源としての効力を持つ。（22出・26出・29出・令２出）

⑤**地方公共団体の自主法（条例・規則）**──条例・規則は、地方公共団体がその自治権に基づいて定立する法規たる定めであり、行政法の法源となる。（22出・26出・29出）

■ 不文法源──不文法源には次のものがある。

①**慣習法**──慣習法とは、人々の間で多年にわたり行われている慣習が、一般国民の法的確信を得て法規範と考えられるに至ったものであり、行政法の法源の一つとなる。（22出・29出）

・**地方的・民衆的慣習法**──例えば、河川など公水等の引水使用、公有林の入

会使用など関係者が多年の慣習によって一般民衆の間に、法的規範として認められるに至ったものなどがある。

・**行政先例法**——行政実例、訓令、通達による行政庁における取扱事例が、一般国民の間で法的確信に至ったものなどがある。

②**判例法**——判例法は、個別の紛争を解決するに当たるもので、裁判所が一般的に通用する「法を定立するものではない。しかし、裁判において同一の内容の「判決が繰り返されると」、その内容が法として承認されるものであり、これら規範は一種の法源としての効力を持つ。（22出・26出・29出・令2出）

③**条理法**——条理法とは、一般社会の正義心において、かくあるべきものと認められる条理又は筋合いで、法の解釈の基本原理として、かつ法に欠陥のある場合の補充的法源として重要な意義をもつ。

・信義誠実の原則など、一般に正義にかなう普遍的原理と認められる諸原則は、法の「一般原則」又は「条理」と呼ばれ、行政法の法源となる。（29出）

● **法律による行政の原理**——法律による行政の原理には、次の①法律の法規創造力の原則、②法律優先の原則、③法律留保の原則の3つの原則がある。

① **法律の法規創造力の原則**——法律の法規創造力の原則とは、国民に新たに法規を創造できるのは法律のみであるとする原則である。（令4出）換言すれば、法規の創造は議会の専権に属する。行政権は法律の授権がない限り法規を創造することがでないのである。

② **法律優先の原則**——法律優先の原則とは、行政活動は、存在する法律の定めに違反してはならないとする原則である。（令4出）

・法律優先の原則は、形式的な法律の優先にとどまらず、合憲法的法律の優先が求められる。すなわち、行政権に対する法律優先は、それが憲法に適合する限りにおいて認められるということになる。一般に法律優先の原則は、行政権の活動を内容的に限界づける原則といわれている。

③ **法律留保の原則**——法律留保の原則とは、行政活動は、法律の根拠が必要であるとする原則である。（令4出）

・この原則でいう法律とは根拠規範を指しており、行政庁が行政決定をするについては根拠規範が存在しなければならないことを意味する。法律優先の原則が行政作用の「枠」に関する原則であるのに対し、法律留保の原則は行政作用の「根拠」に関する原則である。

○ 「法律留保の原則」には、次の諸説がある。

□侵害留保説とは、国民の権利や自由を制約し、又ははく奪し、義務を課すような行政活動には法律の根拠が必要であるが、それ以外の行政活動は法律の根拠がなくとも独自の判断で活動することができるとする見解である。

・侵害留保説は、現行憲法ではなく「明治憲法の通説として唱えられており」、

行政法

194

現在でも実務はこの考え方がとられている。（令4出）
- □全部留保説とは、民主主義を重視し、国民の「権利義務」の変動を効果させる「一切」の行政活動は必ず法律の根拠必要であるとする見解である。
- □社会留保説とは、国民の生存権の確保を目的として行われる「給付行政」や「授益的行為」であっても、法律の根拠が必要であるとする見解である。
- □重要事項留保説とは、侵害留保説を拡張し、国民の「基本的人権にかかわる重要な行政活動」には具体的な法律の根拠が必要であるとする見解である。（令4出）
- □権力留保説とは、行政活動の「権力的なもの」について法律の授権が必要であるとする見解であり、非権力的な行政活動には法律の授権を必要としないとする見解である。
- ・権力留保説には重要事項留保説の考え方は含まれていない。（令4出）

## ■ 2 行政行為の効力

●「行政行為の効力」には、次のものがある。
[1] **法適合性**──法適合性とは、行政行為は、行政庁がその意思に基づき自由に行うものではなく、法に基づき法に従って行うことを要するもので、内容的にも法に適合することが必要であるとする。
・行政の自由裁量も法の枠内にある。
[2] **公定力**──公定力とは、行政行為は、重大かつ明白な瑕疵ある場合以外は、たとえ違法と考えられる場合でも、「職権」又は「訴訟」で取消されるまで、適法の推定を受けるとする効力をいう。（20出・28出・令2出）
・公定力は、行政行為の相手方はもちろん、裁判所、行政庁その他の第三者にも及ぶ。（20出・25出・28出）
・「重大かつ明白な瑕疵がある場合」には「無効」な行政行為となり、「公定力は認められない」。
・公定力が認められても、国家賠償法とは無関係である。違法行為により損害を受けた者は、争訟を提起しなくても、損害賠償を請求できる。（28出）
[3] **拘束力**──拘束力とは、行政行為は一つの法的行為であり、行政内容に応じ、「相手方」や「行政庁」を拘束し、これを尊重し、遵守しなければならないとする効力をいう。（20出・25出・令2出）したがって、第三者までは拘束しない。
[4] **執行力**──執行力とは、行政行為によって命ぜられた義務を相手方が履行しない場合に、行政庁が「裁判所の判決を得ることなく」、法律（行政代執行法・国税徴収法など）の定めるところにより、相手の意思を問わず、無効を除き、自力で実現し得る効力をいう。（20出・25出・28出・令2出）

・執行力の行政行為には、行政代執行法などの「法律上の授権が必要である」。（28出）

・無効の行政行為には執行力を有しないが、単なる違法の行政行為は公定力を有し、一応有効であるため、執行力も有する。

[5] **不可争力**——不可争力とは、行政行為は一定の法定期間を経過すると相手方からは当該行政行為の効力を争うことができない効力をいう。（20出・25出・28出・令2出・令3出）これを「形式的確定力」ともいう。（25出・28出）

・不可争力は、相手方が訴訟により取消を求めることを拒む力であって、行政庁が職権により、取消又は撤回を行うことはできる。（25出・令2出）

・不可争力は、当然のことながら、無効の行政行為には生じない。

[6] **不可変更力**——不可変更力とは、訴訟などで確認された行政行為は、たとえそれが違法であっても、処分を行った「行政庁自らが」これを取消しあるいは変更し得ない効力をいう。（20出・令2出）これを「実質的確定力」ともいう。（20出）

・**例外的**——不可変更力が例外的に認められるのは、①相手方に権利利益を設定する行為、②審査請求の裁決などの争訟裁断行為（20出・25出・28出・令2出）③訴訟や行政聴聞の決定として行われた行為、④利害関係者の参与によってなされた確認的性質をもった行為に「限られる」。

## ■ 3 行政行為の分類

● **行政行為の分類**——行政行為を分類すると「法律行為的行政行為」と「準法律行為的行政行為」に分類される。

● **法律行為的行政行為**——法律行為的行政行為は「命令的行為」と「形成的行為」とに分類される。

[1] **命令的行為**——命令的行為は、行政行為のうち、国民が生まれながらに有している活動の自由を制限する行為をいい、一定の「作為」、「不作為」、「給付」、「受忍」の義務を課し、あるいは義務を免ずる行政行為である。（令元出）

・**特徴**——命令的行為は、①行政行為のみならず事実行為も対象となる。②義務の不履行には強制執行が行われる。③義務違反に対しては行政罰が科せられるなどの「特徴」がある。

○**分類**——命令的行為には「下命」、「許可」、「免除」がある。

① **下命**——下命とは、特定の「作為」、「給付」、「受忍」を命ずる行為をいい、これに対して一定の「不作為」を命ずる行為を「禁止」という。（令4出）

・**例**——例えば、「作為」には違法建築物の除去命令、租税の賦課処分などがあり、「不作為」には営業の禁止命令、道路の通行止めなどがある。

行政法

- ・作為と不作為——「作為」とは「やりなさい」という行為であり、「不作為」は「やってはいけない」という禁止行為である。
- ・違反——下命の違反は一般的には「無効」とならないが、「統制下命」は無効となる。
- ・作用——下命は、行政行為のみならず事実行為をも禁止し、制限することもある。
- ・不履行——下命の義務の不履行には「強制執行」がなされ、義務の違反には「行政罰」が科せられる。

② 許可 ——許可とは、法令による一般的な禁止（不作為義務）を特定の場合に特定の人に解除し、適法に一定の行為をなすことをなさしめる行為をいう。（22出・令元出・令4出）

- ・例——例えば、運転免許、医師の免許、営業許可、火薬製造の許可などがある。
- ・作用——許可は、何らかの権利を設定するものではなく、「不作為の義務を解除する」にとどまる。
- ・許可がない行為——許可を要する法律行為が無許可でなされれば「強制執行」又は「処罰」の対象となるが、行為そのものは「無効になるわけではない」。（令4出）
- ・違反——許可しないと判断したときは、禁止命令の不許可処分となる。

③ 免除 ——免除とは、法令によって定められた「作為」、「給付」、「受忍」の義務を特定の場合に「解除」する行為をいう。下命と表裏の関係にある行為である。

- ・例——例えば、租税の免除や児童の就学義務の猶予・免除などがある。

[2] 形式的行為 ——形成的行為は、行政行為のうち、国民が生まれながらに有していない特殊な法的地位に影響を与える行為をいい、行政庁が国民に権利・能力を新たに設定し、それを変更、消滅させる行政行為である。（令元出）

- ・特徴——形成的行為は、①第三者に対抗する力を与え又は奪う行為である。②法律行為をなさずに行なった行為は無効となる。③しかしその行為は処罰の対象とならない。

○分類——形成的行為は、直接の相手方のためにする行為（特許）と、第三者のためにする行為（認可と代理）とに分かれる。

① 特許 ——特許とは、国民が本来持っていない特定の権利及び包括的な法律関係を新たに特定人に付与する行政行為をいう。（22出・令4出）行動の自由を法律が定めている要件を満たした人に対して回復するにとどまる許可とは異なる。（22出）特許は「設権行為」とも呼ばれる。

- ・裁量——特許は、国「民に新たに権利や包括的な法律関係を設定する行為であるため、権利を設定する必要があるかどうかについては行政庁に広い裁量

判断が認められる。（令4出）
- 特徴——特許には「設権行為」のほかに、「変更行為及び剥権行為<sub>はけん</sub>」がある。
□設権行為には、道路占用の許可、鉱業権設定の許可、公企業の特許、公有水面埋立の許可、公務員の任命などがある。
□変更行為及び剥権行為とは、いったん与えた既存の権利・地位・能力・法律関係を「変更」し、又は「奪う」行為であり、公務員の転任、罷免などがこれに当たる。
- 違反——「出願」をその前提条件とし、出願の趣旨に反する特許は「無効」である。
- 反射的利益——特許は、単に、「反射的利益に止まる」。
② 認可——認可とは、第三者の契約や合同行為などの、私人間の第三者の法律行為を「補充」して、その法律上の効力を完成しめる行為をいう。（22出・令元出・令4出）
- 例——例えば、農地転用の許可、公共料金の許可、起債の許可、公益法人の設立許可、土地（河川）占用権の譲渡の承認などがある。
- 制限——認可は「法律的行為に限られる」。
- 効果——認可は、公法行為たると私法行為たるを問わない。
- 要件と違反——認可は、対象となる法律行為が有効に成立するための要件であるから、認可を要する行為を認可を受けずになした私人間の合意は、原則として「無効」となる。（22出・令4出）
- 処罰と補充行為——行為者は許可のように処罰を受けない。また認可は、基本たる行為の補充であるから、基本たる行為の不成立又は無効のときは「無効」となる。
- 取消——認可があった後でも、取消すことができる。
- 申請と修正——認可は「申請」に基づくが、申請の「修正」は法律上の根拠がある場合にのみ認められる。
③ 代理——代理とは、第三者のなす行為を、「国など」が代ってなす行為をいう。その結果、第三者自らがなしたのと同じ効果が生ずる。
- 例——例えば、「土地収用のごとく当事者の協議が整わないときに行政庁が代わってする裁定」、「自治法に基づく長の臨時代理の選任」、「滞納による差押さえ財産の公売処分」などがある。
- 法律事由——代理は、「法律に根拠がある場合に限り」行うことができる。

● 準法律行為的行政行為——準法律行為的行政行為とは、判断、認識、観念などの意思表示以外の精神作用の発現を要素とし、行為者（処分庁）の意思とは無関係に、一定の精神作用の発現について法規の定めるところにより法的効果が生ずる行為をいう。

行政法

198

- 要素──準法律行為的行政行為は、行政庁の「意思表示を要素としない」行政行為である。
- 附款──準法律行為的行政行為には、「附款」を附すことが「できない」。
- 裁量──準法律行為的行政行為には、行政庁に「裁量権がない」。

○準法律行為的行政行為には、次の4つの行為がある。

① 確認 ──確認とは、特定の事実又は法律関係に関し、「疑い」又は「争い」がある場合に、公の権威をもってその存否又は真否を確認する行為をいう。
- 例──例えば、当選人の決定、市町村の境界の裁定、発明の特許、建築確認、所得額の決定などがある。
- 判断の表示──確認は、疑い又は争いを確認する「判断の表示」である。
- 不可変更力──確認は、自由にこれを変更できない「不可変更力」を生ずる。

② 公証 ──公証とは、特定の事実又は法律関係の「存否」を公に「証明」する行為をいう。（令4出）
- 例──例えば、選挙人名簿への登録、不動産登記簿への登記、戸籍の記載、犬の鑑札の交付、弁護士・建築士などの登録などがある。
- 認識の表示──公証は、「認識の表示」である。
- 公証は、行政庁の判断を内容とするから確認と共通する要素を含んでいるが、証明書の交付や登録、登記といった形をとる点において、確認と区別される。
- 反証──公証は、公の認識の表示として、「反証」によってのみ覆すことができる公の証拠力を持つ。

③ 通知 ──通知とは、特定人又は不特定多数の人に、特定の事項を「知らしめる行為」をいう。
- 例──例えば、土地収用の告示、納税の督促、代執行の戒告、特許出願の公告などがある。
- 観念と意思──通知は、ある事実についての観念の通知（土地細目の公告通知、特許出願の公告）であることがあり、行為者の意思の通知（納税の督促、代執行の戒告）であることもある。
- 独自の行政行為──通知は、それ自体、独自の行政行為である。
- 効果──通知の効果は、行為者の意思に基づかず、もっぱら「法律」によって生ずる。
- 交付、送達と異なる──通知は、すでに成立した行政行為の効力発生要件の交付、送達と異なる。

④ 受理 ──受理とは、他人の行為を有効な行為として受領する行為をいう。
- 例──例えば、各種の申請、届出、結婚届などの受理があり、受理により法律上の一定の効果が発生する。
- 受動的──受理は、単純な事実たる到達と異なり、受動的な意思表示である。
- 裁量なし──受理は、要件が具備されていれば受理、不受理の裁量の余地は

ない。

・拒否――受理は、「形式的要件を欠く場合」には、受理を拒否できる。

## ■■ 4　行政行為の附款 ■■■■■■■■

● 行政行為の附款 ――行政行為の附款とは、行政行為の効力を制限する意思表示の主たる内容に付加される「従たる意思表示」である。（20 出）

○ 種類

[1] 条件 ――条件とは、行政行為の効果を「発生『不確実』な将来の事実に」かからしめる意思表示である。条件には「停止条件」と「解除条件」がある。（20 出・24 出・28 出・令元出・令 4 出）

□停止条件とは、その条件成就によって行政行為の「効果を生じさせる」場合をいう。（20 出・24 出・28 出・令元出・令 4 出）

□解除条件とは、その条件成就によって行政行為の「効果を消滅させる」場合をいう。（20 出・24 出・28 出・令元出・令 4 出）

・例――会社の設立を条件に鉄道事業の免許を与える場合などがある。

[2] 期限 ――期限とは、行政行為の効果を「発生『確実』な将来の事実に」かからせる意思表示であり、行政行為には期限の到来が確実である「始期」と、期限の到来によってその効力を失う「終期」を付加することができる。（20 出・24 出・28 出・令元出）

・例――日限を定めて、道路の使用を許可する場合などがある。

・期限は、到来時期が確実であるか否かにより「確定期限」と「不確定期限」とに区別され、到来時期が不確定であっても到来することが確実であれば、期限として付することができる。（令元出）

[3] 負担 ――負担とは、行政行為に付随して相手に対して特別の義務を負わせる意思表示である。（20 出・28 出・令元出・令 4 出）

・負担は条件とは異なり、行政の効力の発生を不確実の状態におくものではなく、「負担が履行されない場合でも、当然に無効とならず」、当該行政行為の効力は完全に発生する。（20 出・28 出・令元出・令 4 出）

・負担を履行しない場合には「強制執行」や「行政罰」の対象となるが、負担の不履行を理由に当然に行政行為を「撤回」し得るものではない。

・例――使用料や占用料の納付を命ずる場合などがある。

[4] 撤回権の留保 ――撤回権の留保とは、将来、撤回できることをあらかじめ確認する意思表示である。（20 出・28 出・令 4 出）

・撤回権の留保は、一定の理由がある場合に、当該行政行為を撤回するとする「附款」である。

・撤回権が留保されていたとしても、行政庁は、撤回するだけの「実質的な理

由がなければ」、自由に行政行為を撤回することができない。（20 出・28 出・令 4 出）全く自由にその撤回権が認められるわけではない。（20 出）

・例──貸付けの行政財産を行政使用が生じたときに取消す場合などがある。

[5] **法律効果の一部除外**──法律効果の一部除外とは、法律の効果を一部除外する意思表示をいう。

・法律効果の一部除外は、行政行為をするに当たり、法律がその行為に付した効果の一部を発生させない意思表示をいう。一部除外には「法律の根拠」が必要である。

・例──職員の出張に際し旅費の一部しか支給しない場合などがある。

● **附款の限界**

○附款は、**法律行為的行政行為に限られる。**

・附款は、法律行為的行政行為のみに付すことができ、準法律行為的行政行為には付すことができない。

・法律行為的行政行為であっても、附款は、行政庁が自由かつ無制限に付しえない。行政行為の目的に照らして必要な限度に限られる（比例の原則）。また法の要求している効果を制限する附款は付し得ない。

○附款は、「法令」が附款を付することができる旨を明記している場合と本体の行政行為に「裁量」が認められる場合に、裁量の範囲内で附款を付することができる。（24 出・28 出・令元出・令 4 出）

・すなわち、附款を付す「法令」に「明文の規定がなくても」、行政行為の内容の決定に「裁量権」が認められている場合には附款を付することができる。（24出・28 出）

□**法令で定める場合**には、道路法、火薬類取締法、ガス事業法、地方鉄道法などがある。

□**法令による自由裁量が認められる場合**には、法規裁量であると自由裁量であるとを問わない。

○附款は行政行為の一部であるから「公定力が生ずる」。したがって、附款が違法であっても、一応、有効なものとして取扱われる。

・附款に不服がある者は、行政行為の一部の取消しを求める争訟を提起して附款部分の取消しを求めなければならない。

○附款は、その行政行為の目的に照らし必要な限度に止まらなくてはならず、限度を超えると無効となる。

・附款は、行政庁に裁量が認められている場合にも附款を付することができるが、制限を受ける。目的達成のための必要最小限度を超える制限や一定の行為をなすべき義務を課す場合には、附款を付することができない。（24 出）

○**違法の場合**──附款が違法であるときは、その附款のみの取消しを求めて抗

告訴訟を提起することができ、（24 出）また、当該附款の執行停止を求めることもできる。

・附款が行政処分の本体と「可分」の場合は、附款だけを対象に取消訴訟を提起できるが、「不可分」一体の場合は、附款のみの取消訴訟を求めて訴えを提起することができない。（令元出・令 4 出）
・取消──附款が取消されたときは、附款の付かない行政行為が残る。

○ 　附款と行政行為の効力
■附款に違反した場合には「刑罰」の適用がある。
・附款に違反した場合に、火薬類製造許可条件のように「刑罰」が科せられる場合がある。附款による火薬類製造許可条件などがある。
■附款が重要な要素をなしているか否かによる効力。
□附款が無効であり、附款が重要な要素をなして「いる」ときは、行政行為そのものも「無効」となる。
□附款が無効であり、附款が重要な要素をなして「いない」ときは、附款が無効となるだけで、「附款の付かない行政行為」として効力が生ずる。（24 出）

## ■■ 5　行政行為と裁量

● 　行政裁量　──行政裁量とは、「法律」が行政機関に対し独自の判断の余地を与え、一定の活動の自由を認めている場合のことをいう。「行政裁量は、行政庁に認められる判断の余地であり、裁判所が与えるものではない」。（令 3 出）
● 　羈束行為と裁量行為
□羈束行為とは、法律上の成立要件及び法効果について「一義的明白である」行政行為をいう。（30 出・令 3 出）
・行政行為は、法規に基づいて行わなければならず、その拘束の度合いが法規によって完全に拘束される行為を「羈束行為」という。
□裁量行為とは、法律上の成立要件及び法効果について「一義的明白でなく」、法令が行政庁の判断に委ねる部分を認める行政行為をいう。（30 出・令 3 出）
・区分──裁量行為については、伝統的な学説によれば、裁判所の「審査対象となる」『法規裁量』と、裁判所の「審査対象とならない」『自由裁量』とに二分される。（30 出）
・裁量の有無──「裁量の有無」は、行政行為のうち、「事実認定」、「手続きの選択」、「時の選択」のほか、「目的違背」、「平等原則違反・比例原則違反」などに焦点を当てた上で、それぞれの段階で検討される。（令 3 出）
○裁量権──裁量権には「踰越」と「濫用」がある。
・許容された行政機関の裁量権の範囲内であっても、裁量権の「踰越」や「濫用」がある場合には、行政行為が違法若しくは不当とされることがある。（令 3 出）

行政法

- 行政庁の「自由裁量」に委ねられた事項であっても、行政事件訴訟法第30条の規定に基づき、裁量権の範囲を「超え」又はその「濫用」があった場合に限り、裁判所は、その処分を「取消」ことができるとしている。（30出）

● **要件裁量と効果裁量**──裁量行為は、行政庁の裁量判断が、どの程度の段階で認められるかで、次の「要件裁量」と「効果裁量」に分けられる。

□**要件裁量**とは、法律要件が一義的でない場合に、認定した事実の法律要件へのあてはめに行政庁に選択の余地を認める場合をいう。

□**効果裁量**とは、行政行為の効果に着目して、どのような行政行為を行うかについて選択の余地がある場合に、裁量が認められる場合をいう。

- **判例**──最高裁が「要件裁量」を認めた判例として、米国人「マクリーン」が在留期間の延長について訴えた裁判で、延長申請は、法務大臣が在留期間の更新を適当と認めるに足りる相当の理由があるときに限りこれを許可することができると定めていることから、更新事由の有無の判断を法務大臣の裁量に任せたと判断でき、在留期間の更新は外国人の権利として保障されたものでないことは明らかである。右判断に事実の基礎を欠き又は社会通念上著しく妥当性を欠く場合でない限り、裁量権の範囲であるとした。（令3出）

## ■ 6 行政行為の瑕疵

○ **行政行為の瑕疵**──行政行為の瑕疵とは、①行政行為が法の定める「要件を欠く場合」（違法な行政行為）、又は②「公益に反する場合」（不当な行政行為）で、行政行為の効力の発生を妨げる事情をいう。

- **瑕疵の態様**──行政行為の瑕疵には、①致命的な欠陥を失し、何人もその効力を否定し得る行政行為である『無効な行政行為』と、②欠陥はあるが一応有効なものとして存続し、正当な権限を有する行政庁又は裁判所によって取り消されてはじめてその効力を失う行政行為である『取消すことができる行政行為』とがある。

○ **瑕疵ある行政行為の区別**

□**無効の場合**──行政行為には公定力があり、瑕疵ある行政行為は原則として有効であるが、当該瑕疵が「重大かつ明白」である行政行為の場合は「無効」であるとする。（26出・30出・令3出）

- 無効の行政行為は何らの法律上の効力を生じえない行為であるから、直接裁判所に訴えて効力を争うことができる。（26出）

□**取消の場合**──取消すことができる行政行為は、取消権限のある機関によって適法に「取消されない限り」当該行政行為は「有効」であるとする。（26出）

● **行政行為の瑕疵の諸問題**──諸問題として、次の5つがある。

[1] <mark>違法性の承継</mark>──違法性の承継とは、先行処分と後行処分が一連の関係がある場合には、先行処分の違法性は後行処分に承継されることをいう。したがって、先行処分の違法を理由に後行処分の効力を争える。（22 出）

・例えば、農地買収計画が違法を理由に、これに基づく買収処分を違法とする場合で、違法性が「承継される」。

・例えば、税の差押と公売処分の場合も、違法性が「承継される」。

・例えば、租税の賦課とその滞納処分のような場合には、違法性が「承継されない」。

[2] <mark>違法行為の転換</mark>──違法行為の転換とは、本来は違法又は無効な行為であるが、別の行政行為として捉えれば要件を具備している場合にこれを有効なものとして取扱うことをいう。（令 3 出）

・例えば、死者に対する鉱業許可は、相続人に対してなされたものとして有効である。

[3] <mark>瑕疵の治ゆ</mark>──瑕疵の治ゆとは、行政行為がなされたときには「瑕疵が存在していた」が、その後の事情の変更又は追完によって要件が充足され、瑕疵がなくなった場合に、当初から適法な行政行為とみなされる。（30 出）

・瑕疵ある行政行為が、その後の事情の変化によって欠けていた要件が実質的に充足され、処分をあえて取消には値しないと考えられる場合には、違法の瑕疵がもはや治癒されたとして、当該行政行為を適法扱いする余地がある。（26 出）

・例えば、買収計画の公告に軽微な瑕疵がある場合、又は縦覧期間の日数が足りなかった場合には、買収処分を争えるが、その後買収に不服申立てがないときは「有効」とみなされる。

[4] <mark>行政行為の不存在</mark>──行政行為の不存在とは、行政行為がその成立要件を欠く場合をいう。

・例えば、行政機関の内部的意思決定はあるが、行政行為が未だ外部に意思表示されていない行為などがある。

[5] <mark>事実上の公務員</mark>──公務員のすべき行為を「公務員でない者」がなした行政行為の効力は無効であるが、行政行為の相手方の信頼を保護する必要があるときは、事実上の公務員の行為として有効と解される場合がある。（22 出・26 出）

## ■ 7 無効な行政行為

○ <mark>無効な行政行為</mark>──無効な行政行為である場合、何人もこれに拘束されることなく、「無効として無視することができる」。無効確認の請求を裁判所に提起する場合は、無効であるか否かが明確でないときであり、この場合は、

裁判で無効確認の手続を経た上で、行政行為の無効を主張することができることになる。(28出)

○ <mark>無効な行政行為は、次の特色を持つ。</mark>

・瑕疵——無効な行政行為とは、「重大かつ明白な瑕疵」がある行政行為を指す。すなわち、行政に内在する瑕疵が重要な法規違反であるか、瑕疵の存在が外観上明白であることを要する。(22出)

・行為——「心神喪失」、「脅迫」による行為は『無効』であるが、「詐欺」、「強迫」、「賄賂」による行為は『取消』の対象となる。

・根拠——無効な行政行為は、法の明示の有無にかかわらず認められる。

・効力——無効な行政行為は、行政庁又は裁判所の判断を待つまでもなく、無効である。

・排除——無効な行政行為は、審査請求の前置や出訴期間の制限が排除される。

・争力——無効な行政行為には、不可争力が認められない。(22出)

・出訴——無効な行政行為は、その利益がある限りいつでも出訴することができる。(22出)

○ <mark>瑕疵ある行政行為の区別</mark>——無効な行政行為には、次の4つがある。

■**主体**に瑕疵がある場合

①権限がない者が代理者として行った行為は「無効」であるが、相手が信ずる理由があるときは「有効」とされる。

・公務員でない者がなした行為でも第三者に対しては有効である。

・「無権限」の行政庁が行った行政処分は、原則として「無効」な行政行為である。(28出)

②公務員でない者が外見上公務員として行った行為は理論上「無効」であるが、行政秩序の安定性などから第三者に対しては「有効」にする場合がある。(19出・22出・28出)相手方が信頼するだけの相当の理由があるときは事実上の公務員の行為として「有効」とされる余地がある。

③合議機関の行為で適法な招集を欠く場合、定足数を欠く場合、欠格者を参加させた場合は、重大な瑕疵ある機関行為として「無効」である。

④「錯誤」による場合は、当然に「無効又は取消とはならず」、外部から認識される場合には錯誤を正し、正しい内容のものとして効力が生じ、外部に認識し得ない場合には表示により判断される。

⑤「裁量権の濫用」は違法となり、裁判の対象となるが、「無効」な行政行為ではない。

■**内容**に瑕疵がある場合

①事実上実現「不可能」な内容の行政行為、内容が「不明確」な行政行為など、その瑕疵が重大かつ明白な行政行為は「無効」である。(28出)ただし、単に内容の違法な行為は原則として「取消し」えるにとどまる。

②「死亡者」に医師免許を与えるなど、存在しない人を相手方とする行為は原則「無効」である。

③「死亡者」を所有名義人とする農地買収処分は「無効」な行政行為であるが、ただし、特段の事情がない限り「瑕疵の転換」により、当該処分を相続人に対する処分と見た場合には瑕疵がないため「有効」となる場合がある。(22出)

④行政行為の内容が「不明確なとき」は、その行政行為は「無効」である。買収すべき土地の範囲を明確にしない農地買収処分と同じである。

■手続に瑕疵がある場合

①利害関係人の保護を目的とするときに、その手続を踏まない行為は「無効」であるが、単なる便宜上の場合は「有効」である。

②手続上の「瑕疵」があっても、その瑕疵が処分の内容に「影響を及ぼしうる性質のものでないとき」には、取消事由又は無効事由とならない。(26出)

③諮問が、利害関係人の立場を保護する見地からその者の「意見を聴く」場合に、諮問を欠くと「無効」となるが、単に行政目的を適切ならしめる諮問はこれを欠いても無効とならない。

・判例──最高裁は、手続に関する瑕疵の効果で、その手続が、相対する利害関係人の利害の調整を目的として、利害関係人の権利又は利益を「担保」する場合は、その手続を欠く行為は原則として「無効」であり、その手続が単に行政の円滑かつ合理的な運営の参考に供する場合には、当然に無効ではない。温泉動力装置許可処分取消請求事件の温泉審議会の意見聴取は、処分の内容を適正にするためであり、利害関係人の利益の保護を目的とするものではないため、当該許可処分は「有効」であると、判示した。(19出)

④利害関係に不服申立て機会を付与するために、公告又は通知を要件としている選挙人名簿の縦覧、滞納処分の前提としての「督促を欠く」ときは原則として「無効」であるが、その公告等が軽微な瑕疵があるにとどまるときは、瑕疵が「治癒」される場合がある。

■形式に瑕疵がある場合

①行政行為は、一般に不要式行為であるが、法令により、行政行為を「書面」により行うことが義務付けられている場合に、行政行為が「口頭」でなされた場合には、当該行政行為は「無効」である。(19出・26出・28出)

②「署名捺印を欠く行為」は「無効」、それが権限ある行政庁の行為であるときは「有効」である。

③「理由の記載を欠く場合」は「無効」、理由が不備であるに止まるときは「無効とならない」。

・判例──最高裁は、「更正処分」における「附記理由の不備」に対する瑕疵は、後日、審査裁決において処分の具体的根拠が明らかにされたとしても、当該瑕疵は「治癒」されないとした。(30出)

行政法

7　無効な行政行為

## ■■■ 8　行政行為の取消 ■■■■■

● ■行政行為の取消■——行政行為の取消とは、有効に成立した行政行為の効力を、行政行為の成立当初に「違法」又は「不当」があることを理由として、その効力を失わせる行為をいう。（24出・27出・令3出）

・権者①——瑕疵ある行政行為の取消は、「正当な権限を有する行政庁」又は「裁判所」のみが行える。（21出）

・権者②——「正当な権限を有する行政庁」とは「処分庁」及び「監督庁」をいう。「裁判所」は訴訟の提起があった場合に取消をすることができる。

・期間経過——取消には「不可争力」が認められることから、法定期間経過後は、訴訟によって争うことができない。

○職権と請求——取消には「請求」による場合と「職権」による場合がある。

□請求の場合——「請求」による取消は審査請求による場合を指すが、これらの場合には処分庁又は監督庁以外の機関をその「裁決庁」とすることがある。

□職権の場合——「職権」による取消は、適法性の回復又は合目的性の回復のためであり、法律の特別の根拠は「必要でない」とされる。（27出）

・ただし、行政庁は、不可変更力の生じた行政行為については、職権によって取消すことができない。

・法の根拠を必要としない——瑕疵ある行政行為については、法規違反（違法）であると公益違反（不当）であるとを問わず、原則として取消すことができ、その取消には「法の根拠の有無を問わない」。

○ ■制限（条理上の制限）■——行政行為がされると、それを基礎としてその上に新しく法律秩序が形成されるため、行政行為の成立に「瑕疵」があるという理由で「無条件」に取消すことはできない。「取消権」には「条理上の制限」があり、その制限には、次のものがある。（21出・24出）

①取消が利益侵害なるとき——「授益的処分」や「複効的処分の取消」には、条理上の制限が働く。（21出）

②公益の利益を害するとき——公共の福祉を害する場合には自由に取消されない。この場合、「事情裁決」が認められる場合がある。

・取消関係——授益的な行政行為を行政庁が職権で取消すと相手方に不測の損害を与える可能性がある。取消の必要性があっても、その必要性が国民の既得権益の保護を超えるだけの「緊急性」を持つ場合でなければ、原則として取消されない。（27出）

・遡及関係——授益的処分の取消は、相手方の信頼を侵害し不利益を及ぼすこととなるため、授益的処分の取消しの効果は「過去に遡及しない」が、全て将来に向かってのみ生じるわけではなく、「相手方に責めがあれば遡及する」。（27

出）

③訴訟や関係人の確認があるとき——争訟の手続を経た裁決又は決定は、特別の規定がない限り、違法であっても取消されない。一定期間内に争訟手続によってのみ取消される。

・手続——取消は、「職権」又は「請求」に基づいて取消すことができるが、ただし、「不可変更力」の生じた行政行為は「職権で取消されない」。「職権」に基づく場合は、一定の機関又は利害関係人の意見を聴くなど、手続上、一定の制限を定めている。

・効果——瑕疵ある行政行為の取消は、その効果は、原則として行政行為成立時に「遡って」効力を失わせる。（21出・24出・27出・令3出）ただし、取消の原因が当事者の責め（詐欺その他不正手段による場合等）に帰すべきときには、既往に遡らない場合もある。

## 9　行政行為の撤回

○　行政行為の撤回——行政行為の撤回とは、その成立に「瑕疵のなく成立した行政行為」の有する持続的効力について、後発的な事情の変化により、公益上その効力を存続せしめない「新たな事由」が発生したため、その効力を失わしめる行為をいう。（21出・24出・27出・30出・令3出）

・権限——撤回権は、「処分行政庁のみ」が有する権利である。「監督庁」は、法令に定めがあるときに限り撤回ができる。（24出）「裁判所の撤回はない」。

・法の根拠を必要としない——撤回は、①公益上の必要があるとき、又は②処分の相手方に法律違反の行為などがあった場合で、「法の根拠の有無にかかわらず」、自由に行える。（21出）

・制限——行政行為が行われたときは、それに基づきその上に新たな法律秩序が形成されるため、無限に撤回の自由を認めることは既成の法律秩序を侵害することになり、その撤回権には「一定の制限」がある。「制限」には、次の2つの場合がある。

> □権利利益の「制限」や「不利益」を課している撤回・・・『自由である』
> □権利利益の「付与」している撤回・・・・・・・・・・・『自由でない』

①権利利益の『制限』や『不利益』を課する侵害的行政行為の撤回は、原則として「自由である」。（24出）

・侵害的行政行為である場合も、行政庁は、撤回を認める明文の法律の規定の有無にかかわらず、原則として自由に行うことができる。（24出・27出）ただし、「確定力（不可変更力）」を備える場合などでは自由でない。

②権利利益を『付与』する授益的行政行為の撤回は、原則として「自由でない」。

208

- ・取消権の留保——行政行為の附款として取消権を留保している場合でも、単にそれが「例文」に止まる限り、それを理由として無条件の撤回は許されない。
- ・撤回できる場合——授益的行政行為の撤回は原則として自由でないが、「例外」として、相手方の同意のある場合、相手方の責めに帰すべき事由による場合、正当な補償をした場合には撤回することができる。
- ・法の根拠——授益的行政行為の撤回の場合も、「法律の根拠は不要である」。
- ・損失補償——授益的行政行為において公益上その撤回を必要とするときは、公用収用の場合に準じ、相当の損失補償が必要である。
- ・聴聞手続——授益的行政行為の撤回は、行政手続法によれば、正式の「聴聞」手続を経なければならないとされている。
- ・撤回手続——撤回の手続は「法定されていない」。
- ・前行政行為と抵触——撤回は、法律上別段の制限がない以上、前の行政行為と抵触する行政行為がなされることによって、前の行政行為が撤回されたものと認められることがある。
- ・手続要件——撤回の可否で、「公開の聴聞や弁明の機会の付与等の手続」を経ることを要件とする場合がある。
- ・効果——撤回は、取消の場合と異なり、その性質上当然に、ただ「将来に向かってのみ」、その効力が生ずる。(24出・27出・令3出)

## ■ 10 行政機関

- ● 行政主体——行政主体とは、行政上の権利・義務の主体、すなわち、行政を行う権能を与えられた法主体をいい、行政活動の担い手となるものをいう。(令3出)
- ・行政主体の具体例としては、国と都道府県、市町村などの地方公共団体がこれに当たる。独立行政法人も行政主体としての性質を持つ。
- ● 行政機関——行政機関とは、国、地方公共団体などの行政主体のために意思決定を行う機関をいい、法律により一定の範囲の権限と責任が与えられ(24出・令元出)、権利義務と密接に関係ある機能を担当する機関もあるが、機関そのものは原則として「法人格を有しない」。(24出)
- ○ 行政機関の種類——行政機関とは、「行政主体」の実際の活動を執り行うものである。行政機関には行政庁、諮問機関、参与機関、監査機関、執行機関、補助機関の6種類がある。(令3出)
- [1] 行政庁——「行政庁」とは、国又は地方公共団体の「行政主体」の法律上の意思を決定し、当該意思を「外部に表示する」権限を持つ機関をいい、(21出・24出・27出・29出・令3出)特に行政庁を行政官庁という。
- ・各省大臣、知事及び市町村長はいずれも行政庁である。(29出)

○行政庁は、法律により権限を与えられた「自然人（独任制）」又は「自然人の合議体（合議制）」の場合がある。（24出）

□行政庁の「独任制」には、各省大臣、知事、市町村長などの通常の行政庁がある。（21出・27出）

□行政庁の「合議制」には、公正取引委員会、行政委員会などがある。（21出・令3出）

[2] 諮問機関——諮問機関とは、行政庁から「諮問」を受けて意見を具申する行政機関をいい、諮問機関の意見具申は行政庁を「法的に拘束しない」。（21出・24出・27出・令元出・令3出）

・例として、各種の審議会や公務員制度調査会などが該当する。

[3] 参与機関——参与機関とは、中立公正な行政が必要な領域や専門技術的な判断が必要な行政分野に関し設置される合議制の機関であり、行政庁の意見を拘束する議決を行う行政機関でもあり、その参与機関の議決は、行政庁の意思決定を「法的に拘束する」。（21出・24出・29出・令3出）

・例として、電波監理審議会、検察官適格審査会などが該当する。

[4] 監査機関——監査機関は、行政機関が他の行政機関の事務や会計の処理を検査し、その適否を監査する機関である。（21出・27出）

・会計検査院は、憲法自体によって認められた行政機関で、内閣に対して独立の地位を有する独立行政機関である。人事院・行政委員会も独立行政機関に位置づけられるが、会計検査院は、内閣の統制下になく、国家行政組織法の適用を受けないなどの点で、他の独立行政機関とは区別される。

[5] 執行機関——執行機関とは、行政目的の実現のために必要な実力を行使する事務吏員（機関）である。（21出・24出・27出・令元出）

・この意味での執行機関は、自治法上の執行機関の観念と異なる。

・例として、滞納処分を行う収税職員、警察官、検察官、自衛官、海上保安官、徴税職員、消防職員などが該当する。（21出・27出・令元出）

[6] 補助機関——補助機関とは、行政庁その他の行政機関の職務を補助するために、「日常的な事務」を遂行する事務次官、局長、課長から「常勤の一般職員」や「臨時的に任用される職員」などがこれに当たる機関である。（29出・令元出・令3出）

● 行政庁の権限——行政庁の権限とは事務処理の責任範囲のことである。行政機関の中で最も重要な行政庁の権限は、法令上、行政主体のためにその意思を決定し、表示することのできる範囲をいう。

・権限の配分により、各行政庁は、配分の権限に属する範囲において行い、他の行政庁はその行為をすることができず、また行政庁がその権限に属する範囲で行った行為は、「行政主体の行為」として他の行政庁を拘束する。（令元出）

○ 行政庁の権限の代行——行政庁は、その権限の全部又は一部を例外的に

他の機関に行使せしめることがある。これを行政庁の権限の「代行」という。

・その代表的なものに「権限の代理」「権限の委任」「専決・代決」がある。

[1] 　権限の代理　——権限の代理とは、行政庁の権限の所在それ自体には変更させないで、その権限を他の者が「本来の行政庁の権限として代理行使し」、その行為は「被代理庁の行為」として効果が生ずる場合をいう。（23出・令元出・令4出）

・処理——代理は、その事務を「被代理庁」の名と責任で処理する。

・監督関係——代理は、被代理庁の行為として行われるため「監督関係が生ずる」。

○代理の方法——権限の代理には、「法定代理」と「任意代理（授権代理）」がある。

□法定代理は、「法定事実の発生」によって当然に代理関係が生ずる。（23出・令元出）法律に根拠がある場合に代理し、法律で定めるものを除き、被代理庁の指揮監督権が及ぶ。

□任意代理は、本来の行政庁の「授権」によって代理関係が生ずる。（23出・令元出）

・任意代理の場合、「法律の根拠を要しない」。

・任意代理の場合、本来の権限を有する行政庁が授権行為を行うことにより代理関係が生じるが、指揮監督権はもとの行政庁に残っている。（令4出）

[2] 　権限の委任　——権限の委任とは、行政庁が自己の意思により、「法律の根拠がある場合に」、行政庁の権限を他の行政機関に委任（委譲）して行わせることをいう。（23出・令元出・令4出）法律に根拠がない場合に条例で行うことはできない。（令4出）

・自治法153条は、長がその権限の一部を職員や下級の行政庁に委任することを認めている。

・権限の一部——権限の委任は、行政庁の権限の「一部」を委任することは認められるが、行政庁の権限の「全部」又は「主要な権限部分」を委任することは認められない。（23出・令4出）

・委任の特徴——権限の委任によって、当該権限は受任機関へ委譲され、委任機関は当該権限を「喪失」し、引き続き当該権限を行使することはできない。（令元出）

・処理——委任された事項は、受任者が「自己の名と責任」で権限を処理する。

・再委任の禁止——権限の委任は、原則として第三者に「再委任することは許されない」。

・指揮監督権——権限の委任が補助機関又は下級行政庁に対してなされた場合にも、委任庁は、本来これらの機関を指揮監督する地位にあるから、「委任事務についても指揮監督権が及ぶ」。

・訴訟——委任事務に対する抗告訴訟に対しては、「受任庁」が「被告」となる。

[3] 　専決・代決　——行政庁の補助機関が、行政庁の名においてその行政庁の権限を行使する場合、その内容をあらかじめ示された条件で処理することを

『専決』といい、(23出)緊急を要する案件で処理することを『代決』という。
- **内部的委任**——「専決」・「代決」とも、本来の行政庁が補助機関に決裁の権限をゆだねるものであり、対外的には「当該権限を有する本来の行政機関の名で」権限が行使される。(23出・令元出・令4出)

## ■ 11 行政契約

○ **行政契約**——国や地方公共団体などの行政主体が、行政目的を達成するために締結する契約であり(27出)、その活動の過程において締結する契約を総称して「行政契約」という。(20出・24出)
- **反対方向の合致**——行政契約は、対等の当事者間の「反対方向」の意思表示の合致により成立する行為である。(20出)
- **合同行為**は、複数の当事者の「同一方向」の意思表示の合致により成立するものであり、行政契約とその性質が異なる。(20出)
- **非権力的行政**——行政契約は、「非権力的行政」である。(27出・令4出)
- **法の有無**——行政契約には、必ずしも「法律の根拠を必要としない」。(20出・24出・27出・令2出・令4出)
- **私法の適用等**——行政契約は、原則として民法や商法の適用があるが、公法上の契約の場合には民法や商法の規定が全面的に適用されるわけではない。ただし、民法や商法の規定に抵触する内容であってはならない。(20出)
- **行政裁量**——行政契約は、行政処分を行う場合と同様に「行政裁量」が認められるが、契約締結に当たって、「平等原則」や「比例原則」などの法の一般原則に従う必要がある。(20出・27出)
◇ 「平等原則」は、憲法14条を根拠とし、行政が国民を合理的な理由なく差別することを禁じる原則である。
◇ 「比例原則」は、目的達成のために必要な場合に、目的と手段のバランスを要請する原則である。
- **行政手続法**——行政契約には、「行政手続法の適用はない」。

● **公法上の契約と私法上の契約**——行政契約では、契約当事者の双方が「行政主体」である場合にも、「公法上」の契約もあれば、「私法上」の契約もある。(24出)
■ **公法上の契約**は、公法的効果の発生を目的とする複数の対等の当事者間の反対方向の意思表示の合致によって成立する。
- **法律の根拠**——公法上の契約には、行政主体相互間の契約の学校事務の委託、土地収用に係る私人相互間の公法上の契約など、「法律の根拠を必要とするものがある」。

行政法

- **公共の福祉**——公法上の契約は、私法の原則がそのまま適用されず、私法は公共の福祉を保護する見地から制限を受ける場合がある。
- **法の適用**——行政契約を巡って争いがある場合、「公法上」の契約の場合は「行政事件訴訟法」の定める手続により訴訟を提起でき、「私法上」の契約の場合は、「民事訴訟手続」により訴訟を提起できる。（令2出・令4出）
■**私法上の契約**とは、国又は地方公共団体が、行政執行のために必要な物品等を入手する契約を「私人」との間に締結する契約をいう。
- **事例**——私法上の契約には、物品納入契約、建築請負契約などがある。（27出）
- **私法の適用**——物品の調達に係る売買契約など私法上の契約の場合には民法の契約法理が適用される。（27出・30出）しかし、公金を使用することから、契約の公正と確実性を期するために、競争入札の原則、契約書の作成等に関して特別の規定が置かれている。
- **民法の適用**——普通財産の貸付・交換・売払いには私法契約として民法が適用されるが、住民から信託された財産であるから「特則」が存在する。

● **行政契約の種別**——行政契約には、①「行政主体相互間の契約」、②「行政主体と私人間の契約」及び③「私人相互間の契約」がある。
□ **行政主体相互間での契約**——行政主体間の行政契約には、次のものがある。権限の委譲を伴う契約には「法律の根拠」を必要とする。
○行政主体間相互間にも、「公法上の契約」があれば「私法上の契約」もある。
　①市町村間で行う学齢児童の教育事務の全部又は一部の委託
　②市町村の境界に係る道路・河川の管理費用の分担に関する市町村相互間の協議
　③他の市町村区域内に公の施設を設置する際の協議
　④他の行政主体の公の施設を自己の地方公共団体の住民に利用させることの協議
　⑤事務の一部委託に関する協議
　⑥職員の派遣に関する協議
□ **行政主体と私人との間の行政契約**——行政主体と私人の間の契約においても、「公法上の契約」があれば「私法上の契約」もある。
- **個別法**——行政主体と私人との間で締結される行政契約は、私人間の契約と同視されず、「個別法」の規定により、契約自由の原則に修正が加えられる場合がある。（24出・令2出・令4出）
- **非権力的**——行政主体と私人との間の契約は、「非権力的な行政活動」であるとされ、私人と対等な立場で経済取引をする場合などがある。（令4出）
- **訴訟提起**——行政契約の一方の当事者である私人が、契約違反に対して訴訟を提起する場合には、「民事訴訟」を提起することになる。（30出）

○行政主体と私人との間の契約には、具体的に次のものがある。

①**行政サービス提供に関わる契約（給付契約）**——公共施設や公共企業の「利用」や「補助金」などの交付等に関する契約がある。「給付行政」のためにする契約ともいわれる。（20出）

・例外——「国が行う補助金の交付決定」は、行政契約にあたらない。（令2出）

・私法上契約——国又は地方公共団体が経営するバス、病院、水道などの利用関係のほか、図書館、体育館、公会堂、市民会館等の利用関係は「私法上の契約関係」である。

・給付提供①——給付行政におけるサービスの提供は、サービス利用者ごとに異なる契約がなされるが、行政契約も行政作用の一形態であるため、一般原則である「平等原則」などの適用がある。（30出）

・給付提供②——給付行政におけるサービスの提供は、公平かつ確実に行われる必要があり、行政契約の締結の義務を行政主体に課すこともできるとされる。（24出）

・給付提供③——給付行政におけるサービスの提供には、「契約自由の原則」が適用されるが、給付義務がある水道、ガス、電気、バスなど契約内容が生活必需的なサービスである場合には、行政主体が行政契約の締結を強制されることもある。したがって、これらの申込みを正当な理由なく拒むことはできない。（30出）

②**行政の手段調達のための契約**——この契約には、自治体契約（物品納入や公共事業請負の契約）、公共用地調達のための契約、その他の公用負担契約、公務員の雇用契約などがある。

③**財産管理のための契約**——この契約には、自治体の公有財産のうちの普通財産の貸付けなどのための契約がある。また行政財産は許可の形式がとられる。

④**規制行政の手段としての契約**——規制（侵害）行政の分野にも、領域によって「行政契約の方式が採用される場合」がある。最も著名な例として「公害防止協定」がある。（20出・24出・27出・30出・令2出）

⑤**報償契約**——報償契約とは、自治体と「ガス・電気・鉄道会社」のような公共的・独占的企業との間で締結される契約である。

⑥以上のほか、「開発協定」（自治体と宅地開発事業者との公共施設の整備等に関する契約）、「和解」（公共事業の実施に関する自治体と住民間の和解協定）などがある。

□ **私人相互間の行政目的のための契約**——「私人相互間」の契約には、土地の所有者等関係人の合意で環境を保全する「建築協定」、「緑地協定」、「景観協定」などの契約手法による自主的規制がある。これらの協定が発効するには、行政庁の認可が必要とされる。

・私人相互間の行政目的の契約には、起業者と土地所有者との間の土地収用の

行政法

協議もある。

## ■ 12　行政指導

● **行政指導**──行政指導とは、相手方の任意を前提とする事実行為であり、行政機関の任務又は所掌事務の範囲において行う作用をいう。（令元出）

・**根拠**──行政指導は、法律の根拠を必要としない。ただし、実定法に根拠を置くものが多い。

・**行政手続法①**──行政指導の一般的なあるべき姿を明示した「行政手続法」がある。

・**行政手続法②**──行政手続法では、行政指導に携わる者は、その相手方に対し行政指導を口頭で行うこともできると定めている。（25出・令元出）

・**行政手続法③**──行政手続法では、行政指導に携わる者は、その相手方に対して当該行政指導の趣旨及び内容並びに責任者を明確に示さなければならない旨を定めている。（令元出）

・**事実行為**──行政指導は、単なる事実行為である。（事実行為には勧告、指導、助言などがある）

・**行政行為に当たらず**──行政指導は、事実上の作用であって「行政行為に当たらず」、したがって、「公定力も有しない」。

・**法令遵守**──行政指導は、法に違反して行われてはならない。ここでの法とは、制定法に限られず、法の一般原則である平等原則や比例原則も含まれる。（22出）

○ **分類**──行政指導は、次の3つに区分される。（令3出）

①**助成的行政指導**──助成的行政指導には、保健指導、農業指導などがある。（22出・25出）

・助成的行政指導とは、国民に対し情報を提供し、国民の活動を助成するために行うものである。保健師が妊産婦に対して行う保健指導、被介護者に対する生活指導、中小企業者に対する経営指導、知識や情報を提供する行政指導などがある。（令3出）

②**調整的行政指導**──調整的行政指導には、企業の合併指導などがある。（22出・25出）

・調整的行政指導とは、国民間の紛争に行政が介入することでその解決を助成するために行われる行政指導をいう。（令3出）

③**規制的行政指導**──規制的行政指導には、建築物違反の指導などがある。（22出・25出）

○**根拠法の要否**──上述のいずれの指導も、「行政行為と異なり」、法律の根拠を「必要としない」が、「権力的な規制」を行う場合には法律の根拠を「必要

とする」という見解もある。（22出・25出・令3出）だが、規制的行政指導においても、「常に」「法律の根拠」を必要とするものではない。（令元出）
・行政手続法も、行政指導に法律の根拠を必要としていない。
・**方法**──行政指導は、書面のほか口頭でも行うことができる。（22出）
・行政指導を口頭で行う場合において行政指導に携わる者は、相手方から行政指導の趣旨や内容等を記載した書面を求められた時は、「行政上特別の支障がない限り」書面を交付しなければならない。（令3出）
・**非権力的**──行政指導は、原則として「法的強制力」や「法的拘束力」をもたない非権力的行為である。（令3出）
・**範囲**──行政指導は、相手方に対して強制力を持つものではないため、行政機関がその任務又は所掌事務の範囲を超えて行うことは許されない。（25出）
・**協力要請**──行政指導は、行政庁による事実上の協力要請といえるため、行政庁が「要綱」を定めた場合でも、相手方は行政指導に従う義務を負わない。（22出）
・**申請関連**──申請に関連する行政指導については、行政指導に携わる者は、申請者が「行政指導に従う意思がない旨を表明したにもかかわらず」、行政指導を継続するようなことがあってはならないとしている。（令3出）
○ **訴訟との関係**──行政指導は「単なる事実行為」にすぎず、行政処分ではないため、原則として「行政事件訴訟法の対象とならない」が、最高裁が行政指導について、取消訴訟の対象となる「処分性」を認めたこともある。（22出・25出・令元出）
・**判例**──最高裁は、平成16年に、検疫所長による食品衛生法違反の通知について、通知の結果として関税法上の輸入許可が得られなくなるという法的効力を有するものとして、「抗告訴訟」の対象となる行政処分に当たると判示している。（令元出）
・**判例**──宅地開発に関する指導要綱で、行政指導に従わぬ者に、「水道」の供給をしない定めは水道法に「違反」する判例がある。
・**損害**──行政指導は、原則として「国家賠償法」の対象とならないが、行政指導が違法の場合には国家賠償法の対象となる場合がある。

# 13 行政調査

● **行政調査**──行政調査は、行政機関が行政目的を達成するために必要な情報を収集する活動であり、法律上、「報告の徴収」、「資料提出の請求」、「立入検査」、「質問」、「臨検検査」のほか、「物件の収去」も含まれる」。（令4出）
○ **行政調査の種類**──行政調査には、特定の行政行為のために行われる「個別調査」（所得の質問検査等）と、一般的な目的のために行われる「一般調査」

（国勢調査等）がある。

○ **行政調査の法的規制**──行政調査には、相手方の任意の協力を得て行われる「任意調査」と、相手方の抵抗を排除して行う「強制調査」「間接強制的調査」とがある。

□ 任意調査は、「行政組織法上の根拠」があればよく、特に「法律の根拠を必要としない」。（令4出）

□ 強制調査とは、相手方の抵抗を排除して実力を行使するものであるから、「法律による行政の原理」に基づき、「法律の根拠を必要とする」。

□ 間接強制的調査は、間接であっても、「罰則」を担保として相手方に調査を強いるものであるから、「法律の根拠を必要とする」。

○ **行政調査の手続要件**──行政調査には、調査に先立って一定の手続を必要とする場合がある。憲法35条が定める「令状主義」は一般に行政調査には適用されないが、実質的に刑事責任追及に直接結びつくような場合には、調査に先立って令状が必要となる。

・罰則により調査の実効性が担保されている場合で、緊急を要するときでも、「比例原則」が厳格に及ぶものと解され、相手の抵抗を排除するための実力行為は認められない。（令4出）

・令状主義との関係──法律に根拠があっても、所得税賦課のための行政調査において刑事責任を追及する目的でない場合には「令状主義は適用されない」。

・携帯──行政調査に身分証明等の携帯や提示を定めるものがある。

○ **行政調査の利用**──行政調査は、行政決定のために認められるものであり、他の行政目的に用いることは、「法令の定めがない限り許されない」。

・例えば、税務調査と犯則調査とでは、調査の目的、手続、組織上の権限が異なることから、犯則事実を発見するために税務調査を行うこと、反対に、更正、決定を行うために犯則調査の権限を用いることは許されない。

○ **行政調査の瑕疵と行政行為の瑕疵**──行政調査と行政行為は、相対的に独立の行為であり、特に調査を必要とせずに行政行為がなされる場合があるから、一般的に、行政調査の違法は当然には行政行為の違法を構成しない。しかし調査の違法性の程度のいかんによっては、行政調査の違法が行政行為の違法を構成する場合もあり得る。

● **判例**

■自動車検問の適否──最高裁は、「自動車の一斉検問」は、交通の取締りを警察の責務として定めていることに照らすと、交通の安全及び交通秩序の維持などに必要な警察の諸活動は、強制力を伴わない任意手段による限り一般に「許容され」、「適法」と判示している。

■警察官の職務質問──最高裁は、職務質問に付随して行う「所持品検査」は、任意手段として許容されるものであるから、所持人の「承諾」を得てその限

度で行うのが原則であるとしながら、所持人の承諾のない所持品検査は一切許容されないと解するのは相当でなく、「捜査」に至らない程度の行為は、強制にわたらない限り、たとえ所持人の承諾がなくても、具体的状況のもとで相当と認められる限度において「許容」され、「適法」と判示している。

■**国税犯則事件の調査手続**——犯則嫌疑者に対し「国税犯則取締法に基づく調査」を行った場合、その「犯則調査」で収集された資料を同人に対する「課税処分」に使用することは「許容」され、「適法」と判示している。（令4出）

## ■ 14　行政計画

● **行政計画**——行政計画は、行政が目標を掲げ、それを達成するための手段を明らかにするものであり、行政計画の策定にあたっては、策定権者の「裁量」が認められる。（30出）

・**性格**——行政計画は、行政内部の指針にとどまらず、「外部」に対しても指針としての性格をもつ場合がある。（23出）

○ **種類①**——行政計画を分類する場合、いくつかの視点があるが、先ず、法律の根拠の有無と法的拘束力の有無を取り上げる。

□**法律の根拠の有無**——行政計画は、法律の根拠の有無により、「法制上の計画」と「事実上の計画」とに区分できる。

◇**法制上の計画**とは、法律の根拠のある計画をいう。例えば、「男女共同参画基本計画」は男女共同参画社会基本法に基づく計画であり、また、政府が定める環境基本計画や地方自治体が定める公害防止計画は、環境基本法という法律の根拠がある計画であるから、「法定計画」である。

・都市計画には、「市街化区域」と「市街化調整区域」との区分がある。これらは都市計画法7条に基づく法定計画である。（26出・令2出）

◇**事実上の計画**とは、法律の根拠のない計画をいう。例えば、環境庁の「環境保全長期構想」は法律上の根拠のない計画であるから、「事実上の計画」である。

□**法的拘束力の有無**——行政計画の策定には、国民に対して「法的拘束力を持つ」行政計画には法律の根拠を必要とし、国民に対して「法的拘束力を持たない」行政計画には法律の根拠を必要としない。（23出・30出・令2出）

・例えば、「法的拘束力を持つ行政計画」には「都市計画」、「土地区画整理事業計画」などがあり、「法的拘束力を持たない行政計画」には「男女共同参画基本計画」などがある。（23出・26出・30出・令2出）

・**役割**——行政計画は、一定の目標を立て、その目標の達成のために既存の諸行為形式を総合的に調整し、誘導するところに本来の役割がある。

○**計画裁量**——行政計画の策定に当たっては、計画策定権者に広範な「裁量」が認められている。これを計画裁量という。（23出・26出・30出）

○ 種類② ──行政計画は、次のような分類もある。

①基本計画と実施計画──例えば、「基本計画」である災害基本計画（災害基法）と「実施計画」である防災業務計画があり、また「基本計画」である男女共同参画基本計画（男女参画基法）と「実施計画」である都道府県男女共同参画計画などがある。

②目的・対象によるもの──例えば、経済計画、財政計画、社会計画、国土利用計画、地域開発計画、防災計画などがある。

③地域別によるもの──例えば、全国計画（国土利用全国計画）、地方計画（都市計画）、区域計画（土地利用基本計画）などがある。

④議会の統制によるもの──行政計画は、「議会の議決を必要とするもの」と「議会の議決を必要としないもの」とがあるが、議会の「審議」は必ず必要なものではない。（令2出）

・議会の議決を必要とするものには、「国土利用計画法」などがある。

○手続──行政計画の策定手続として、住民が参加する事前手続があり、現行法では、計画案の縦覧、公聴会の開催などがある。

○ 行政手続法との関係 ──行政計画の策定手続は「行政手続法の対象とならない」。（30出）行政手続法には、行政計画の策定に関する規定がない。（23出・26出・令2出）「個別」の法律で定められている。

○ 訴訟 ──行政計画に対して不服がある場合は、取消訴訟の提起が考えられる。

□取消訴訟の「対象」──法的拘束力を有することから、処分性が認められる場合もあり、取消訴訟の対象となる場合がある。

・最高裁は、行政計画のうち、「土地区画整理事業計画」には「処分性がある」ものとし、事業計画の決定段階での取消訴訟の提起が認められると、かつての判例を変更した。（26出・令2出）

□取消訴訟の「対象外」──行政計画は、法的利益を「侵害」するものでない限り、「処分性は認められない」。したがって、「取消訴訟の対象とならない」。

○ 損害賠償請求 ──行政計画に対して、国民の損害を救済する手段として損害賠償請求がある。

□賠償「対象」──行政計画は、そこに違法性があり、住民が「損害」を受けた場合には、国家賠償法1条による損害賠償請求の対象となる。

□賠償「対象外」──行政計画の「中止」は、いかなる場合でも「違法行為」とされない。住民に不測の事態を与えたときたときでも、必ずしも当該損害に対する代償的措置を講じなければならないものではない。（23出）

○ 裁判例

■行政計画の工場誘致施策の変更──計画変更は客観的な事情がない限り「不法行為」にあたる。

○最高裁は、工場誘致施策に応じて工場敷地等の整備工事を進めた会社が、地方公共団体の施策の変更により、工場の建設・操業が不可能となり、社会観念上見過ごすことのできない程度の積極的損害を被る場合には、地方公共団体が補償する等の代償的措置を講ずることなく施策を変更することは、「やむを得ない客観的事情によるものでない限り」、当事者間に形成された信頼関係を不当に破壊するものとして「違法性を帯び」、地方公共団体の不法行為責任を生ぜしめるものといわなければならないと、判示している。（26出・30出）

## 15　行政立法

● **行政立法**──行政立法は、行政機関が法条の形式で一般的な定めをするものであり、（24出）行政機関が行為や組織となる一般的な定めを設けることをいう。すなわち、行政立法は、法律を補充して技術的・細目的な基準を設定することをいう。

● **行政立法の種類**

① **行政機関による区分**──国の行政立法として、内閣が定める「政令」、内閣総理大臣が定める「内閣府令」、各省大臣が定める「省令」、各外局の長が定める「規則」や人事院・会計検査院が定める「規則」があり、地方公共団体の行政立法として、長、各行政委員会が定める「規則」がある。

・公布──政令、省令又は告示も、「公布の対象となる」。（20出）

□政令と罰則──「政令」は、「内閣」が、憲法において、憲法及び法律の規定を実施するために定めるものであると明記されているが、政令は、法律の規定を実施するため必要であっても、「法律の委任がない場合」には、「罰則」を設けることができない。（24出・27出・30出）

□省令と罰則──「省令」は、「各省大臣」が定めるもので、「法律の委任がない場合」には「罰則」を設けることができないが、「法律による委任がある場合」には省令に罰則を設けることができる。（27出）

② **法規性による区分**──行政立法の定めの中で、法規たる性質を有するものを「法規命令」といい、法規たる性質を有しないものを「行政規則」という。さらに「法規命令」は「委任命令」と「執行命令」に区分される。現憲法下では「独立命令」は認められていない。（24出・30出・令3出）

・独立命令──行政立法には、特に緊急性を要件とせず、行政が法律と関係なく「独立の立場で命令を発し」、国民の権利義務に関する一般的な定めを創設することを認めていない。（27出）

[1] **法規命令**──法規命令とは、行政権の定立する法規たる定めをいう。形式上は行政権の意思表示であるが、実質上は原則として立法行為の性質を有

する。

①法規命令は、国民の権利・義務に直接変動をもたらす効果を持つものとされ、少なくとも「法律の授権」が必要である。（24出・27出）法律による個別的・具体的な委任が必要であり、一般的・包括的な委任は許されない。

②法規命令は、「法規的性格」を持つ。

③法規命令は法規たる定めであるから、これに違反する行為は「違法」である。

④法規命令は、法律の委任があれば「罰則」を科せれる。

⑤法規命令の成立には「公布」手続が必要である。

⑥法規命令は、根拠法律が「廃止」されるときはその効力を失う。

⑦法規命令は、上級の法規命令と「抵触」すると、その限度で失効する。

⑧法規命令の規定においては、「〜規則で定める」という命令形式が通例である。

●法規命令は「委任命令」と「執行命令」に区分される。

□ 委任命令 ——委任命令とは、上位法令を執行するための細目的定める上位法令の委任に基づく命令で、法律を補充して新たに「国民の権利や義務」にかかわる事項を創設する命令をいう。（20出・30出・令3出）

・委任方法 ——委任命令における「一般的な委任は憲法違反であり」、事項を限った「個別的」な委任が必要である。

・限定的規定 ——委任命令で定める事項は、「法律の解釈的」、「補充的」、「具体的」、「特例的な規定」に限られ、上位法や授権法の範囲を逸脱することはできない。

・罰則との関係 ——委任命令に「罰則」を設ける場合には、法律による具体的・個別的な「委任」が必要である。（20出）

・事例 ——委任命令の例として、法に基づく「ばい煙の排出基準や排出水の排水基準を定める環境省令」などがある。

・法律の失効 ——委任命令は、根拠となる法律が失効した場合、「法律に特別の定めのない限り」、当該委任命令も、効力を失うものとされる。（27出・30出・令3出）

□ 執行命令 ——執行命令とは、国民の権利義務に係る事項を定めるのではなく、上位法を実施するために、すでに法律によって定められた内容の詳細を定める命令をいう。

・失効 ——執行命令は、上位法令を執行するためのものであるから、その根拠となる法律が失効した場合には当該執行命令も失効する。（20出）

[2] 行政規則 ——行政規則とは、行政機関が策定する一般的な定めであって、原則として国民の権利・義務に直接変動をもたらす効果を有しないものをいい、行政機関内部でのみ効力を有するため、その法的拘束力は行政の内部関係の中でのみ発生するに留まる。（24出・30出・令3出）

- 法の根拠を要せず——行政規則は、行政機関内部でのみ効力を有するため、「法律の根拠を必ずしも要しない」。(20出・30出・令3出)
- 形式——行政規則には、一般的な法条の形式で定められる「通達、告示、訓令、指令、指定」がある。
- 法規性を有せず——行政規則は、「一般的には法規たる性質を持たない」。しかしその中には、実質上、法令の補充的な意味を持ち、それ自体、法規的性質を持つものがある。この場合には、これに違反する行為は違法となる。
- ○ 行政規則の「通達」——「通達」は、上級行政機関が下級行政機関を指揮監督するために発する命令をいう。(令3出)
- 根拠——通達は、法の根拠を必要としない。通達は、官報に公示されるが、公示そのものが効力の要件ではない。
- 性質——通達は、行政組織内部だけに妥当する命令にすぎず、「法規の性質を持たず」、国民の権利利益に直接制限を及ぼすものではない。(20出・24出・令3出)
- 内部行為性——通達は、行政庁の所掌事務について、所管の諸機関及び職員の権限行使を制約するのみであって、それらの者は通達に拘束されることはあっても、「国民は通達に拘束されない」。
- 通達は、当該行政組織の意思の統一を図るために示達されるものであって、通達で示された法律の解釈が当然に適法な内容をもつものではないし、又通達に違反して行われた処分が当然に違法となるものではない。また国民は、「通達自体」を対象として行政争訟を提起することは許されない。
- 争訟の許容——通達は、一般的には取消訴訟の対象となる「処分性は認められない」が、通達内容が国民の権利利益に重大な影響を与え、通達そのものを争わなければその「権利救済ができない場合に限り」、取消訴訟の対象となる。
- ○ 行政規則の「告示」——告示とは、行政庁により、その所掌事務につき、公示を必要とする事項について設定されるものについて発せられる形式をいう。
- 告示の必要——告示は、法律が告示形式を明確に要求する場合、法令が告示しなければならないと規定する場合、法令に個別的な根拠が示されないが国家行政組織法により公示の必要性を行政庁が判断した場合に発せられる。
- 行政手続法の適用——告示により「処分」の要件を定める場合には、「意見公募手続」を行わなければならない行政手続法の規定が適用される。
- 法的効果——告示の法的効果は、さまざまであり、単に公表されるものがあれば、「都市計画決定の告示」のように「法規的性質」を持つものもある。

行政法

## ■ 16　行政強制

● 　行政強制 ──行政強制には「強制執行」と「即時強制」とがある。また強制執行には「代執行・執行罰・直接強制・強制徴収」がある。

○ 　強制執行 ──強制執行は、国民が法令や行政行為によって命じられた義務を履行しない場合に、行政機関が国民の身体、財産等に実力を行使して強制的に義務の実現を図る作用のことをいう。(25出・令2出)

### [1]　代執行

・意義 ──代執行とは、国民の身体や財産に実力を加えて必要な状態を実現するため、「代替的作為義務」の履行がないときに、行政庁自らが代ってなし又は「第三者」をして義務者のなすべき行為をなさしめ、その費用を徴収することをいう。(22出・23出・25出、28出・30出・令元出・令3出)

・対象外 ──代執行は、「非代替的作為義務」や「不作為義務」を対象としない。(22出・23出・28出・令3出)

・手続 ──代執行は、個別法で特別な手続が定められている場合のほか、代執行の一般法である『行政代執行法』の定める手続に基づき行われる。

・対象範囲 ──代執行は、「法律」により命ぜられた義務に限られず、法律以外にも、法律の委任に基づく命令、規則、及び「条例」により命じられた義務が対象となる。(22出・25出・令元出)

・要件 ──代執行は、「代替的作為義務」の不履行であり、「他の手段によって履行が困難」で、かつ「その不履行を放置することが著しく公益に反すると認められる場合」の2つの要件が必要である。(25出・28出・令3出)他の手段によってその履行を確保することが可能の場合には代執行を行うことができない。

・手段 ──代執行の要件の「他の手段」には「執行罰、直接強制、行政罰は含まれない」。

・代執行機関 ──代執行は、「当該行政庁」(国又は地方公共団体(行政委員会含む))が行う。

・第三者の代執行 ──代執行は、行政庁自らが行うほか、行政庁以外の「第三者」をしてその行為をさせることもできる。(28出・令3出)

・裁量 ──代執行を行うか否かは、行政庁の「裁量」である。

・実施段階 ──行政庁が代執行を実施する場合には、代執行をなすべき旨の「戒告」と「代執行令書」による通知が必要であるが、非常の場合又は危険切迫の場合で緊急の必要性があり、文書による戒告と代執行令書の手続を執る暇がないときには、この手続を省略し、代執行することができる。(令元出・令

3出)

- 戒告——代執行を行う場合には、相当の期間を定めて文書で「戒告」(代執行令書による通知)をしなければならない。「戒告を口頭ですることはできない」。ただし、緊急の場合又は危険が切迫している場合で義務者への通知を行う暇がないときは、戒告の手続を省略できる。(22出・25出・28出)
- 処分性——戒告も、行政処分であり、「処分性が認められ」、「行政不服申立て」や「取消訴訟の対象」となる。(令元出)
- 停止——代執行に対して訴えがあっても、原則として「執行を停止しない」。
- 賠償——違法な代執行の場合は、原状回復か、損害賠償の対象となる。
- 費用徴収——代執行に要した「費用」は、行政代執行法5条の規定に基づき「民事訴訟を提起し債務名義を取得する手続を執ることなく」、国税徴収法の滞納処分の例により、本来の義務者から強制徴収することができる。(22出・25出・28出・令元出・令3出)
- 代執行の費用の徴収は「国税」、「地方税」に次ぐ順位となる。
- 強制徴収——行政庁は、義務者が費用を納付しない場合も、強制徴収することができる。(22出・25出)
- 訴訟提起——代執行の戒告に不服ある者は取消訴訟を提起できるが、すでに代執行が終了した後は、代執行に対する取消訴訟の利益を失う。国家賠償法の請求のみが可能となる。

## [2] 執行罰

- 意義——執行罰は、他人が代わって行うことができない義務、すなわち、「非代替的作為義務」を履行しない場合又は「不作為義務」を履行しない場合に、その履行を強制するために「過料」を科する通告をし、義務を履行させるものである。(23出・30出)(制裁の罰ではない)
- 手続——執行罰は、期限を定めて「予告」する手続が必要である。
- 根拠——執行罰は、強制方法としては実効性に乏しいために、現在では根拠法として「砂防法36条」のみがある。行政の実際においても用いられていない。
- 反復——執行罰は、義務の履行があるまで、「反復」して課せる。
- 併科——執行罰は、行政罰と「併科」できる。

## [3] 直接強制

- 根拠——直接強制は、国民が法令や行政行為により命じられた義務を履行しない場合に、行政機関が直接、義務者の身体又は財産に実力を加え、義務を履行させ、又はその履行があったのと同一の状態を実現する作用をいう。(21出・30出)
- 実施——直接強制は、「非代替的作為義務」の不履行のみならず「不作為義務」の

行政法

不履行に対しても行うことができる。

・区別——直接強制は、義務の「不履行を前提」とする点で、義務の不履行を「前提としない」即時強制と区別される。

・根拠法——直接強制は、人権侵害が強いため一般的な制度としては認められておらず、「個々の法令に根拠」がある場合に限られる。出入国管理令などに規定がある。

[4] 強制徴収

・意義——強制徴収は、国民が、国又は地方公共団体に対し公法上の「金銭債務」の不履行の場合に、国税徴収法によりその義務を求めるものである。（令元出）

・根拠——強制徴収には「個々」の法令の根拠を必要とする。

・国税については国税徴収法、地方税については地方税法が、それぞれ強制徴収について定めている。

・不服——強制徴収に不服がある者は、国税通則法、国税徴収法に定めがある場合を除き、行政不服審査法に基づき審査請求をすることができ、その後に訴訟を提起できる。

## ■■ 17 即時強制 ■■■■■■■

● 即時強制 ——即時強制とは、行政上の必要に基づき、目前急迫に必要があって、命じる暇がない場合に、直接、国民の身体又は財産に対して実力を加える作用である。（21出・令2出）

・即時強制は、行政庁が実力を行使し、行政目的を実現することをいい、法律又は処分により課せられている「義務の不履行を前提としない」。（23出・30出）

□法の根拠——即時強制には、「法令の根拠が必要である」。（21出・25出・令2出）なぜなら、即時強制は、国民の身体又は財産に強制を加える侵害処分であるからである（法律の留保）。

□条例も可——即時強制は、行政上の義務履行の確保手段である行政上の強制執行ではないため、行政代執行法の適用がなく、したがって、条例で規定することも可能である。

□関係法令——現行法上、即時強制を認める法律として「警察官職務執行法」があり、延焼防止のための消防対象物の消火活動の消防法、放置自転車の撤去の自転車法、そのほか感染症法などがある。

・限度——即時強制は、行政上の目的を達成するために必要な措置であっても人権侵害のおそれがあることから、行政上の目的に照らし、必要な最小限度にとどめなければならない。（21出・25出・令2出）

・要件——即時強制の要件には、一般に、「①目前急迫性又は義務づけの無意味

性」、「②義務づけの不存在」、及び「③行為の直接的強制性」が挙げられる。

・**適用**──即時強制は、「法律」のほか、「比例原則」などの憲法上又は条理上の制約原理が適用される。

・**作用**──即時強制は、「義務の不履行を前提とせず」、「代替・非代替あるいは作為・不作為を問わず」、また「義務の履行を強制するものではない」。

・**裁量**──即時強制の発動は、行政機関に「裁量は認められない」が、（令2出）「要件の認定」や「実力行使の程度」は行政庁の裁量に委ねられている。

・**令状①**──即時強制は、緊迫した状況における緊急措置であり、原則として「令状主義ではない」。ただし、即時強制が刑事事件と併せもち、刑事責任を追及する場合のみ、司法官憲の令状主義が適用される。（25出・令2出）

・**令状②**──川崎民商事件判決では、刑事責任追及を目的とする強制行為でないからといって、当然に令状主義の適用の範囲外にあるということはできない、と判示している。（令2出）

・**戒告不要**──即時強制は、あらかじめ戒告（通知）する必要がない。（21出）

○**救済制度**──即時強制は、その内容によって継続的なものと、即時に完了するものとがある。

□**継続的な場合**──即時強制が継続的な行為である場合には、その状態を取消すことが可能な場合があり、これに対する不服申立て、取消訴訟が認められる場合がある。

・即時強制のうち、「身柄の収容」などは、権力的な即時強制の実施によって強制的に継続して不利益状態に置く作用であるから、公権力の行使に当たると見なされ、提訴するには「不服申立て」や「行政事件訴訟」によるとされ、民事訴訟によってその拘束力の排除を求めることはできない。（令2出）

□**即時完了の場合**──即時強制は、即時に終了するのが普通であり、一過性の即時強制には、違法に行われても審査請求と行政訴訟の救済がない。しかし損害賠償請求は可能である。

・即時強制は、行政機関の事実行為であり、「違法な」即時強制によって「損害」を受けた者が提訴するには、行政訴訟（行政事件訴訟法）によらなければならない。（21出・25出）

・**損失補償の例**──即時強制で、延焼防止のための緊急必要性から行われる火元「以外」の家屋に対する破壊消防の場合には「特別犠牲」として損失補償が必要である。

○**費用**──即時強制は、先行する義務の履行を強制するものではないため、代執行と異なり、「要した費用は行政庁が負担する」。

行政法

## ■ 18　行政罰

● **行政罰**──行政罰とは、行政法上の義務違反に対し、「一般統治権」に基づき、制裁として科せられる罰をいう。(26出・令2出)

・**本質**──行政罰の本質は、「過去」の行政法上の義務の不履行に対する制裁であり(29出)、あわせて義務の履行を間接的に強制する機能を果たしている。なお、執行罰は、「将来」にわたり行政上の義務の履行を確保するために科せられる。(29出)

・**区分**──行政罰は、刑法に刑名のある刑罰を科する「行政刑罰」と、過料を科する行政上の「秩序罰」とに分けることができる。(令2出)

・**罰の対象**──行政罰は、「刑事罰と異なり」、罰の対象となる行為が反社会的及び反道義的な性質を有しないが(21出・26出)、行政罰の一つである行政刑罰は、特別な定めがない限り、刑法総則が適用され、裁判所が刑事訴訟法等の手続に従って科する。(26出・29出)

○ **罪刑法定主義の原則**──行政罰は、行政上の目的を侵害する非行者に対する罰という点で刑事罰と「共通性を持ち」、憲法31条及び39条の「罪刑法定主義の原則」は、刑事罰に限らず、「行政罰にも等しく適用される」。(29出)

・例外として、秩序罰として科される「過料」は、刑罰ではないため、罪刑法定主義の原則が「適用されない」。(29出)

○ **一般統治権**──行政罰は、「一般統治権」に基づいて科されるものであり、特別権力関係における特別権力に基づき制裁として科される「懲戒罰を含まない」。(26出)

[1]　**行政刑罰**

・**意義**──行政刑罰とは、「過去」の行政法上の義務違反に対して科せられる「刑法」に定める罰をいい、原則として、「刑法総則」が適用される。(21出・23出)

・**根拠**──行政刑罰には「法律」の根拠が必要である。例外として、自治法が「条例」で罰則を定める権限を委任している。

・**刑事訴訟法①**──行政刑罰は、「刑事訴訟法」に基づき、裁判所によって科される。(26出)

・行政刑罰には、原則として刑法の刑名のある刑罰、すなわち、「懲役・禁錮・罰金・拘留・科料等」を科する「刑法総則」が適用される。(29出・令2出)

・**刑事訴訟法②**──行政刑罰は、「刑事訴訟法」の手続によって科せられるが、例外として、即決裁判制度、交通反則金制度、通告処分制度がある。

・**両罰主義**──行政刑罰は、「義務違反を行った者」又は「法人」のみならず、当該違反行為を行った者の「使用者や事業主」をも罰する「両罰主義」を採用している。(21出・26出・29出・令2出)

[2]　**秩序罰**

- ・意義──秩序罰とは、届出、登録、通知義務違反などの軽微な違反行為に対し、行政法上の秩序違反に対して科する制裁で、一般に「過料」といわれる一種の「金銭罰」である。（23 出）（刑法に刑名のある刑罰ではない）
- ・根拠──秩序罰は、「法律」のみならず、「条例」や「規則」を根拠に科すことができる。（21 出）
- ・秩序罰は、過料といわれ、刑法に刑名のある刑罰ではないため、一般的には刑法総則の適用がない。（29 出）過料は刑罰でないため、刑事訴訟法の手続による必要もない。
- ・手続──秩序罰は、法の別段の定めがない限り、法律に定める義務違反の「国の過料」には原則として「非訟事件手続法」により「裁判所」が科するが、「条例や規則で定める過料」は「地方公共団体の長」が科する。（26 出・令 2 出）
- ・併科──秩序罰は、刑罰（行政刑罰ともいう）ではなく、秩序罰と刑罰は、その目的や要件などを異にし、秩序罰と行政刑罰の併科が可能であり、二者択一の関係がないことから、憲法 39 条の「二重処罰の禁止」には違反しない。（21 出・令 2 出）
- ・訴訟──秩序罰を受けた者は、不服があれば、審査請求又は行政事件訴訟を提起できる。

## ■■ 19　国家賠償法（損害賠償）■■

- ● **国家賠償法**──国家賠償法には「損害賠償」と「損失補償」がある。
- ○ **損害賠償**──損害賠償には①「公権力の行使」の場合と②「公の営造物の設置管理」の場合がある。
- [1]　**公権力の行使の場合**──国家賠償法 1 条は、賠償責任の要件を「国」又は「公共団体」の公権力の行使に当たる公務員が、その職務を行うについて、他人に損害を与えたことを必要とすると規定している。（令 4 出）
- ・「公共団体」とは、地方公共団体と公社や公団などの外郭団体も含む概念である。
- ・「公権力の行使」とは、権力的作用であって、「私経済作用や公の営造物の設置又は管理作用を含まない」、あらゆる行政作用を意味するとするのが通説・判例の立場である。（29 出）
- ・要件──国家賠償法 1 条は、国家賠償の成立要件として、行為の「違法性」という「客観的な要件」と、公務員の「故意又は過失」という「主観的要件」を定めている。
- ・私経済の場合──国・地方公共団体の作用であっても、電車・バスなどの経

行政法

営のような純粋の私経済的活動には民法その他の「私法」が適用され、「国家賠償法1条は適用されない」。

○ 賠償責任の3つの要件

□「違法行為」──『違法』な公権力の行使がある場合である。

・「違法」に他人に損害を加えたとき」には、当該行為の根拠となる「法令」に違反した場合だけではなく、公権力の発動が客観的に「公正を欠く」場合も含まれる。（29出）

□「外形主義」──『その行為の外形』が職務執行行為と認められる場合である。

・公権力の行使にあたる公務員とは、住民と直接接する国家公務員及び地方公務員に限定されず、自治体から公権力の行使を「委ねられた民間人も含まれる」。（20出・23出・26出）

・加害した公務員を具体的に特定できない場合でも、損害賠償責任は生ずる。

・損害賠償責任を発生させる公務員の行為は、職務上の行為そのものではなく、職務行為に実質的関連を有すれば足り、客観的にみて職務行為の「外形」を備えている行為も含まれる。（26出）外形を備えていないときには、逆に責任がない。

□「過失責任主義」──その行為に『故意又は過失』がある場合である。

・「過失」とは、職務に関して客観的に求められる注意義務の懈怠で、具体的には「損害発生を予見可能であったのを予見を怠り」、「損害回避が可能であったのに回避を怠ったこと」を意味する。

・一見明白な事実の「誤認」があった場合は過失があるとみるべきであるが、公務員がその識見信念によって法律上の価値判断をした場合には、仮にその判断が誤っていても当該公務員に「故意又は過失」があったとはいえない。

○ 公権力の行使の対象──損害賠償は、身体及び財産のみならず精神的な損害賠償も含まれる。

・行使①──損害賠償責任における公権力の行使の対象は「権力的作用」であって、「非権力的作用」は原則として対象とならないが、国公立の学校の教育活動などは含まれる。（20出・23出）

・行使②──損害賠償責任における公権力の行使は、「作為」のみならず「不作為（権限の不行使）」も含まれる。（26出・令3出）

・行使③──損害賠償責任における公権力の行使には、行政権力のみならず司法権や国会の立法権も含まれる。（29出）

・司法権には、①無罪判決が確定した場合の検察官の公訴提起、②裁判判決、いずれも公権力の行使に含まれる。

○ 代位責任──「代位責任説」とは、権力作用により損害が発生した場合は、加害者である公務員が負うべき責任を「国や公共団体が代わって負う代位責任」（監督者としての免責規定はない）であり、（20出・29出・令3出）公

務員の過誤は「国や公共団体の過誤とする考え方について、必ずしも明確にしていない」。（令 3 出）

・判例──最高裁は、国又は公共団体が賠償責任を負う場合に、職務の執行に当たった「公務員個人」は、被害者に対して「直接責任を負わない」と判示した。（26 出）

・求償権──国又は公共団体が損害を賠償した場合は、加害行為を行った公務員に「故意又は重大な過失」がある場合に限り、当該公務員に対し「求償権」を有する。（20 出・23 出・26 出）

○ 相互保証主義──被害者が「外国人」の場合は、「相互保証」があるときに限り、損害賠償が適用される。

[2] 公の営造物の設置・管理の瑕疵──国家賠償法 2 条の損害賠償責任は、「道路、河川、港湾、上下水道、官公庁舎、公立学校、自然公物その他の公の営造物の設置又は管理に「瑕疵」があったために国民に損害を与えたことを成立要件としている。

・瑕疵──国家賠償法 2 条の賠償責任は、損害が「公の営造物の設置及び管理」の「瑕疵」に起因する場合に限って追及できる。その「瑕疵」とは営造物が通常有すべき安全性を欠いていることをいい、「故意又は過失の存在を必要としない」。

○ 営造物──国家賠償法 2 条に規定する公の営造物は、国又は公共団体が「公用」又は「公共用」に供している「不動産及び動産の有体物」及び「物的施設」を指している。（23 出・令 3 出）河川、池沼、海面、海浜などの「自然公物」も含まれる。（21 出・27 出・令 3 出）つまり公物を指すものと解されている。

・不動産と動産──営造物は、「不動産」に限らず、「動産」も対象となる。動産の例としては「公用車、自転車、航空機、拳銃、警察犬」などがある。（21 出・27 出・30 出）

・財産の範囲──営造物には「行政財産」も含まれるが、公の用に供されていない「普通財産」は含まれない。普通財産の管理上の瑕疵に基づく損害賠償は「民法 717 条」による請求となる。

・安全性──営造物の通常の「安全性」を欠いていたか否か」の例としては、①道路上に障害物が放置されていた場合、②道路に大きな穴があいていた場合などがある。

・予測可能性と回避可能性──いかなる場合に「安全性」の欠如に該当するか否かは、判例は、被害発生についての「予測可能性の有無」と、その「回避可能性の有無」によって瑕疵の存否を判定している。

行政法

230

## ● 国・地方公共団体の責任

○ **無過失責任主義**──国又は公共団体は、「客観的に営造物の安全性に瑕疵がある場合や欠けている場合」に成立し、管理義務違反等を問わず、故意又は過失の有無を前提としない「無過失責任」である。(21出・23出・27出・30出・令3出) したがって、予算の範囲内で管理していればその責任を免れるというものではない。

・瑕疵の存否──「自然災害の場合」も、被害発生の「予測可能性」と「回避可能性」の有無によって、瑕疵の存否が判定される。

・瑕疵の範囲──国又は公共団体は、公の営造物の設置又は管理の瑕疵によって損害が生じた場合、直接の利用者のみならず、「周辺居住者等の第三者にも」損害賠償責任を問われることがある。(21出・27出・30出)

・費用負担責任──営造物設置者と管理者と、「費用負担者が異なるとき」は、いずれにも請求できる費用負担責任である。(27出・30出)

○ **求償権**──国又は公共団体は、公の営造物の設置又は管理の瑕疵に基づく損害賠償責任を負う場合、他に損害の原因について責に任ずべき者がおり、その原因が特定の公務員の「故意又は重過失」にあったと認められるときは、当該公務員に対し求償権を行使できる。(21出・27出・令3出)

○ **民法の適用**──国家賠償法に規定のない事項は、「民法」の規定が補充的に適用される。国家賠償法2条に基づく損害賠償責任についても、その損害賠償額の範囲、過失相殺、時効などは「民法」の規定が準用される。(21出)

○ **特別法の適用**──国家賠償法5条は、国及び公共団体の損害賠償責任について、民法以外に特別法がある場合には、「特別法」が優先するものとしている。(30出)

・特別法──特別法としては、無過失責任を定める「消防法、文化財法、税徴法」、損害賠償額を定める「郵便法、鉄営法」などがある。

○ **最高裁の判例**

■教師の教育活動に関する訴訟──市に「損害賠償責任がある」。

○最高裁は、公立学校における教師の教育活動は公権力の行使に含まれるとし、水泳の飛び込み練習中に中学生が負傷した事故について市に「損害賠償責任を認めている」。(20出)

■水俣病認定遅延損害賠償請求訴訟──国に「損害賠償責任がある」。

○最高裁は、水俣病患者認定申請を受けた処分庁が長期間にわたって応答処分を行わない場合、こうした結果を回避すべき「条理上の作為義務がある」とし、権限不行使による国の「賠償責任を認めている」。(20出)

■監督処分権限の不行使訴訟──知事等の権限の不行使は直ちに「違法行為に当たらない」。

○最高裁は、宅建業者の「不正行為」により個々の取引関係者が損害を被った場合、当該業者の業務停止ないし免許の取消しを行わなかった知事等の監督処分権限の不行使は、直ちに国家賠償法1条1項にいう「違法な行為に当たらない」としている。(29出)

## ■ 20　国家賠償法（損失補償）

● 損失補償——損失補償とは、「適法」な行政活動によって特定の私人に「財産上の特別な犠牲」による損失が生じた場合、行政や公共事業の主体の負担において損失を補償する制度である。(24出・28出・令元出)

・「損失補償」は、行政庁が「公益目的」のために、私人の財産権を収用又は制限した場合に、その特別の犠牲に対して全体の負担で損失を補償する制度である。受益者の特定は行わない。(24出)

・受忍限度——損失補償の要否は、社会生活上の受忍限度を超えるほどの財産上の特別の犠牲を強いるものであるか否かで判断される。

・社会的制約——損失補償は、一般的な負担や財産に内在する「社会的制約にはなじまない」。(令元出)

・社会生活において一般的に要求される「受忍の範囲」であれば、特定の者に損失が生じる場合でも、損失補償を行う必要はない。(28出・令元出)

・補償根拠——損失補償は、法律に損失補償の規定が定められている場合に限らず、法律に損失補償の規定がない場合でも、直接、「憲法29条3項」に基づいて請求できる。(24出・28出・令元出・令4出)

・正当な補償——「憲法29条3項」は、私有財産を公共のために用いる場合には、「正当な補償」が必要であると規定している。例外として、「土地収用法」に基づいて土地を収用する場合では、収用の前後で財産価値を等しくする「完全な補償」をすべきであるとしている。(令4出)

・補償例——損失補償は、「金銭補償」を原則とし、例外として、代替地の提供や工事の代行で行う補償もある。(24出・28出・令元出・令4出)

● 損失補償の種類——損失補償には、学説上、「完全補償説」と「相当補償説」とがあるが、判例は原則として「相当補償説」に立っている。例外的に土地の利用は「完全補償」に立っている。

○公用収用補償——公用収用の補償は、被収用者の財産について生じる損失に対する「収用損失補償」と、それ以外の第三者に生じる損失に対する「第三者補償」の2つの補償類型に大別される。

□収用損失補償——収用損失補償とは、収用される権利の補償である。

□第三者補償——第三者補償とは、公共事業の実施の結果、事業地周辺の土地等に損失が生じた場合の補償をいう。第三者補償には、みぞかきに対す

行政法

る補償や振動、騒音などの公害被害による補償などがある。

○**収用損失補償**——収用損失補償は、さらに「権利補償」と「通損補償」に分類できる。

□**権利補償**——権利補償とは、土地所有者等の権利を収用する場合や事業執行に支障となる権利を強制的に消滅させる場合の補償をいう。

・公用収用に伴う損失補償の内容は、収用される「権利補償」のほかに、収用によって権利者が通常受ける付随的な損失も対象となるが、（24出・28出）そのほかの特別の事情に基づく損失は、補償の対象とならない。（28出）

□**通損補償**——通損補償とは、土地の収用に際し、立ち退きなどに要する費用、すなわち、建物の移転費や営業上の損失に対する補償をいう。（令元出・令4出）

## ■ 21 行政不服審査法 ■

● **行政不服審査法** （以下「審査法」という）——行政庁の「処分」又は「不作為」に不服がある者は、適用除外の場合に該当しない限り不服申立てができる。（令2出）

・その不服申立てには「審査請求」、「再調査の請求」、「再審査請求」がある。「異議申立ては法改正で廃止されている」。（令2出）

[1] **審査請求**——審査請求の対象は、行政庁の「違法」又は「不当」な処分その他の公権力の行使に当たる行為であり（23出・27出）、行政庁の処分には「事実行為」も含まれるし、又「不作為」も含まれる。（21出）

① **行政処分（違法・不当）**——行政処分（違法・不当）は「一般概括主義」である。例外的に対象とならない場合を明示している。（審査法7条に除外規定あり）

・**機関の範囲**——行政処分の機関には「国又は地方公共団体」、「公社や公団」も含まれる。

・**行政行為の範囲**——行政処分には「法律行為的行政行為」のほか「準法律行為的行政行為」も含まれる。

○ **審査請求の除外事項**——審査法7条の「除外事項」の主なものを整理する。

◇慎重な手続で行われた処分で、再考の余地はなく、不服申立てを認めても同じ結果になると予想されるものは「除外」される。例えば、国会、地方議会、裁判所が行う処分やそれらの同意又は承認を経た処分がある。

◇他の救済手続で処理するのが適当とされるもので、「当事者訴訟」として争うべきものとされている処分、「刑事事件」に関する法令や「国税犯則事件」に関する法令に基づく処分は「除外」される。

◇処分の性質上、一般法である「審査法」による手続で処理するのが適当でな

い場合は「除外」される。

② **事実上の行為**——行政庁の処分には、公権力の行使に当たる「事実上の行為」で、人の収容、物の留置その他その内容が継続的性質を有するものも「含まれる」。(27 出)

③ **不作為**——不作為とは、行政庁が法令に基づく申請に対し申請から相当の期間内に何らかの処分をすべきであるにもかかわらず、これをしない場合を指し、当該「不作為」の審査請求ができる。

● **審査請求をすべき行政庁・・・「審査庁」**

○ 「審査請求」は、行政庁の処分又は不作為に対して、当該処分又は不作為に係る処分庁又は不作為庁「以外」の行政庁に対し不服を申立てる手続をいう。(27 出)

□ 処分庁に上級行政庁が「ある」場合は、当該処分庁等の『最上級行政庁』に対して行う。(23 出)

□ 処分庁に上級行政庁が「ない」場合は、当該『処分庁』に対して行う。

・審査請求において裁断を行う行政庁を「審査庁」というが、審査庁は原則として当該処分庁等の『最上級行政庁』とされる。(27 出)

○ **審理員**——審査法では、審理員による審理手続が導入されている。

□ 指名①——審査法又は他の法律や条例により審査請求がされた行政庁は、「審査庁」に属する「職員」のうちから審理手続を行う者を「指名」するとともに、その旨を審査請求人及び処分庁等に「通知」しなければならない。

・審理員は、審査庁に属する職員であり、組織法的に完全な第三者とはいえない。

・(例外)——ただし、「合議制の行政機関」が審査庁である場合のほか、「条例」に基づく処分について条例に特別の定めがある場合、又は審査請求を「却下」する場合は、「審理員」の指名を必要としない。

□ 指名②——審理員の指名は、次の者「以外」の者でなければならない。
①審査請求の処分若しくは再調査の請求の決定に関与した者又は審査請求の不作為の処分に関与し若しくは関与することとなる者、②審査請求人、③審査請求人の配偶者、四親等内の親族又は同居の親族、④審査請求人の代理人、⑤審査請求人であった者、⑥審査請求人の後見人、後見監督人、保佐人、保佐監督人、補助人又は補助監督人、⑦利害関係人

○ **審査請求人**——審査請求人とは、行政の「処分」又は「不作為」に不服がある者である。「異議申立ては廃止されている」。(28 出)

・**審査請求人①**——審査請求をする「利益がある者」である必要があり、「違法又は不当」な処分によって、直接に、自己の権利又は利益を侵害された者でなければならない。

・**審査請求人②**——処分の相手方である「第三者」であるとを問わず、自然人又は法人であるとを問わず、又法人でない社団又は財団であるとを問わない。

○総代——多数人が共同で審査請求を行うときは、3人を超えない「総代」を互選できる。

・共同審査請求人が総代を互選しない場合、必要があれば、審理員は、総代の互選を命ずることができる。

・総代は、各自、他の共同審査請求人のために、「審査請求の取下げを除き」、当該審査請求に関する一切の行為を行うことができる。

○利害関係人——利害関係人とは、審査請求人「以外の者」で、審査請求の処分又は不作為の処分の根拠となる法令に照らし当該処分につき利害関係を有するものと認められる者をいう。

□ 代理人 ——審査請求は、代理人によって行うことができる。

・代理人は、各自、審査請求人のために当該審査請求に関する一切の行為を行うことができる。ただし、審査請求の「取下げ」は、特別の委任を受けた場合に限り行うことができる。

□ 参加人 ——利害関係人は、審理員の許可を得て「参加人」として審査請求に参加できる。

・参加人の制度は、審査請求の裁決の「効力が第三者にも及ぶ」にもかかわらず、利害関係をもつ第三者が審査請求人になり得ない場合の救済制度である。

□ 補佐人 ——申立人は、口頭意見陳述を行う場合に、審理員の許可を得て「補佐人」とともに出頭できる。

・補佐人とは、自然科学や社会科学などの専門知識をもって「審査請求人」又は「参加人」を援助する者をいう。

○手続の参加——審査請求手続の参加には、「利害関係人の申請に基づく場合」と「審理員の職権」による場合とがある。

　①利害関係人は、審理員の許可を得て、当該審査請求に参加することができる。

　②審理員は、必要があると認める場合には、利害関係人に審査請求への参加を求めることができる。

・手続の承継——審査請求人が死亡したときは、相続人その他法令により審査請求の目的である処分の権利を承継した者は、審査請求人の地位を承継する。

○標準審査期間——標準審査期間の設定は「任意」、その公表は「義務」。

・審査法又は他の法律（条例）により審査庁となるべき行政庁は、審査請求が事務所に到達してから審査請求の裁決までに通常要すべき「標準的な期間」を定めるよう「努める」とともに、これを定めたときは、当該審査庁となるべき行政庁及び関係処分庁の事務所に備付けその他の適当な方法により「公にして置かなければならない」。

○審理員の名簿——審理員の名簿の作成は「任意」、その公表は「義務」。

・審査庁となるべき行政庁は、審理員となるべき者の名簿を作成するように「努める」とともに、これを作成したときは、当該審査庁となるべき行政庁及び

関係処分庁の事務所における備付けその他の適当な方法により「公にしておかなければならない」。

● **審査請求の手続**

○ **審査請求などの請求期間**

| | 知った日の翌日から | あった日の翌日から |
|---|---|---|
| 処分の審査請求の請求期間 | 3月<br>（再調査決定後1月） | 1年 |
| 再調査の請求の請求期間 | 3月 | 1年 |
| 再審査請求の請求期間 | 1月 | 原裁決があった日の翌日から1年 |

・審査請求などの請求期間は上記のとおり。ただし、正当な理由がある場合はこの限りでない。
・**請求期間の例外**──不作為の審査請求には、「請求期間の制限がない」。
・**発送主義**──審査請求書を郵便又は民間事業者の信書便で提出した場合の送付に要した日数は、算入されない。すなわち、到達主義ではなく「発送主義」による。
・**請求方法**──<u>審査請求は、原則として「審査請求書」を提出して行わなければならないが、個別に「法律（条例）に定めがあるときは、「口頭」で審査請求をすることができる。</u>（令2出）
・**経由**──審査請求をすべき行政庁が「処分庁等と異なる場合」の審査請求は、処分庁等を「経由」して行うことができる。
・**期間の計算**──審査請求期間の計算は、処分庁に審査請求書を提出し、又は処分庁に対し当該事項を陳述した時に、処分についての審査請求があったものとみなされる。

● **教示制度**──<u>教示制度は、処分をする際に、処分の相手方に不服申立てによる救済を受け入れられる旨を教えるものである。審査法又は他の法令に基づいて「不服申立てができるものである場合に」教示するものであり、不服申立てができない処分には教示を行う必要がない。</u>（25出）
・**教示の適用**──<u>教示は、「一般的教示」であり、「審査請求」、「再調査の請求」又は「他の法令に基づく不服申立て」を行うことができる処分に対して適用される。</u>（令元出・令3出）
○ **2つの教示**──教示には、「必要的教示」と「請求的教示」とがある。
□**必要的教示**は、行政庁が不服申立てを行うことができる処分を書面で行う場合の教示である。
□**請求的教示**は、行政庁が利害関係人から教示を求められた場合の教示である。

- **教示方法①**──行政庁は、不服申立てができる処分を行う場合には、原則として処分の相手方に対し「書面」で教示しなければならないが、重要な処分以外を「口頭」で行う場合には、書面による教示を行う必要がない。（22出・25出・29出・令元出・令3出）
- **教示方法②**──「利害関係人」への教示は、一般的には制限がなく、口頭でも書面でもよい。ただし、教示を求めた者が書面による教示を求めたときは、当該教示は書面でしなければならない。（22出・25出・29出）
- **教示方法③**──行政庁は、処分の相手方に対し、当該処分につき「①不服申立てをすることができる旨」並びに、②不服申立てをすべき「相手行政庁」及び、③不服申立てをすることができる「期間」の3つを「書面」で教示しなければならない。（令元出・令3出）

○**再審査請求の教示**──審査庁は、「再審査請求」ができる裁決をする場合には、裁決書に再審査請求ができる旨並びに再審査請求をすべき行政庁及び再審査請求期間を記載して教示しなければならない。

○**期間制限**──教示は、すみやかに行う。「期間の制限はない」。

● 　教示による救済　 ──教示による救済は次のとおり。

□ 　教示をしなかった場合の救済　 ──行政庁がなすべき教示を怠った（教示をしなかった）場合、「処分に不服がある者は、当該「処分庁」に対し不服申立書を「提出」できる。（令元出・令3出）

- 行政庁がなすべき教示をしなかった（怠った）場合でも、当該行政庁が行った行政処分そのものは「違法」とならず、当該行政庁は当該行政処分を取消す必要はない。（22出）
- 行政庁がなすべき教示をしなかった場合に、処分庁に不服申立てをすれば、当初から正式の審査請求がなされたものとみなされる。（25出・29出）

□ 　誤った教示をした場合の救済　

①**行政庁の誤り**──行政庁が、審査請求ができる処分につき、処分庁が「誤って」「審査請求をすべき行政庁でない行政庁」を審査請求すべき行政庁として教示した場合、その教示された行政庁に書面で審査請求がされたときは、当該行政庁は、速やかに、審査請求書を「処分庁」又は「審査庁となるべき行政庁」に送付し、かつその旨を審査請求人に通知しなければならない。（22出・29出・令元出）

②**再調査の誤り①**──行政庁が審査請求ができる処分のうち、再調査の請求が「できない」処分につき、処分庁が誤って再調査の請求ができる旨を教示した場合、当該処分庁に再調査の請求がされたときには、処分庁は、速やかに、再調査の請求書又は再調査の請求録取書を審査庁となるべき行政庁に送付し、かつその旨を再調査の請求人に通知しなければならない。

③**再調査の誤り②**──再調査の請求が「できる」処分につき、処分庁が誤って

「審査請求ができる旨を教示しなかった場合」に、当該処分庁に再調査の請求がされた場合、再調査の請求人から申立てがあるときは、処分庁は、速やかに、再調査の請求書又は再調査の請求録取書などを審査庁となるべき行政庁に送付しなければならない。（25出）その送付を受けた行政庁は、速やかに、その旨を再調査の請求人及び当該再調査の請求に参加する者に通知しなければならない。

④再調査の誤り③——再調査の請求ができる処分につき、処分庁が誤って再調査の請求が「できる旨」を教示しなかった場合に、審査請求がされた場合であって、審査請求人から「申立て」があったときは、審査庁は、速やかに、審査請求書又は審査請求録取書を処分庁に送付しなければならない。ただし、審査請求人に対し弁明書が送付された後は、この限りでない。

⑤期間の誤り——処分庁が、「法定期間」を誤って教示した場合。例えば、法定の期間よりも長い期間を審査請求期間として教示した場合、その教示された期間内であるが法定の期間を過ぎた時点で審査請求がされたときには、行政不服審査法18条1項ただし書きにおける、申立期間の例外事由である「正当な理由があるときに該当し」、「適法な審査請求とみなされる」。（27出・29出・30出・令3出）

⑥請求の誤り——審査請求ができない行政庁の行為について、審査請求をすることができる旨の教示を処分庁が誤って行った場合、「この場合は、審査請求は認められず、審査請求があっても違法であり、却下される」。（29出）

・違反——教示に違反しても「違法・無効」とはならない。

・補正——審査請求書が、不適法であって補正することができる場合（記載事項等の規定に違反する場合）には、審査庁は、相当の期間を定め、その期間内に不備を補正することを命じなければならない。

・却下①——審査請求人が期間内に不備を「補正しないとき」は、審査庁は、審理手続を経ないで「裁決で」当該審査請求を「却下」できる。

・却下②——審査請求が不適法であって補正することができないことが明らかなときも、「却下」となる。


● 執行停止 ——審査法は、適法な請求であっても「執行不停止」の原則をとる。ただし、例外的に「執行停止」を認めている。

□任意的執行停止——次の2つがある。

①処分庁の「上級行政庁」又は「処分庁」の**「いずれかである」**『審査庁』は、必要があると認めるときは、審査請求人の「申立て」又は「職権」で、「処分の効力」、「処分の執行」、又は「手続の続行」の全部又は一部の停止「その他」の「措置を行うことができる」。（令2出）

②処分庁の「上級行政庁」又は「処分庁」の**「いずれでもない」**『審査庁』は、

必要があると認めるときは、審査請求人の「申立て」により、「処分庁の意見を聴取した上」、処分の効力、処分の執行又は手続の続行の全部又は一部の停止をすることができる。

□ **必要的執行停止**──審査庁は、審査請求人の「申立て」が、「重大な損害を避けるために緊急の必要が認められるとき」は、執行停止をしなければならない。ただし、「公共の福祉に重大な影響を及ぼすおそれがあるとき」又は「本案について理由がないとみえるとき」は、「執行は停止しない」

・**停止の判断**──審査庁は、「重大な損害を生ずるか否かを判断するに当たっては」、損害の回復の困難の程度を考慮し、損害の性質及び程度並びに処分の内容及び性質をも勘案する。

・**停止の限界**──処分の「効力の停止」は、処分の効力の停止「以外」の措置によって目的を達成することができるときは、停止することができない。

・**停止の決定**──「審査庁」は、執行停止の①申立てがあったとき、又は②審理員から執行停止をすべき旨の意見書が提出されたときは、「速やかに」、執行停止をするかどうかを決定しなければならない。

・**停止の取消**──執行停止後において、「執行停止が公共の福祉に重大な影響を及ぼすことが明らかとなったとき」、「その他事情が変更したとき」は、審査庁は、その執行停止を「取消す」ことができる。

○ **審査請求の取下げ**──審査請求人は、「裁決があるまでは」、いつでも審査請求を取下げることができる。この場合、「書面」でしなければならない。

● **審理手続**

・**計画的遂行①**──審査請求人、参加人及び処分庁等、すなわち審理関係人並びに審理員は、簡易迅速かつ公正な審理の実現のため、審理において相互に協力するとともに、審理手続の計画的な遂行を図らなければならない。

・**計画的遂行②**──また、審理員は、事件が複雑であることその他の事情により迅速かつ公正な審理を行うため、審理手続を計画的に遂行する必要があると認める場合には、期日及び場所を指定して、審理関係人を招集し、あらかじめこれらの審理手続の申立てに関する意見の聴取を行うことができる。

・**弁明書の提出**──審理員は、審査庁から指名されたときは、直ちに、「審査請求書」又は「審査請求録取書の写し」を処分庁等に送付しなければならない。ただし、処分庁等が審査庁である場合にはこの限りでない。

・**弁明書の求め**──審理員は、相当の期間を定めて、処分庁等に対し「弁明書の提出」を求めることができる。

・**弁明書の送付**──審理員は、処分庁等から弁明書の提出があったときは、これを「審査請求人」及び「参加人」に送付しなければならない。

・**反論書の提出**──審査請求人は、送付された弁明書に対し「反論書」を提出

できる。この場合、審理員が反論書を提出すべき相当の期間を定めたときは、その「期間内」に提出しなければならない。

・意見書の提出──「参加人」は、審査請求の事件に関する「意見書」（執行停止をすべき旨の意見書や審査庁がすべき裁決に関する意見書を除く）を審理員に提出できる。

・意見書の送付──審理員は、審査請求人から反論書の提出があったときは、これを参加人及び処分庁等に、参加人から意見書の提出があったときは審査請求人及び処分庁等に、それぞれ送付しなければならない。

・ 口頭意見陳述 ──審査請求人又は参加人の「申立て」があった場合、審理員は、当該申立人に「口頭」で審査請求の事件に関する意見を述べる機会を与えなければならない。（21出）ただし、当該申立人の所在その他の事情により当該意見を述べる機会を与えることが困難であると認められる場合には、この限りでない。

・関係人招集──口頭意見陳述は、審理員が、期日及び場所を指定し、全ての審理関係人を招集して行う。

・補佐人──口頭意見陳述に際し、申立人は、審理員の許可を得て「補佐人」とともに出頭できる。

・陳述の制限──口頭意見陳述に際し、審理員は、申立人のする陳述が事件に関係のない事項にわたる場合その他相当でない場合には「制限できる」。

・申立人の質問──口頭意見陳述に際し、申立人は審理員の許可を得て、審査請求の事件に関し、処分庁等に対し「質問できる」。

○ 証拠書類等の提出 ──審査請求人又は参加人は、証拠書類又は証拠物を提出できる。また処分庁等も、当該処分の理由となる事実を証する書類その他の物件を提出できる。

○ 提出書類等の閲覧 ──審査請求人又は参加人は、「審理手続が終結するまでの間」、審理員に対し、提出書類等の「閲覧」（電磁的記録は審査庁が定める方法により表示したものの閲覧）、又は当該書面若しくは当該書類の「写し」若しくは当該電磁的記録に記録された「書面の交付」を求めることができる。（28出）

・審理員は、「閲覧等が」「第三者の利益を害する」おそれがあると認めるとき、その他正当な理由があるときはその閲覧又は交付を拒むことができる。

・提出人の意見聴取──審理員は、閲覧又は交付をするときには閲覧又は交付に係る提出書類等の「提出人の意見」を聴かなければならない。ただし、審理員がその必要がないと認めるときはこの限りでない。

・閲覧の指定──審理員は、閲覧について日時及び場所を指定することができる。

・手数料──交付を受ける審査請求人又は参加人は、実費の範囲内で手数料を

行政法

納めなければならない。ただし、経済的困難その他特別の理由があると認めるときは、手数料を減額し又は免除できる。

○ **合併又は分離**──審理員は、必要があると認める場合には、数個の審査請求の審理手続を「合併し」又は合併された数個の審査請求の審理手続を「分離」することができる。

○ **執行停止の意見書**──審理員は、必要があると認める場合には、「審査庁に対し」「執行停止」をすべき旨の意見書を提出できる。

○ **審理手続の終結**──審理員は、必要な審理を終えたと認めるときは審理手続を終結する。

・終結要因①──審理員は、上述以外に相当の期間内に、次のイからホまでの物件が提出されない場合に更に一定の期間を示して、当該物件の提出を求めたにもかかわらず、当該提出期間内に当該物件が提出されなかったときは、「審理手続を終結できる」。

イ.弁明書、ロ.反論書、ハ.意見書、二.証拠書類若しくは証拠物又は書類その他の物件、ホ.書類その他の物件

・終結要因②──申立人が正当な理由なく口頭意見陳述に出頭しないときは審理手続を終結する。

・終結の通知──審理員は、審理手続を終結したときは、速やかに審理関係人に対し審理手続を終結した旨並びに審理員意見書及び事件記録を審査庁に提出する予定時期を通知する。当該予定時期を変更したときも通知する。

○ **審理員意見書**──審理員は、審理手続を終結したときは、遅滞なく審査庁がすべき裁決に関する意見書（審理員意見書）を作成しなければならない。

・提出──審理員は、審理員意見書を作成したときは、速やかにこれを事件記録とともに審査庁に提出しなければならない。


● **裁決**

・裁決の時期──「審査庁」は、行政不服審査会等から「諮問に対する答申を受けたとき」（諮問を要しない場合には審理員意見書が提出されたとき、関係行政機関の議を経たとき）は、遅滞なく「裁決」をしなければならない。

○裁決──「処分の場合」

□ **却下**──処分の審査請求が「法定の期間経過後にされたとき」又は「その他不適法であるとき」は「却下」となる。

□ **棄却**──処分の審査請求に「理由がない」場合には「棄却」となる。

・例外的に、審査請求に理由があるのに「棄却」の裁決をする場合がある。これを「事情裁決」という。

・事情裁決──事情裁決は、審査請求の処分が違法又は不当ではあるが、これを取消し又は撤廃することにより公の利益に著しい障害を生ずる場合、審査

請求人の受ける損害の程度、その損害の賠償又は防止の程度及び方法その他一切の事情を考慮した上、処分を取り消し又は撤廃することが公共の福祉に適合しないと認めるときは、審査庁は「裁決で」当該審査請求を「棄却」する場合をいう。

・宣言——事情裁決を行う場合は、審査庁は、「裁決の主文」で、裁決で当該処分が違法又は不当であることを「宣言」しなければならない。

□ 認容 ——処分の場合には、「①処分（事実行為を除く）の全部又は一部の取消」、「②事実行為の撤廃」、「③処分の変更（不利益変更は禁止）」の３種類がある。

[1] 処分の全部又は一部の取消——処分（事実上の行為を除く）の審査請求に「理由がある」場合（事情裁決を除く）には、審査庁は、「裁決で」当該処分の全部又は一部を「取消又は変更」ができる。

・ただし、審査庁が処分庁の上級行政庁又は処分庁の「いずれでもない」場合には、当該処分を「変更することはできない」。

・措置——法令に基づく申請を「却下」し、又は「棄却」する処分の全部又は一部を取消す場合、審査庁は、当該申請に対し「一定の処分をすべきものと認めるとき」は次の措置をとる。

①処分庁の「上級行政庁」である審査庁の場合は、処分に対し、「当該処分をすべき旨」を命ずること。

②処分庁である「審査庁」の場合は、「当該処分を行うこと」。

□関係機関の議——「一定の処分に関し」、関係機関の「議を経る」定めがある場合、審査庁が措置をとるために必要と認めるときは、審査庁は、審議会等の議を経ることができる。

□関係機関の協議——「一定の処分に関し」、他の法令に関係機関との「協議の実施」その他の手続をとるべき旨の定めがある場合、審査庁が措置をとるために必要があると認めるときは、審査庁は、協議等の手続をとることができる。

[2] 事実行為の撤廃——事実行為に理由がある場合

・宣言と措置——事実上の行為の審査請求に理由がある場合（事情裁決を除く）には、審査庁は、裁決で、当該事実上の行為が違法又は不当である旨を「宣言」するとともに、次の審査庁の区分に応じ、当該定める措置をとる。ただし、審査庁が処分庁の上級行政庁「以外」の審査庁である場合には、当該事実上の行為を「変更すべき旨」を命ずることはできない。

□処分庁以外の審査庁の場合は、当該処分庁に対し、当該「事実上の行為の全部若しくは一部を撤廃し」、又は「変更すべき旨」を命ずるこができる。

□処分庁である審査庁の場合は、当該「事実上の行為の全部若しくは一部を撤廃し」、又は「変更」を行うことができる。

[3] 処分の変更（不利益変更は禁止）——「審査庁」は、原処分の内容を審査請

行政法

求人の「不利益」に変更し、又は当該事実上の行為を変更すべき旨を命じ、若しくはこれを変更することができない。（23出・27出・30出）

[2] 　再調査　——再調査の請求は、行政庁の「処分」につき「処分庁以外」の行政庁に対し審査請求ができる場合に、「法律に再調査の請求ができる定めがあるとき」は、『処分庁』に対し再調査の請求ができる。（23出・28出・30出）ただし、当該処分を審査請求したときは再調査の請求ができない。

・再調査の請求とは、大量処分について、審査請求手続の前に、処分庁自身がより簡易・迅速な手続で事実関係の調査等をすることであり、審査請求の一元化の例外として認められている。（30出）
・対象外——「不作為」に関する不服申立ては、審査請求によるものとされており、再調査の請求の対象とはならない。（23出・30出）
・再調査後に審査請求——行政庁の処分に対する不服申立ては、原則として「審査請求」によるものとされているが、法律に「再調査の請求」をすることができる旨の定めがあるときには再調査の請求の決定を経た後に審査請求をすることとされている。（27出）ただし、次の場合は「ただちに審査請求ができる」。
　①再調査の請求をした日の翌日から起算して「3月」を経過しても、処分庁が再調査の請求に対する決定をしない場合。
　②その他再調査の請求の決定を経ないことにつき正当な理由がある場合。

● 　不作為の審査請求　——不作為審査請求とは、行政庁が「申請」に対して相当の期間内に何らかの「処分をすべき」であるにもかかわらず、これをしない場合に当該不作為について審査請求をすることができることをいう。（21出）
・申立——不作為の審査請求は、審査請求を「申請した者」に限られる。
・機関——不作為の審査請求の機関は、次による。
□「不作為庁」に上級行政庁が「ない」場合・・・「当該不作為庁」（21出）
□「不作為庁」に上級行政庁が「ある」場合・・・当該不作為庁の「最上級行政庁」（21出）
・申出——申出は、原則として、書面で行うことが義務づけられている。
・期間——不作為の審査請求には、申立ての期間の「制限がない」。
・再審——不作為は「再審査請求を行うことができない」。再審査請求は「処分」に限られる。

[3] 　再審査請求　——再審査請求とは、第一審として処分の「審査請求」の裁決を経た後に、さらに行う不服申立てをいう。すなわち第二審の不服申立てである。
・請求先——再審査請求は、原裁決（再審査請求ができる処分の審査請求の裁決）

又は当該処分（原裁決等）を対象として、「法律に定める行政庁」に対して行うことができる。

・請求者──<u>再審査請求は、原則として一般概括主義が採用されず、「行政不服審査法」や「個別法」に再審査請求が可能な旨の定めがある場合に「限り」、当該処分についての「審査請求の裁決に不服がある者」が請求することができる。</u>（21出・令2出）

・対象事項──<u>再審査請求は、「原処分」を対象とすることができるし、審査請求の「原裁決」を対象とすることもできる。</u>（21出・23出）

・裁決書の送付──審理員又は再審査庁は、原裁決をした行政庁に対し、原裁決の裁決書の送付を求めることができる。

○ 　行政不服審査会

・設置──総務省に行政不服審査会を置く。<u>「審査会」は「諮問機関」であるが、審査法の規定により、審査権限が認められており、その権限に属せられた事項を処理する。</u>（30出・令2出）

・組織──審査会は、分野横断的な第三者機関として、「委員9人」をもって組織する。委員は非常勤とし、ただし、委員のうち3人以内は常勤とすることができる。

・合議体──審査会は、委員から、行政不服審査会が指名する者「3人」をもって組織する合議体で、審査請求の事件について調査審議する。

・3人の構成の合議体にかかわらず、行政不服審査会が定める場合には委員の「全員」をもって構成する「合議体」で、審査請求の事件について調査審議することができる。

・調査権限──<u>審査会は、審査関係人（審査請求人、参加人、審査庁）に対して主張書面又は資料の提出を求める等の調査権限を持っている。</u>（30出・令2出）

・意見の陳述──審査会は、審査関係人の「申立て」があった場合には、審査関係人に「口頭」で意見を述べる機会を与えなければならない。ただし、審査会がその必要がないと認める場合には、意見を述べる機会を与えないことができる。

・審査請求人又は参加人は、「審査会の許可を得て」、補佐人とともに出頭できる。

・提出──審査関係人は、審査会に対し主張書面又は資料を提出できる。この場合、審査会が主張書面又は資料を提出すべき期間を定めたときは、その期間内に提出しなければならない。

・手続──審査会は、必要があると認める場合にはその指名する委員に調査をさせ、又は審査関係人の意見の陳述を聴かせることができる。

・閲覧等──審査関係人は、審査会に対し審査会に提出された主張書面若しく

は資料の閲覧又は当該主張書面若しくは当該資料の写し若しくは当該電磁的記録に記録された事項を記載した書面の交付を求めることができる。この場合、審査会は、第三者の利益を害するおそれがあると認めるとき、その他正当な理由があるときでなければその閲覧又は交付を拒むことができない。

・審査会は、閲覧をさせ又は交付するときは、当該閲覧又は交付に係る主張書面又は資料の提出人の意見を聴かなければならない。ただし、審査会がその必要がないと認めるときは、意見を聴く必要がない。

・審査会は、閲覧について日時及び場所を指定することができる。

・書面等の交付を受ける審査請求人又は参加人は、実費の範囲内で手数料を納めなければならない。

・審査会は、書面等の交付に対して経済的困難その他特別の理由があると認めるときは、政令で定めるところにより「手数料を減額し又は免除できる」。

・答申書の送付等——審査会は、諮問に対する「答申」をしたときは、答申書の写しを審査請求人及び参加人に送付するとともに答申の内容を公表する。

○ 補則

・情報の提供——審査請求、再調査の請求、再審査請求又は他の法令に基づく不服申立てにつき裁決、決定その他の処分（裁決等）をする権限を有する「行政庁」は、不服申立てをしようとする者又は不服申立てをした者の求めに応じ、不服申立書の記載に関する事項その他の不服申立てに必要な「情報の提供」に努めなければならない。

・公表——不服申立てにつき裁決等をする権限を有する行政庁は、当該行政庁がした裁決等の内容その他当該行政庁における不服申立ての「処理状況」について「公表」するように努めなければならない。

・罰則——行政不服審査法等の「委員」は、職務上知ることができた「秘密」を漏らしてはならず、秘密を漏らした者は、「1年以下の懲役」又は「50万円以下の罰金」に処せられる。

## ■ 22 行政事件訴訟法

● 行政事件訴訟法——行政事件訴訟法には、主観的訴訟として「抗告訴訟」と「当事者訴訟」とがあり、客観的訴訟として「民衆訴訟」と「機関訴訟」とがある。（21出・25出・29出・令元出・令2出）

□主観的訴訟のうち、行政庁の「公権力の行使」に関する「不服」の訴えを『抗告訴訟』といい、法主体間で公法上の法律関係を争う訴えを『当事者訴訟』という。（令2出・令4出）

□客観的訴訟のうち、国又は公共団体の機関の「法規に適合しない行為の是正」

を求める訴訟で、自己の法律上の利益にかかわらない資格で提起するものを
『民衆訴訟』といい、国又は公共団体相互間における権限の存否又はその行使
に関する紛争についての訴訟を『機関訴訟』という。(令 2 出・令 4 出)

○訴訟法①──「主観的訴訟」とは、違法な行政作用から個人的な権利利益を
保護する訴訟であり、「客観的訴訟」とは、行政法規の正しい運用を保護する
訴訟であり、法律に特に定める場合において、法律に定める者に限り提起す
ることができる。(21 出)

・訴訟法②──行政事件訴訟は、司法裁判所で審議される。「行政裁判所なるも
のはない」。(21 出)

・訴訟法③──行政事件訴訟は、行政庁が行った「違法」な処分により権利を
侵害された者を救済手段する訴訟である同時に、行政上の法律関係の争いに
ついて法秩序の適正維持を目的とする訴訟でもある。(21 出)

・訴訟法④──行政事件訴訟は、公法上の法律関係に関する訴訟であるが、こ
の法律に定めがない事項については、民事訴訟法をはじめとする「民事訴訟
に関する法令の諸規定が準用」される。(21 出)


■ 主観的訴訟 ──主観的訴訟とは、国民の個人的な権利利益の保護を目的
とする訴訟をいい、「抗告訴訟」と「当事者訴訟」がこれに当たる。

● 抗告訴訟 ──抗告訴訟とは、行政庁の公権力の行使に関する不服の訴え
の訴訟をいう。(20 出・23 出・27 出・29 出・30 出)

・6 種類──抗告訴訟には、①処分の取消しの訴え、②裁決の取消しの訴え(27
出)、③無効等確認の訴え、④不作為の違法確認の訴え、⑤義務付けの訴え、
及び⑥差止めの訴えの 6 種類があるほか、「無名抗告訴訟」の余地を残している。
(20 出・29 出・令 3 出)

・抗告訴訟とは、「行政庁」の「公権力の行使」に関する訴えをいう。

・「行政庁」とは、国又は地方公共団体を指す。国会や裁判所は、原則として対
象外である。

・「公権力の行使」には、「法が認めた優越な行為」や「不作為」も含まれる。

[1] 処分の取消しの訴え ──処分の取消しの訴えとは、行政庁の処分その他公
権力の行使にあたる行為の違法を主張して取消しを求める訴訟をいう。(20 出)

・処分とは──行政庁の処分とは、行政庁が行う行為により直接国民の権利義
務を形成し又はその範囲を確定することが法律上認められているものをいう。

・提起──処分取消しの訴えは、「原処分」の取消しを求める訴えである。

・処分の取消しの訴えとその処分の審査請求を棄却した裁決の取消しの訴えの
「双方」を提起できる場合には、「処分の取消しの訴え」において、「原処分の
違法」を理由として取消しを求めることができる。(20 出)

・利益ある者──処分取消しの訴えは「法律上の利益ある者」である。したがっ

行政法

て、第三者の法律上の利益に関しては訴えることができない。

- 処分の取消——処分取消しの訴えは、「処分の取消し」であって、裁決の取消しを求めることはできない。
- 範囲——処分取消しの訴えは、法が認めたもの、「意思的行為」のみならず「事実行為」も含まれる。
- 被告——処分取消しの訴えは、国又は地方公共団体。（被告とすべきものがないときは「処分庁」）
- 適否——処分取消しの訴えは、処分庁の権限行使の適否を問うものである。
- 期間——<u>処分取消しの訴えは、処分の日から「1年」を経過したときは、原則として提起することができないが、ただし、正当な理由があれば提起することとができる。</u>（27出）
- 審理——裁判所は、「他の行政庁」を、「申立て」又は「職権」により参加させることができる。
- 係属中——処分取消しの訴えの係属中に「審査請求が提起されているとき」は、裁判所は、審査請求の裁決があるまで手続を「中止」することができる。
- 執行不停止——処分取消しの訴えは、原則として処分の「執行不停止」の原則をとる。
- 事情判決——処分取消しの訴えで、処分が違法で取消すことによって公の利益に著しい障害を生ずる場合には、裁判所は「事情判決」をすることができる。
- 自由選択主義——<u>「処分の取消しの訴え」か、「行政不服審査法の審査請求」かは「自由選択主義」となっており、「例外的」に法律で特に定める場合のみ審査請求前置となる。</u>（21出）
- 前置の例外——審査請求前置の規定があっても、「30日を経過」しても審査請求の裁決がない等の理由があるときは、処分の取消しの訴えを提起することができる。
- 効果——処分取消しの訴えの効果は「遡及的に消滅し」、「第三者にも及ぶ」。

[2] 裁決の取消しの訴え——裁決の取消しの訴えとは、原処分の「審査請求」その他法令に基づく不服申立てに対する行政庁の「裁決」の取消しを求める訴訟をいう。

- 提起——裁決を取消す訴えは、「利益ある者」又は「裁決の取消しによって回復利益がある者」が提起できる。
- 裁決のみに限る——裁決の取消しの訴えは、「裁決固有の瑕疵のみを争う訴え」である。
- 分離——裁決の取消しの訴えは、「裁決」であって、「原処分」と分離される。
- 原処分の違法は「処分の取消しの訴え」によってのみ主張でき、「裁決の取消しの訴え」は裁決の違法のみが主張できる。したがって、原処分の違法性を主張して裁決の取消しの訴えを提起できない。

- 裁決の取消と原処分——裁決の取消しの訴えで棄却判決を受けた者が、さらに原処分の違法を争いたいならば、処分の取消しの訴えを提起しなければならない。

[3] <u>無効等確認の訴え</u>——<u>無効等確認の訴えとは、処分若しくは裁決の「存否」又はその「効力の有無の確認」を求める訴訟のことをいう。</u>（27 出・30 出・令 3 出）

- <u>無効等確認の訴えには原告適格に「制限があり」、法律上の利益がある者のみが提起できる。</u>（20 出・23 出）

- 抗告訴訟——自らの判断で「無効と思っても」無効でないとされる場合に、無効な処分又は処分の不存在を「裁判所の判決」によって確認してもらう必要があるために認められた抗告訴訟である。

- 争点——無効な処分については、取消訴訟の「排他的管轄の制約を受けない」ため、ただちに当該処分が無効であることを前提とする「民事訴訟（争点訴訟）」を提起して権利利益の救済を求めることができる。しかし争点訴訟では権利利益の救済目的を達成できないときがあるため、「無効等確認の訴え」を提起できるものとされている。

- 提起——<u>無効等確認の訴えには、「原告適格」に制限があり、「法律上の利益がある者」のみが提起できる。</u>（20 出）

- 無効等確認の訴えは、「当事者訴訟」や「争点訴訟」で目的が達成されない者に限り提起できる。

- 補充——無効等確認の訴えは、無効な行政処分があたかも有効な処分のように取り扱われることから続行処分による損害を予防するための「補充的性格」を有している。

- 期間・前置——<u>無効等確認の訴えは、取消訴訟と「異なり」、「出訴期間の制限がなく」</u>（27 出・30 出・令 3 出）、また「審査請求前置主義の制限もない」。

[4] <u>不作為の違法確認の訴え</u>——<u>不作為の違法確認の訴えとは、法令に基づく申請に対し、相当の期間内に処分又は裁決をすべきにもかかわらずしないことについて「違法」の確認を訴えることをいう。</u>（23 出・30 出）

- 提起——不作為の違法確認の訴えは、「法律に根拠がある場合」に限り認められる。

- 申請——不作為の違法確認の訴えは、「申請者」に限られる。

- 拒否——不作為の違法確認の訴えは、申請に対して拒否等があれば出訴できる。

- 行政庁が、申請の拒否又は一定期間内に処分しない場合には行政庁の拒否処分があったものとみなされる場合（生活保護 24 条）がある。これに対し「出訴できる場合は」、不作為の違法確認の訴えは除かれる。

- 前置——不作為の違法確認の訴えには、「審査請求前置主義の適用がない」。

- 消滅——不作為の違法確認の訴え中に行政庁が処分又は裁決を行った場合には「訴えはなくなる」。
- 判決——判決では、不作為の違法確認以上の判決を求めることができない。したがって、判決後もなお行政庁が不作為を継続しても、判決を法的に強制する手段は存在しない。
- 拘束——不作為が違法であることが「判決で確定される」と、行政庁は、何らかの処分をしなければならない拘束を受ける。

[5] <mark>義務付けの訴え</mark>——<u>義務付けの訴えとは、行政庁が法令による申請又は審査請求に基づかずに一定の処分をすべきものについて、これがなされない場合に、重大な損害を生ずるおそれがあり、かつ損害を避けるため他に適当な方法がない場合、行政庁が一定の処分又は裁決すべきで「ある」ことを命ずることを求める訴えである。</u>（27出・30出）

- 要件——義務付けの訴えには、「重大な損害があり」かつ「他に方法がない補充性」の2つの要件が必要である。
- ○類型——<u>義務付けの訴えは、「非申請型」と「申請型」の2つに分類される。</u>（令3出）
- □非申請型（1号）——非申請型は、「申請者の行使を前提とせず」、行政庁が一定の「処分をすべきことを義務付ける」ものである。
- □申請型（2号）——申請型は、行政庁に対して申請した者が「原告」となって行政庁が一定の「処分をすべきことを義務付ける」ものである。
- ○訴訟要件——義務付けの訴えの訴訟要件には、次の2つがある。
- □不作為型——法令に基づく申請又は審査請求に対し相当の期間内に何らの処分又は裁決がなされない場合、訴訟要件として規定されている。
- □拒否処分型——法令に基づく「申請」又は「審査請求を却下し又は棄却する旨の処分又は裁決がなされた場合」に、処分又は裁決が取消されるべきものであり又は無効若しくは不存在であることが、訴訟要件として規定されている。
- ○要件——「不作為型」は申請につき相当の期間内に応答がないことが要件となり、「拒否処分型」は処分が「取り消されるべきもの」「無効」「不存在」のうち、いずれかである。
- □合併①——「不作為型」の場合は、「不作為の違法確認の訴え等」と「合併」して提起しなければならない。
- □合併②——「拒否処分型」の場合は、「取消訴訟」又は「無効等確認訴訟」と合併して提起しなければならない。
- 提起——義務付けの訴えは、法令に基づく「申請」又は「審査請求」をした者でなければならない。
- 仮の義務付け——義務付け訴訟の提起があった場合において、義務付け訴訟

に係る処分又は裁決がなされないことにより生ずる償うことのできない損害を避けるため緊急の必要があるときは、裁判所は「申立て」により、「決定をもって」仮に行政庁が処分又は裁決をすべき旨を命ずることができる。

[6] **差止めの訴え**──差止めの訴えとは、行政庁が一定の処分又は裁決をすべきでないにもかかわらずこれがされようとしている場合に、行政庁がその処分又は裁決をしてはならない旨を命ずることを求める訴訟である。(23出・27出・令3出)

・**訴えの効果**──差止めの訴えには、処分が公表されると名誉や信用に重大な損害を生ずるおそれがある場合や、処分されると即時に訴えの利益が失われる場合がある。(23出)

・**訴えの範囲**──差止めの訴えで、行訴法上の「処分」には行政庁による「権力的事実行為」が含まれるため、権力的事実行為が反復するような場合にも利用可能である。

○**訴訟要件**──差止めの訴えの「要件」には「積極要件」と「消極要件」がある。

□**積極要件**──差止めの訴えは、一定の処分又は裁決がなされることにより「重大な損害を生ずる」おそれがある場合である。

□**消極要件**──差止めの訴えは、損害を避けるために「他に適当な方法があるとき」は「提起できない」。(27出)

・**提起**──差止めの訴えは、「法律上の利益ある者」である。

・**勝訴要件**──勝訴要件は、その差止めの訴えに係る処分又は裁決につき、行政庁がその処分若しくは裁決をすべきでないことがその処分若しくは裁決の根拠となる法令の規定がその「裁量権」の範囲を「超え」若しくはその「濫用」となると認められるときである。

・**判決の効果**──差止め判決は、処分又は裁決をすべき行政庁その他関係行政庁を「拘束し」、また「既判力により当事者を拘束する」ものの、「第三者には効力が及ばない」。

・差止め判決が確定すると、「拘束力により」、行政庁は処分や裁決をすることができなくなるため、そのことにより不利益を被る「第三者」は取消訴訟を提起することになる。

・**仮の差止め**──差止めの訴えの提起があった場合に、差止めの訴えに係る処分又は裁決がなされないことにより生ずる償うことのできない損害を避けるため緊急の必要があり、かつ本案について理由があるとみえるときは、裁判所は「申立て」により、「決定」をもって、「仮に」行政庁が処分又は裁決を「してはならない旨」を命ずることができる。

● **当事者訴訟**──当事者訴訟とは、当事者間の法律関係を確認し又は形成する処分又は裁決に関する訴訟である。(令4出)

- 当事者訴訟は、取消訴訟のように行政庁が優越的な立場に立って行った行為の排除を求める訴訟ではなく、相対立する当事者間の公法上の権利関係に関する訴訟である。
- **特色**——当事者訴訟は、現在の法律関係に関する訴訟であり、行政事件訴訟法としての特色が強くないため、抗告訴訟（取消訴訟）に関する諸規定のうち、行政庁の訴訟参加、職権証拠調べ、釈明処分の特則、判決の関係行政庁に対する拘束力、訴訟費用の裁判の効力が準用されるほか、ほぼ民事訴訟の手続による。（29出）
- **出訴期間**——当事者訴訟には、法令に「出訴期間の定めがある場合を除き」、正当な理由があるときはその「期間を経過した後」であっても提起できる。
- **訴訟物**——当事者訴訟は、その訴訟構造は「民事訴訟」とほとんど違いはないが、当事者訴訟は「公法上の訴訟物」を対象とするものであり（令4出）、民事訴訟のように私法上の訴訟物を対象としない。
- **種類**——当事者訴訟には、「形式的当事者訴訟」と「実質的当事者訴訟」の次の2種類がある。（25出・令元出・令4出）

□形式的当事者訴訟——「当事者間」の法律関係を争う。

- **目的**——形式的当事者訴訟は、「当事者間の法律関係を確認し又は形成する処分に関する訴訟」で、その法律関係の「当事者の一方を被告」とするものであり、処分又は裁決の効力を「争う点」では抗告訴訟的な性質を持つが、実質的に利害関係を有する「当該法律関係の一方を被告」とし、「行政庁を被告としない訴訟」である。
- **事例**としては、「土地収用法に基づく損失補償額」に不服ある場合がある。この補償金額の争いについては、裁決をした収用委員会ではなく、法律関係の一方の当事者である「起業者」と「土地所有者（または関係人）」の間で直接争う訴訟である。また、海区漁業調整委員会に対する入漁権の設定等に関する裁定の申請などがある。

□実質的当事者訴訟——「公法上」の法律関係を争う。

- **目的**——実質的当事者訴は、「公法上」の法律関係に関する確認の訴えその他の公法上の法律関係に関する訴訟である。（25出・令元出）
- **対象**——実質的当事者訴は、「行政庁の権限の行使を訴訟物としない」で、「公法上の権利」又は「法律関係そのもの」を訴えの対象とし、「権利主体が対等な立場で争う訴訟」である。
- **事例①**——訴訟の対象は、地公法やその他の行政法律（地方自治法第9条⑨市町村の境界に関する訴訟）などにかかわるものである。
- **事例②**——上述のほか、①議員の地位の確認訴訟、②公務員の身分関係存在確認、③公務員の給与の支払請求訴訟、④在外邦人選挙権訴訟などがある。

■ 　客観的訴訟　──客観的訴訟とは、客観的な法秩序の維持、行政の適法性の保障を目的とする訴訟をいい、「民衆訴訟」と「機関訴訟」とがある。（令元出）

● 　民衆訴訟　──民衆訴訟とは、国又は地方公共団体の機関の「法規」に適合しない行為の是正を求める訴訟である。（25出・29出・令元出）

・提起①──民衆訴訟では、「法律に特別に定められた場合に」、「法律に定められた者に限り」訴えを提起できる。（29出・令元出）

・提起②──民衆訴訟は、選挙人たる資格や納税者たる資格など、「自己の法律上の利益にかかわらず」提起できる。（25出・令元出・令4出）

・既判力──民衆訴訟の判決の既判力は、当該問題を争う資格のある「全ての者に及ぶ」。

・事例としては、①公職選挙法による選挙又は当選の効力に関する選挙訴訟。②最高裁判所裁判官の国民審査に関する審査無効の訴訟。③地方自治特別法の住民投票に関する訴訟。④住民の直接請求に関する訴訟。⑤地方自治法による「住民訴訟」などがある。

・準用──民衆訴訟は、処分又は裁決の取消しを求めるものについては、「取消訴訟」に関する規定が準用される。


● 　機関訴訟　──機関訴訟とは、国又は地方公共団体の機関相互間における権限の存否又はその行為に関する紛争についての訴訟をいう。（25出・29出・令元出）

○機関訴訟──機関訴訟は、「行政権の内部で」行政機関の権限について争いがある場合に、本来は行政組織内部で解決すべきところ、立法により、特に裁判所の判断が必要な場合に利用される。

・提起──機関訴訟も、民衆訴訟と同じく、「法律に定めがある場合に限り」「法律」に定める「者」に限り、それが法律上の争訟に該当するか否かにかかわらず出訴することができる。（29出・令元出・令4出）

・紛争──機関訴訟は、同一の行政主体に属する機関相互間の紛争に限られない。

・準用──機関訴訟の具体的手続は「行政事件訴訟法で定めていない」。行政事件訴訟法に定めがない事項には、それぞれ取消訴訟、無効等確認の訴え又は当事者訴訟に関する規定が準用されるし、民事訴訟法の例による。（25出）

・事例としては、①普通地方公共団体に対する国又は都道府県の「関与に関する訴え」。②地方議会の議決又は選挙の適法性に関する「議会と長との間の訴訟」などがある。

行政法

## ■ 23 取消訴訟

○ 取消訴訟 ——取消訴訟とは、行政事件訴訟法のうち「処分の取消しの訴え」と「裁決の取消しの訴え」を併せた訴訟である。

・対象——取消訴訟は、行政庁の処分その他公権力の行使にあたる行為の行政庁の違法な処分又は裁決が対象となる。(26出)

・処分性——取消訴訟の対象となる行政庁の「処分」は、行政庁の法令に基づく行為の全てを意味するものではなく、その行為によって、直接国民の権利義務を形成し又はその範囲を確定することが法律上認められているものとする最高裁判決がある。(22出)

・原処分主義——行政事件訴訟法では、処分の取消しの訴えと裁決の取消しの訴えとを区別するとともに、「原処分の違法」は処分の取消しの訴えによってのみ主張できる「原処分主義」を採用している。

・提起——処分の取消訴訟と裁決の取消訴訟との両方を提起することができる場合、原告は、「裁決」の取消訴訟において処分の違法を理由に取消しを求めることはできない。(22出)

○ 原告適格 ——取消訴訟は、当該処分又は裁決の取消しを求めるにつき「法律上の利益ある者」に限り提起することができる。(22出・23出・令元出)したがって、取消訴訟では自己の法律上の利益に関係のない違法を理由として取消しを求めることができない。(23出)

・利益ある者——原告適格を有する者は、必ずしも処分又は裁決の相手方に限られず、法律上の利益ある者であれば、「自然人」であると「法人」であると、「法人格」のない社団・財団であるとを問わない。また自然人の場合には国籍、性、年齢を問わない。

○ 被告適格 ——原則として処分又は裁決をした行政庁が「所属する」行政主体（国又は公共団体）に属する場合には、「国」又は「公共団体」を被告として提起しなければならない。(22出・26出)

・例外——例外として、処分庁・裁決庁が国又は地方公共団体に「所属しない」場合には、その被告適格はその「行政庁」になる。また被告とすべき「行政主体」又は「行政庁」が「ない」場合には処分・裁決に係る事務の帰属する「国又は地方公共団体（行政主体）」が被告となる。

・被告を誤る場合——被告とすべき者を誤って出訴した場合は、裁判所は、原告の「申立て」により決定をもって「被告を変更できる」。

・訴訟参加——取消訴訟では、「第三者」や「処分又は裁決をした行政庁以外の行政庁」を「申立て又は職権」により訴訟に参加させることができる。

○参加方法——訴訟参加には「第三者の訴訟参加」と「行政庁の訴訟参加」と

がある。

□**第三者の訴訟参加**とは、訴訟の結果により権利を侵害されるおそれのある第三者に訴訟に参加させることをいう。

□**行政庁の訴訟参加**とは、処分庁・裁決庁が当該訴訟において裁判上の一切の行為をする権限を有することや、「処分庁や裁決庁以外の関係行政庁」を訴訟に引き込むことが、訴訟資料の充実、適正な審査の遂行に資することになるため、「関係行政庁につき」訴訟に参加させることをいう。

○**管轄**——取消訴訟は、「被告の普通裁判籍」の所在地を管轄する裁判所、又は「処分若しくは裁決をした行政庁」の所在地を管轄する裁判所の管轄に属する。

・**特定管轄裁判所**——取消訴訟は、「原告」の普通裁判籍の所在地を管轄する「高等裁判所」の所在地を管轄する地方裁判所（特定管轄裁判所）にも提起できる。

○ **出訴期間** ——取消訴訟は、「処分」又は「裁決」があったことを「知った日から6か月以内」、「あった日から1年」である。ただし、正当な理由がある場合はこの限りでない。（22出・23出・26出・30出・令3出）

・**正当な理由**——取消訴訟は、「正当な理由があれば」、処分又は裁決の日から「1年を経過した場合でも」提起できる。（令元出）

・**期間経過の場合**——取消訴訟では、処分等の効果が期間の「経過等」によりなくなった後にも、なお処分等の取消しによって回復すべき「法律上の利益を有する場合」には訴えを提起できる。（20出）

○**自由選択主義**——取消訴訟には、審査請求又は取消訴訟のいずれでも自由にできる「自由選択主義」が採用されており、法律に「審査請求前置」がある場合に「限り」審査請求前置主義がとられる。（令元出）

○ **前置主義の例外** ——原則として「審査請求」に対する「裁決」を経た後でなければ「取消訴訟」を提起できないが、ただし、次の場合には「裁決を経ないで取消訴訟を提起できる」。
①審査請求があった日から「3か月を経過」しても裁決がないとき。
②処分、処分の執行又は手続の続行による著しい損害を避けるため「緊急」の必要があるとき。
③その他裁決を経ないことにつき「正当な理由」があるとき。

・**手続中止**——裁判所は、審査請求が「併行」して提起されているときは、審査請求の裁決があるまで訴訟手続を「中止」できる。

○ **審理**

・**範囲**——取消訴訟の審理手続は、通常の「民事訴訟」と「異なる部分」についてのみ規定が置かれ、それ以外については「民事訴訟の例」による。

○**不告不理の原則**——取消訴訟も、民事訴訟と同様に、「不告不理の原則」が適用され、裁判所は、原則として当事者双方の申立ての「範囲を越えて」審理・裁判することができない。

- **審理の範囲**——審理しえる範囲は、裁量問題のうち「法規裁量」に属する問題は審理の対象となるが、いわゆる「自由裁量」は審理の対象とならない。もっとも自由裁量であっても「その裁量権の範囲を超え又は濫用がある場合」は裁判でその処分を取消すことができる。

○**釈明処分の特則**——裁判所は、訴訟関係を明瞭にするため、行政庁に対し処分又は裁決の理由を明らかにする「資料の提出」を求めることができる。

- **特則**——「釈明処分の特則」は、処分・裁決を審理する訴訟の早期の段階で、処分・裁決の理由・根拠に関する当事者間の「主張」や「争点」を明らかにする仕組みである。

- **提出要求**——資料・記録の提出要求制度は、「処分・裁決を争うもの」に限られている。したがって、行政指導や通達などの違法・無効を争点とする訴えを提起した場合には、当該指導や当該通達についてその理由や根拠を提出させるために、この「釈明処分の特則」を用いることはできない。

- **制裁**——釈明処分であるから、行政庁の側に資料・記録につき提出・送付の法的義務はなく、これを拒んでも制裁が科されることはない。

○**職権調べ**——取消訴訟においては「弁論主義」を基本としているが、裁判所は当事者間の実質的公平を確保するため、「当事者の申立てを待たず」、証人喚問、物証の提出を求め、現場検証を行うなど、「職権」で証拠調べをすることができる。（26出・令元出）ただし、裁判所の専断を避けるため、職権証拠調べの結果について当事者の意見を聴かなければならない。

○**職権探知主義**——職権証拠調べは、弁論主義の下でそれを「補充」する調べる権能を裁判所に認める趣旨であり、さらに進んで「職権探知主義」まで認めるものではない。

- **準用**——職権証拠調べの規定は、全ての行政事件訴訟法に準用される。

○ **判決**——取消訴訟の判決には「却下」「棄却」「認容」の3つがある。
□ **却下**（要件を欠く場合）
- 「却下」は、「要件を欠く不適法な訴え」として審理を拒否する判決である。
□ **棄却**（理由がない場合）（事情判決あり）（既判力が確定する）
- 「棄却」は、原告の理由を排斥する判決である。判決は既判力が確定するため、他の違法事由を主張して再び出訴することや、国家賠償請求訴訟を提起することはできない。
- **例外**——請求に「理由があっても」、これを棄却する「事情判決」がある。
- **職権行使**——棄却判決があった場合でも、「処分庁」は当該処分を「職権」で取消又は変更をすることができる。
- **事情判決**——取消訴訟において、「処分・裁決が違法である」が取消すことにより公の利益に著しい障害が生じるときは、裁判所は請求を「棄却」す

ることができる。これを「事情判決」という。

・主文で宣言──事情判決を行う場合には、判決の「主文において」、処分又は裁決が違法であることを宣言しなければならない。なお違法宣言は、「終局判決前」にも裁判所が相当と認めるときはできる。

・取消訴訟に限定──事情判決は「取消訴訟にのみ認められ」、他の抗告訴訟には準用されない。

・上告──原告は、事情判決により請求が棄却された場合はこれを不服として「上告」できる。

・賠償請求──原告は、事情判決で違法とされた処分等を不法行為として「損害賠償」を請求できる。

□ 認容 （申請内容を認める）──判決で審査請求の裁決が「取消」されたときは、「審査庁」は判決に従って「改めて裁決する」必要がある。

・認容範囲──判決では、原告の請求の全部又は一部を認容する。

・限界──判決では、違法な処分又は裁決を取消しうるにとどまり、それ以上の「給付判決はできない」。

○ 取消判決の効力

◇形成力──取消判決があると、当該処分が遡及的に効力を「失う効力」のことを「形成力」という。形成力は「被告行政庁及び第三者にも及ぶ」（これを対世効という）。

◇対世効（第三者効）──対世効（第三者効）を認める措置として、「第三者」の訴訟参加、再審の訴えがある。なお、無効確認判決には第三者効は認められていない。

◇既判力──取消判決の「既判力」については、民事訴訟第114条に『確定判決は主文に包括するものに限り既判力を有する』とする規定があるが、「行政事件訴訟法」は取消判決の既判力について「明文規定を置いていない」。（令4出）

◇拘束力──取消判決があると、行政庁は判決を尊重して改めて処分又は裁決する拘束を受けることを「拘束力」という。拘束力は当該事件の当事者たる「被告行政庁」及び「関係行政庁」にも及ぶ。（令4出）

◇反復禁止効──取消判決は、当該事件の当事者たる被告行政庁及び関係行政庁を拘束するため、行政庁が同じ事情の下で、同じ根拠により、同じ趣旨の処分を「再び行うことができなくなる」。この効力を「反復禁止効」という。（令4出）

・反復禁止効は、その判決で確定された具体的「違法事由」についてのみ働く。

○判決の効果──取消訴訟が確定したときは、行政庁の取消しを待つまでもなく、当初から処分又は裁決がなかったと同じ状態をもたらす。すなわち遡及する。そのため取消訴訟確定後、「処分庁が改めて判決の趣旨に従って処分を取り消す必要はない」。（令4出）

行政法

- **第三者に及ぶ**──取消訴訟の判決の効力は、当事者間のみならず第三者にも効力を有する。（令4出）
- **第三者再審の訴え**──取消訴訟の判決は第三者にも及ぶことから、第三者の権利利益を保護する制度として、取消訴訟の判決により権利を侵害された第三者に再審の訴えを認めている。この場合、判決を「知った日から30日以内」に出訴できる。

○ **教示制度** ──取消訴訟等を提起できる処分又は裁決をする場合には、処分又は裁決の相手方に対して、次の事項を書面で教示しなければならない。ただし当該処分を「口頭」でする場合には「書面」による教示を行う必要がない。
- 教示では、①被告とすべき者、②出訴期間、③審査審査前置の定めがあるときはその旨を教示しなければならない。

○ **執行停止** ──執行停止とは、原告の権利利益を保全するために、暫定的措置として「処分の効力」、「処分の執行」又は「手続の続行の全部又は一部を停止」する裁判をいう。
- **執行不停止原則**──行政事件訴訟法は、取消訴訟の提起があっても「執行不停止原則」を採っており、処分の効力、執行及び後続手続には「影響しない」（22出・24出・26出）が、判決が出るまでの間に回復困難な既成事実が作り出され、勝訴しても有効な権利利益の救済に結びつかないことから、民事訴訟法と同様に「執行停止」が認められる場合もある。
- **原告申立て**──裁判所は、処分の執行により原告に重大な損害を避ける緊急の必要性があると判断した場合に限り、「原告からの申立て」により当該行政処分の執行を停止することができる。（24出・28出）職権により執行停止を行うことはできない。（28出・令元出・令2出）

○ **要件**──執行停止が「認められる場合」と「認められない場合」とがある。

□ **執行停止が「認められる」場合**──執行停止は、公共の福祉におよぼす影響を考慮しても、なお個人が受ける「重大な損害」を避ける緊急の必要があるときにできる。
- **要件**──執行停止の要件には、取消訴訟などの本案訴訟が係属していなければならないとする要件がある。（28出）
- **解釈**──裁判所は、重大な損害を判断する場合に、損害の性質及び程度、処分の内容及び性質をも勘案すべきとする解釈規定が新設されている。

□ **執行停止が「認められない」場合**──次の場合は執行停止が認められない。（28出）
  ①公共の福祉に重大な影響を及ぼすおそれがあるとき。（令2出）
  ②処分の執行又は手続の続行ができなくなるおそれがあるとき。

③本案について理由がないと見えるとき。（28 出）
- **内容**——執行停止の内容には、「処分の効力」、「処分の執行」又は「手続の執行」の全部又は一部の停止があるが、「処分の効力の停止」は、処分の執行又は手続の執行の停止によって目的を達成することができる場合にはすることができない。（24 出・28 出・令 2 出）
- **効果**——執行停止には原状回復の効力があり、執行停止の決定がなされると取消訴訟の対象となっている処分がなされる前の状態に戻る。ただ、この原状回復の効果は遡及せず、執行停止の決定がなされたときから将来に向かってのみ生ずる。
- 執行停止は「対世的効果が生じ」、取消訴訟の当事者である行政庁を拘束するだけでなく、第三者に対しても効力を有する。
- **取消**——執行停止の決定が確定した後に、執行停止の要件が消滅し、あるいは消滅要件が発生したりして、執行停止の理由が消滅し、その他事情が変更したときは、相手方の「申立て」により決定をもって執行停止が取消されることがある。（24 出）
- **異議**——「内閣総理大臣」は、異議を述べるときは理由を附さなければならず、裁判所は異議が述べられた場合には「執行停止をすることができず」、「異議の理由の妥当性について実質的な審査ができない」。（28 出。令 2 出）
- **停止の前後**——執行停止に対して、内閣総理大臣は執行停止の「前後」を問わず異議を述べることができる。（24 出・28 出）異議を述べるか否かは内閣総理大臣の判断である。
- **理由を附す**——内閣総理大臣は、異議を述べるときは理由を附さなければならず、裁判所は異議が述べられた場合には「執行停止をすることができず」、「異議の理由の妥当性について実質的な審査ができない」。（28 出）
- **裁判所の対応**——内閣総理大臣が異議を述べたときは、裁判所は「執行停止ができず」、停止しているときは取消さなければならない。（令 2 出）
- **国会報告**——内閣総理大臣が異議を述べたときは「国会に報告する」必要があるが、「承認を求める必要はない」。（24 出・令 2 出）

○ **仮の義務付け及び仮の差止め**——仮の義務付け及び仮の差止め制度は、「義務付けの訴え」又は「差止めの訴え」を提起した場合に、その訴えに対する判決を待っていたのでは原告側に償うことのできない損害が生ずるおそれがある場合に裁判所に認められる制度である。この場合、いずれも公共の福祉に大きな影響を及ぼすおそれがあるときは訴えをすることができない。

# 5 憲法

## ■ 1 憲法の基本原理 ■

○ 憲法の基本原理──憲法の基本原理には、「国民主権主義」、「基本的人権尊重主義」、「平和主義」がある。

[1] 国民主権主義──国民主権主義とは、国の政治のあり方を究極的に決定する力が国民にあることを意味する。

・間接民主制──国民主権の実現のためには、「国民の意思が国政に反映され」、適正に運用される必要がある。この方法として、憲法は選挙で選んだ代表者を通して決定する「間接民主制」を原則としている。

・国民の直接決定──憲法で国民が「直接決定」する事項には、「憲法改正の国民投票」、「最高裁判所裁判官の国民審査」がある。これ以外は国民が選任した機関が国民の委任を受けて行うとしている。

[2] 基本的人権尊重主義──憲法 11 条は、国民は全ての基本的人権の享有を妨げられない。この憲法が国民に保障する基本的人権は侵すことのできない永久の権利として、現在及び将来の国民に与えられると定め、この憲法が日本国民に保障する基本的人権は人類の多年にわたる自由獲得の努力の成果であって、これらの権利は過去幾多の試練に堪へ、現在及び将来の国民に対し侵すことのできない永久の権利として信託されたものであると規定している。

[3] 平和主義──憲法は「前文」において、次の「平和主義」の理想を宣言している。

①平和主義は、人間相互の関係を支配する崇高な理想である。

②日本国民は、平和を愛する諸国民の公正と信義を信頼することで安全と生存を保持する。

③平和のうちに生存する権利は、ひとり国民のみならず、広く全世界の国民が享有するべきものである、などが確認されている。

・平和主義の項目──平和主義から、「憲法 9 条で戦争放棄」、「憲法 98 条で国際協調主義を要請」し、「憲法 66 条で総理大臣及び国務大臣は文民でなければならない」としている。

## ■ 2 天皇 ■

○ 天皇の地位──天皇は、日本国の「象徴」であり日本国民統合の象徴であって、この地位は主権の存する日本国民の総意に基づくものとされている。

・象徴天皇制は、あくまで「国民主権原理」と矛盾しない限度において認められる制度である。

- 天皇と基本的人権──天皇も、一個の自然人としては他の国民と同様に、生命・自由・幸福追求権、信教の自由、学問の自由が保障され、原則として精神的自由や人身の自由を有する。しかし天皇は象徴としての地位にある限り、「法の下の平等」、「選挙権」、「婚姻の自由」などの「社会権」や「参政権」を有せず、天皇の政治的発表はいかなる形でも認められない。
- ○ **皇位の継承**──皇位の継承とは「皇位に変更」があることをいう。
- ○２つの原則──皇位の継承は、憲法上の原則と法律上の原則に分けられる。
- ①憲法上の原則──憲法は、皇位は世襲制で、国会の議決した「皇室典範」により継承すると定めている。
- 法律事項──憲法は、「皇位の継承」を「世襲主義」を定める以外は全て「法律」によるとしている。
- 継承の資格──「皇室典範」での皇位継承の資格は、皇室の男子に限定され、女子は皇位につけない。
- 継承の順位──皇室典範での皇位継承の順位は、直系主義、長系主義、長子優先主義を原則としている。
- 法律典範の変更──憲法上の原則が妥当する場合には「法律（法律典範）」によって変更できない。例えば法律で世襲制の廃止はできない。しかし法律上の原則が妥当する場合には「法律」で生前退位や女帝存置などが可能である。
- ○ **天皇の権能**──天皇は、憲法に定める「国事行為」のみを行い、国政に関与する権能を有しない。国政に関する権能とは国の政治に実質的な影響を及ぼす権能をいう。
- ○ **天皇の国事行為**──天皇の国事に関する行為は、憲法に「制限列挙」されているため、「法律」で別途「定めることはできない」。（24出）
- ①意思行為──天皇自らの意思に基づく行為ではないが、天皇の行為として「外形」を有する行為がある。
- 例えば、「内閣総理大臣及び最高裁判所長官の任命」、「国会の召集」及び「衆議院の解散」、「栄典の授与」がある。
- ②公証行為──他の機関が行った行為について、その事実の存在を公に確認・証明し又は広く知らしめる行為がある。
- 例えば、「憲法改正」、「国会議員の総選挙施行の公示」、「国務大臣の任免等の認証」、「恩赦の認証」、「批准書その他外交文書の認証」がある。
- ③事実行為──純然たる形式的・儀礼的行為としての性格を有する事実行為がある。
- 例えば、外国の大使・公使の接受、儀式を行うことがある。
- ○ **国事行為の要件**──天皇の国事行為には「内閣の助言と承認」を必要とし、内閣がその責任を負う。天皇が国事行為を単独に自らの意思で行うことは許されない。

憲法

- **天皇の権能**——天皇の権能は、完全に「内閣の意思に拘束される」。したがって、国事行為が違法又は不当である場合は「内閣がその責任を負う」。
- **国会議決**——皇室に財産を譲り渡し、又は皇室が財産を譲り受け、若しくは賜与することは、「国会の議決」を必要とする。
- **皇室費用**——皇室の費用は、「予算に計上して」国会の議決を経なければならない。皇室の費用は「内廷費」、「宮廷費」及び「皇族費」の３つに区分して、予算に計上される。
- **代行**——天皇が国事行為に他の者に「代行」させる制度として、「委任」と「摂政」の２つの制度がある。
- ◇**委任**——天皇は、法律の定めるところにより、天皇の国事に関する行為を「委任」することができる。（24 出）「委任」が認められる場合としては、病気その他の事故があり、しかも摂政を置くに至らない場合（海外旅行等）などがある。
- ◇**摂政**——「摂政」は、天皇が未成年者などで自ら国事行為を行うことができない場合に、天皇に代わって国事行為を行う機関として設置される。
- 皇室典範の定めるところにより摂政を置くときは、「摂政」は天皇の国事に関する行為を「天皇の名」で行うものとされている。（24 出）

## ■ 3　基本的人権

- ● **基本的人権の種類**——基本的人権は、次の４つに区分できる。
- ① **自由権**——自由権とは、国民各人がその自由な活動を国家の権力によって拘束されない権利をいう。
- **消極的な権利**——自由権は、性質上国家の不行為を求める「消極的」な権利である。自由権の権利性が否認され、「法の反射にすぎない」といわれる。
- ② **平等権**——憲法は、全て国民は「法の下に平等」であって、人種、信条、性別、社会的身分又は門地により、政治的、経済的又は社会的関係において差別されないと規定している。
- 法の下の平等とは、国民各人は肉体的及び精神的に異なる特質をもっていても、人間としての価値に変わりなく、法の定立及び適用に当たっては「均等の機会」が与えられ、「差別待遇」を受けないことをいう。
- 憲法の「法の下の平等」とは、「絶対的な平等」を意味せず、「不合理な差別を禁止」する。
- ③ **受益権**——受益権とは、国民が国家に対して一定の利益を受けることを要求する権利をいう。
- **積極的な権利**——「自由権」が国家権力の干渉を排除する消極的な権利であるのに対して、「受益権」、特に「生存権」は国家の関与によって一定の利益

を受けることを請求する積極的権利である。

・「受益権」には、「救済権」（裁判を受ける権利、国家賠償請求権など）と、「生存権」（生存権、教育を受ける権利、勤労権、労働基本権など）がある。

④ 参政権 ——参政権とは、国民が直接に又は代表者を通じて間接的に、国政に参加することができる権利をいう。

・「参政権」には公務員の選定罷免権や請願権がある。


● 国民の義務 ——国民の義務は、明治憲法では「兵役の義務」と「納税の義務」が二大義務と定められていたが、現行憲法では「①納税の義務」、「②教育を受けさせる義務」、「③勤労の義務」の三大義務が定められている。

① 納税の義務 ——憲法は、国民は法律の定めるところにより納税の義務を負うとしている。

② 教育を受けさせる義務 ——憲法は、全て国民は法律の定めるところにより、その保護する「子女」に「普通教育」を受けさせる義務を負うと定めている。

・「教育義務」は子女に教育を受けさせる義務であり、その義務の主体は、「教育を受けさせる者」にある。

・義務違反の「保護者」には「刑罰」が科せられる。

③ 勤労の義務 ——憲法は、全て国民は勤労の義務を負うとしている。

・勤労の義務は、ワイマール憲法と同様に「倫理的」な意味を持つにすぎず、法的な強制力を持つものではない。

・勤労の義務は、「私有財産制」を前提とする義務である。

・勤労の義務は、労働の意思のない者には社会国家的な給付は与えられないという趣旨である。


## 4 一般的基本権

● 個人の尊重・幸福追求権 （第13条前段）——全ての国民は「個人として尊重される」。この「個人尊重」条項は「個人主義」の原則を要請する。「個人主義」は人間社会における価値の究極の根源が個々の個人にあるとする。この原則はあらゆる形態の国家主義ないし全体主義を否認する。

・公共の福祉（第13条後段）——生命・自由及び幸福追求に対する国民の権利は、「公共の福祉に反しない限り」立法その他の国政の上で最大の尊重を必要とする。

○幸福追求権①——生命・自由及び幸福追求に対する国民の権利を「幸福追求権」という。

・幸福追求権②——幸福追求権は、憲法に「列挙されていない」新しい人権の根拠となる一般的かつ包括的な権利であり、この幸福追求権によって個々の権利は、裁判上の救済を受けることができる具体的な権利である。

憲法

- **幸福追求権③**——幸福追求権の内容としては、「プライバシーの権利」や「人格権」が典型的なものである。このほか、憲法に個別的に規定されていない利益や価値についても、それが人間の尊厳に不可欠なものである以上、これを幸福追求権の一部とみなされる。

● **法の下の平等**（第14条）——憲法14は、全て国民は法の下に平等であって、人種、信条、性別、社会的身分又は門地により、政治的又は社会的関係において差別されないと規定している。（24出）
- **「信条」**とは、歴史的にみれば宗教的信条を指すが、そのほかに思想上及び政治上の主義や信念なども信条に含まれる。（令4出）
- **「社会的身分」**とは、広く人が社会において占めている「一定程度の継続性を有する地位」のことであり、一時的に占めている地位は「含まれない」。（令4出）公務員や学生の地位は、社会的身分である。
- **「門地」**とは、家柄や血統をいう。
①**違反**——法の下の平等の規定に違反する国家行為は「違憲・無効」である。
②**列挙**——法の下の平等の「人種、信条」による差別禁止事項は、あくまで「例示的列挙」にすぎない。（24出・29出）したがって、このほかの事項による差別的な取扱いも禁止される。
③**適用と内容**——法の下の平等とは、法の「適用」の平等のみならず法の「内容」の平等も含むものと解されている。（24出）
- 法には、法律のみならず政令や条例など全ての法規範が含まれる。
④**相対的平等**——法の下の平等とは「絶対的平等」ではなく、同一の事情と条件の下では均等に取り扱うとする「相対的平等」である。したがって、「合理的差別は許される」。（24出・29出・令4出）
○法の下の平等に関する判例——
- **判例①**——最高裁は、「尊属殺重罰」規定判決で、被害者が尊属であることで量刑上「重視することは許されず」、法律上、刑の加重要件とする規定を設けても、かかる差別的取扱いをもってただちに合理的な根拠を欠くものと判断できない。しかし「加重の程度が極端であり、立法目的達成の手段として均衡を失し、正当化しうる根拠を見出し得ないときは」、その差別は著しく不合理なものとして「違憲」とした。（29出・令4出）
- **判例②**——最高裁は、国籍法に規定されていた父母の婚姻により「摘出子」の身分を得た場合に「限って」日本国籍の取得を認めることにより国籍の取得に区別を生じさせることは、「違憲」であるとした。（令4出）
- **判例③**——最高裁は、非嫡出子の「相続分」を嫡出子の2分の1とする民法の規定について、遅くとも平成13年において「違憲」であったとした。（29出）
- **判例④**——最高裁は、「衆議院の議員定数の不均衡」について、合理的期間内

に不均衡が是正されなければ「違憲」である旨を判示するにとどめ、「選挙自体は無効としない」とした。(29出)

## ■ 5 参政権

● 公務員の選定罷免権 (第15条)——憲法は、公務員を選定し及びこれを罷免することは国民固有の権利であると定めている。

● 請願権 (第16条)——憲法は、何人も「損害の救済」、「公務員の罷免」、「法律、命令又は規則の制定、廃止又は改正」その他の事項に関し「平穏に請願する権利」を有し、何人もかかる請願をしたためにいかなる差別待遇を受けないと定めている。
・損害の救済——「損害の救済」も請願の対象となっているため、国又は地方公共団体から受けた損害の救済について、国家賠償法の手続のほかに「請願を行うこともできる」。(29出)
・明治の請願権——請願権は、明治憲法30条においても「臣民の権利」として認められていた。(23出・29出)
・表明——請願権は、国家機関(地方公共団体を含む)に要望ないし意見を表明するにとどまる。
・差別を受けない——請願者は、平穏に請願する権利を有し、請願をしたためにいかなる差別待遇も受けない。(23出)
・請願先——請願権に基づき、「国会」及び「地方公共団体の議会」に対して請願を行うことができるし、また「国」及び「地方公共団体」の「行政機関」に対しても行うことができる。(23出・29出)
・一般法と特別法——「一般法」として「請願法」があり、「特別法」として「国会の各議院に関する国会法」と「地方議会に関する請願として自治法」がある。
・紹介議員——自治法に基づく地方議会への請願には、一人以上の「紹介議員」を必要とする。
・受理機関——請願を受けた機関は、これを「受理」し誠実に処理しなければならないが、(29出)請願の内容についての審査、何らかの「判定」や「回答」すべき「法的義務まで負わない」。(23出)
・請願範囲——請願権は、その性格から、自然人たると法人たるを問わず、また「外国人」にも認められる。(29出)「未成年者」にも請願権が保障されている。(23出)

## ■ 6  精神的自由権 ■

● 思想・良心の自由 （第 19 条）――思想及び良心の自由は、これを侵しては<u>ならない。この規定は各人の内心に対する国の関与を禁止することにより、内心における「精神的作用」の自由を保障するものである。</u>（28 出）

○ 内心の自由 ――信教・表現・学問の自由のいずれもが「内心の自由」を含んでおり、思想・良心の自由が保障されてはじめて保障される自由であり、この意味で思想・良心の自由は、一群の精神的活動の自由に関する原理的な一般条項とも言える。

・区別――<u>思想と良心の区別は、「思想」は論理的側面を、「良心」は倫理的側面を意味する。しかし、思想と良心とは「明確に区別されるものではない」。</u>（28 出）

・新設――思想・良心の自由の規定は、明治憲法にはなく、「現憲法」で新たに設けられたものである。

○ 3 つの内容――思想・良心の自由の内容には、次の 3 つがある。

① 強要の禁止 ――<u>特定の思想・良心を国家が強制し禁止することは、意見の多様性を前提とする議会制民主主義の原理とも矛盾する。</u>（28 出）

② 不利益取扱いの禁止 ――特定の思想・良心を持っていること又は持たないことを理由に、不利益を加えることは許されない。

③ 沈黙の自由 ――<u>思想・良心を外部に表明することを強制されない権利として「沈黙の自由」が保障されている。</u>（28 出）

・証人――沈黙の自由は、裁判手続などの「証人」となり、知り得た事実を語る場合には認められない。

・本質――沈黙の自由は、内心の自由を保障するところに本質的な意味がある。

・絶対性①――<u>思想・良心の自由は、何人にも「絶対的」に保障される「積極的な権利」であり、法律や公共の福祉での制限も許さない権利である。</u>（28 出）

・絶対性②――思想・良心の自由は、憲法の基本理念たる民主主義そのものを否定する思想や憲法体制の破壊・変革を主張する思想であっても、それが内心の思想・信条の領域にとどまる限り「絶対的」に保障され、公権力によって圧迫を加えることは許されない。

・判例――<u>最高裁は、「名誉棄損」に対する救済方法として、新聞における「謝罪広告を強制すること」が憲法 19 条に違反するか否かが問われた事件で、単に時代の真相を告白し陳謝の意を表明する程度のものである場合には、「違憲でない」とした。</u>（28 出）

● 信教の自由 （第 20 条）――信教の自由は、一般に特定の宗教を信ずる又

は信じない自由をいい、何人に対しても保障される権利である。

- 明治憲法①——信教の自由は、「明治憲法」でも保障されていたものの、実際には神社は宗教にあらずとされ、神社は国教として扱われ、一般の宗教とは違った取扱いがなされていた。(22出)
- 明治憲法②——信教の自由は、明治憲法でも保障されたが、ただ、「神道」が事実上国教的地位を有していたため、実質的にはかなり制限されていた。(27出)

○種類——信教の自由には、次の３つがある。

① 信仰の自由 ——信仰の自由は、個人の「内心」における自由であって、絶対的に侵すことは「許されない」。(22出)
- 宗教団体への信仰の制限は、信仰の自由の制限となるため「許されない」。(22出)

② 宗教的儀式の自由 ——宗教的儀式の自由とは、礼拝、祈祷その他宗教上の祝典、儀式、行事等を行い、それに参加し又は参加しないことを自由に決定でき、「禁止や強制を受けない」ことを保障する。
- 「国」が神社の拝礼を強制したり、婚姻の要件として宗教的儀式を要求することは「許されない」。

③ 宗教上の結社の自由 ——宗教上の結社の自由とは、信仰を同じくする者が宗教団体を設立し、活動することの自由である。

○ 政教分離の原則 ——信教の自由が確保されるためには国家が特定の宗教と結びつくことを禁止しなければならない。このように「国家の非宗教化」、「宗教の私事化」を確立することにより信教の自由を制度的に保障することを「政教分離の原則」という。

- 原則——政教分離の原則は、国が宗教活動を行うことを禁止するとともに、国が宗教団体に対して特恵的取扱いをすることも禁止する原則である。
- 禁止——国及びその機関は、いかなる宗教的活動も「禁止」されているが、この国及びその機関とは「全ての国家的・公共的団体及びその機関が含まれる」。国公立の学校や病院、公共企業体なども宗教的活動が「全て禁止される」。
- クリスマスツリー——国立学校にクリスマスツリーを飾ることは「宗教的活動に当たらない」ことから「違憲」とはいえない。(22出)
- 公金や公財産の支出等——憲法は、「国」又は「地方公共団体」が宗教上の組織や団体の使用便益、維持のために、公金や公財産を支出したり、利用に供することを「禁止」している。(22出)

○判例①——最高裁は、津地鎮祭事件判決において、地鎮祭は宗教的行事であるが、「憲法」の禁止する「宗教行事」に当たらないとした。(22出・27出)
- 判例②——最高裁は、「宗教法人の解散命令」が請求された事件の判決で、宗教法人法に定める解散命令の制度は、必要でやむを得ない法的規制であり、

それによって宗教団体の信者の信仰の自由を妨げるものではないから、「合憲」であるとした。（27出）
・判例③——最高裁は、愛媛玉串料事件の判決で、県が「玉串料等」を神社に奉納したことは、社会的礼儀にすぎないものとはいえず、憲法の禁止する宗教的活動に当たり「違憲」とした。（27出）

● 学問の自由 （第23条）——学問の自由とは、個人が学問の研究や研究成果を発表するについて権力による干渉を受けない自由をいう。
・内容——学問の自由の内容は、①研究の自由、②研究成果発表の自由、③教授ないし教育の自由が含まれる。これにのいずれの自由を欠いても学問の自由の保障は不十分なものとなる。
・教授・教育——学問の自由の中で問題となるのが「教授ないし教育の自由」である。この自由は、かつては「大学等に限られていた」が、現在は小中学校の普通教育の場においても認められる傾向にある。

● 表現の自由 （第21条）——表現の自由は、言論、出版その他の表現の自由を保障するが、表現の内容及び表現手段において全て憲法の保障を受けるわけではない。
・二重の基準論——表現の自由を中心とする「精神的自由権」を規制する立法の合憲性は、「経済的自由権」を規制する立法よりも、特に厳格な基準によって審査されなければならない。この理論を「二重の基準論」という。（25出・30出）
・表現の自由には、次のものがある。
① 情報を伝える自由 ——表現の自由の一切の表現の自由を保障するというのは、言論、出版のみならず写真、絵画、彫刻、音楽、映画、演劇など「全ての表現手段が含まれる」。
② 知る権利 ——知る権利は憲法の「明文規定ではない」が、表現の自由をなすものである。
③ 報道の自由 ——報道の自由は、報道機関の表現の自由というより、むしろ、報道機関から報道を受けとる国民大衆の知る権利に実質上の根拠を持つものである。
・報道——報道とは、事実を知らせるもので「思想」を表明するものではないことから、報道の自由も、憲法が保障する表現の自由に含まれる。（25出・30出）
④ 取材の自由① ——報道には取材が不可欠であり、取材の自由は報道の自由の一環をなすものとして、憲法の表現の自由により保障を受ける。
・取材の自由②——取材の自由があるが、法廷の審判を乱す場合には許されな

い。また公正な裁判の実現に、テレビフィルムの提出要請があるときは「制約」を受ける。

・最高裁は、裁判所が放送局に対して行ったテレビフィルムを裁判の証拠として提出させる命令は、「合憲」とした。

○ **アクセス権**──アクセス権とは、一般市民がマスメディアに対して自己の意見を発表する場の提供を要求する権利をいうが、マスメディアを公共物とみなし国家権力で強制することは表現の自由を間接的に侵す危険につながるおそれもあり、憲法の表現の自由に含まれる具体的権利としては「認められていない」。(25出・30出)

・検閲──検閲とは、公権力が主体となって、発表前に表現物を法に定められた基準に従って審査し、不適当と認めるものの発表を禁止する行為であるため、「表現の自由に対する必要やむを得ない」かつ「合理的な制限を受ける」。(30出)

○ **通信の秘密**──憲法21条2項後段で、「通信の秘密はこれを侵してはならない」と定めている。

・性格──「一般的」な表現行為が「社会的性格」を持つのに対し「通信行為」は「個人的性格」を持つ。

・通信の秘密の保障──通信の秘密の保障は、表現の自由を補完する作用を有するとともに「プライバシー」の権利の内容をなすものである。

・他人に知られない保障──通信の秘密は、通信の内容を他人に知られないことを保障するものであり、信書の差出人又は受取人の氏名・住所も「保護」の対象となる。

○判例①──最高裁は、新潟県公安条例事件において、条例より一般的な許可制を定めて集団示威運動を事前に「抑制」することは「憲法の趣旨に反し」、「許されない」と判示した。(25出・30出)

・判例②──最高裁は、徳島市公安条例事件において、道路における集団行進等を規制する当該条例の規定の「文言自体は不明確ではない」として、当該条例は「合憲」であると判示した。(25出)

● **集会・結社の自由**(第21条)──憲法は、集会及び結社の自由を保障すると定めている。

・範囲──集会・結社の自由は、多数人が共通の目的である場所に集合することを保障する自由で、この自由には移動する「集団行進」も含まれる。

・保障──集会・結社の自由は、「精神的自由」の対外的な発現形態を保障するものである。

・福祉による制限──集会・結社の自由は、他人の権利、自由や社会的利益と対立する場合があり、「公共の福祉」を理由として制限される場合がある。こ

の制限は、必要やむをえない場合に限って厳格に行われる。

## ■ 7　人身の自由

● 　法定手続の保障 　（第 31 条）──憲法は、何人も法律の定める手続によらなければ、その生命若しくは自由を奪われ、又はその他の刑罰を科せられないと定めている。

・**由来**──法律で定める手続によらなければ、生命又は自由を奪われることはないという憲法 31 条の規定は、アメリカ合衆国憲法修正 5 条に定める法の適正な手続に由来する。（23 出）

・**罪刑法定主義**──法定手続の保障の規定は、「罪刑法定主義」を定める。

・罪刑法定主義とは、国民の意思である「法律」によらなければ処罰されることなく、また法律に定めた「手続」によらなければ処罰されないとする原則である。

・**人権配慮**──判例では、審理の著しい「遅延」の結果、迅速な裁判を受ける刑事被告人の権利が「害せられた」と認められる異常な事態が生じた場合には、その「審理を打ち切る」という非常救済手段を「認める」としている。（令 4 出）

● 　不法逮捕を受けない権利 　（第 33 条）──憲法は、何人も「現行犯」として逮捕される場合を除いては、権限を有する司法官憲が発しかつ理由となっている犯罪を明示する「令状」によらなければ逮捕されないと定めている。

・**令状主義**──憲法は「令状主義の原則」を定め、逮捕の要件となる令状は「司法官憲」、すなわち、「裁判官」によって発せられたものでなければならず、司法官憲には「検察官や司法警察職員は含まれない」。

・**令状の例外**──正当な理由に基づいて発せられ、かつ捜索する場所及び押収する物を明示する令状によることなく、住居、書類及び所持品に対して侵入、捜索及び押収が許されるのは「現行犯逮捕」の場合に限られず、「緊急逮捕」などにも認められている。（令元出・令 4 出）

● 　不法拘禁を受けない権利 　（第 34 条）──憲法は、「何人も」理由を直ちに告げられ、かつ直ちに弁護士に依頼する権利を与えなければ拘留又は拘禁されない。また何人も正当な理由がなければ拘禁されず、要求があればその理由は直ちに本人及びその弁護士の出席する公開の法廷で示さなければならないと定めている。

● 　住居・所持品を侵されない権利 　（第 35 条）──憲法は、何人もその住居、書類及び所持品について、侵入、捜索及び押収を受けることのない権利は、「33

条の場合を除いては」、正当な理由に基づいて発せられかつ捜索する場所及び押収する物を明示する「令状」がなければ侵されないと定めている。

・**判例**——最高裁は、第三者所有物没収事件において、第三者の所有物を没収する場合、当該所有者に対し、何ら告知・聴聞・防御の機会を与えることなくその所有権を奪うことは著しく不合理であって、憲法の「容認しない」ところであると判示した。（令元出・令4出）被告人のみならず第三者にも告知・聴聞・防御の機会を与える必要があるとした。（令4出）

● **供述の不強要と自白の証拠力の制限**（第38条）——憲法は、何人も自己に不利益な供述を「強要」されないと定めている。

・**自白**——「強制」や「脅迫」による自白はこれを証拠とすることができない。自己に不利益な唯一の証拠が本人の自白の場合、任意性のある自白であっても、これを「補強する証拠が別になければ」、自白を有罪の証拠とすることができない。（23出・令元出・令4出）

・**強要**とは、被告人が自白を拒否したり、虚偽の陳述をしても、それによって何ら不利益を受けないことを意味する。

・**供述保障**——自己に不利益な「供述の保障」は、「刑事被告人」のみならず「証人」や「被疑者」にも及ぶ。

・**証人費用**——「刑事被告人」は、公費で自己のために証人を求める権利を有しているが、刑事被告人が要求した証人を全て喚問しなければならないわけではない。その費用も刑事被告人に負担させてはならない。（23出）

・**「刑の言い渡し」**をしたときは、刑事被告人に訴訟費用の全部又は一部を負担させなければならないとされており、刑事被告人は、原則として「有罪判決」を受けた場合には「訴訟費用」を負担しなければならない。（令元出・令4出）

・**証拠不採用**——憲法は、「強制」、「拷問」若しくは「脅迫」による自白又は不当に長く「抑留」若しくは「拘禁」された後の自白は、これを証拠とすることができないと定めている。

・**抑留と拘禁**——「抑留」とは一時的な身体の拘束をいい、「拘禁」とは継続的な身体の拘束をいい、拘禁又は抑留されている者は、いつでも弁護人を依頼することができる。（23出）

● **一事不再理、二重処罰の禁止**（第39条）——憲法は、何人も実行の時に適法であった行為については、刑事上の責任は問われない。また同一の犯罪について重ねて刑事上の責任は問われない（一事不再理の原則）と定めている。（令元出）

・憲法39条は、刑罰についての事後処罰法を禁ずるとともに、確定判決で無罪とされた行為及び有罪とされた行為について、その判決を変更してこれを有

憲法

罪とすることはできないし、また一度ある罪で処罰した後は、同じ行為をさらに別の罪として処罰することもできないとしている。（23出）

● 居住・移転の自由（第22条）──憲法は、何人も公共の福祉に違反しない限り住居、移転の自由を有すると定めている。
・居住・移転──居住・移転の自由とは住所ないし居所を決定又は変更する自由をいう。居住、移転の場所は国内、国外を問わない。
・外国移住や国籍離脱──何人も外国に移住する自由を侵されない。国籍離脱の自由も認めている。（26出）ただし、無国籍者になることはできない。
・海外関係──憲法22条に定める居住・移転の自由は、「外国への移住の自由」はもちろん、一時的な「海外渡航」の自由の保障も含まれている。（26出・30出）
・制約──居住・移転の自由の制約として、公務員や受刑者等が特殊の身分関係や法律に基づいて、一定の居住や移動が制限されることがある。

## ■ 8 経済的自由権

● 職業選択の自由（第22条）──憲法は、何人も公共の福祉に反しない限り職業選択の自由を有すると定めている。
・職業選択──職業選択の自由とは、自己の職業を「選択」し、かつその職業を「遂行」する自由のことをいい、職業選択の自由の保障には当然に「営業の自由」も含まれる。（20出・26出・28出・30出）
・制約①──職業選択の自由は、他の自由と同じように「公共の福祉」の制約に服する。
・制約②──職業選択の自由は経済的自由権の保障であり、経済的条件の変化に応じて制約を加えることができる。
○公権力の規制──職業選択の自由は、表現の自由に比較して公権力による規制が強い。経済的自由に対しては、ある程度の制約はやむを得ないとする。
・職業選択の自由に対する規制には積極目的規制と消極目的規制とがある。「積極目的規制」は規制が著しく不合理であることが明白な場合のみ違憲となるとされ、「消極目的規制」は社会公共の安全と秩序維持のために、自由な営業活動からもたらされる害悪を未然に防止するための規制である。（20出・28出）
○ 最高裁の基準論──最高裁は、次の2つの基準論をとっている。
□積極的・政策的規制は、経済の発展や経済的弱者の保護などの制約をいい、この制約は著しく不合理であることが明白である場合に限って違憲となる「明白の原則」が妥当する。
・判例①──「小売商業調整特別措置法違反事件判決」では、既存の小売商を保護し社会経済の発展を企画するという政策的観点から小売市場（マーケッ

ト）の開設について、距離制限をとる点が営業の自由との関係で争われた裁判で、小売市場の許可規制はその目的において一応の合理性が認められ、又その規制の手段・態様においても「それが著しく不合理であることが明白であるとは認められず」、「合憲」であるとした。（20出・28出・令2出）

・判例②──「酒税販売の免許事件判決」で、最高裁は、酒類販売の免許性について、租税の適正かつ確実な賦課徴収という国家の財政目的のための規制であり、「立法府の裁量権の合理的な範囲を逸脱し、著しく不合理でない限り」「合憲」であるとした。（20出・28出・令2出）

・判例③──「公衆浴場距離制限事件判決」では、平成元年1月の判決では、既存業者の経営の安定を図ることにより自家風呂を持たない国民の保健福祉を維持するという「積極目的の規制」であり、その手段・態様において「合理性が認められ」、「合憲」であるとした。（令2出）

・判例④──「行政書士法事件判決」では、行政書士法において、司法書士及び公共嘱託登記司法書士協会以外の者が、他人の嘱託を受けて登記に関する手続の代理等の業務を行うことを禁止していることは「公共の福祉に合致した合理的な規制であり」、「合憲」であるとした。（令2出）

□消極的・警察的規制は、他者の生命・健康への侵害を防止する制約であり、「厳格な合理性」の基準により制約を受ける。

・判例①──「薬事法違反事件判決」では、薬事法が薬局開設の許可基準として距離制限を定めたことが問題となり、職業選択の自由に対する警察的規制の合憲性が争われた裁判で、薬局の配置規制について、国民の生命及び健康に対する危険を防止するための規制であるが、過当競争による不良医薬品の供給の危険性は観念上の想定にすぎないため「合理的な規制とはいえず」、立法府の判断は、その合理的裁量を超えるもので「違憲」無効とした。（20出・28出・令2出）

● **財産権の保障**（第29条）──憲法は、財産権はこれを侵してはならないと定め、財産権を保障している。

・範囲──財産の中には、所有権をはじめとする各種の物権、債権、無体財産権、営業権などはもとより、水利権のような公法的性質を有する私人の財産権も含まれる。

・保障──財産権の保障とは、全ての「財産的権利」を保障する意味であり、個々の財産権が侵害されない前提として私有財産権を保障する制度である。（21出）

・2側面──財産権の保障には、「個人が現に有する具体的な財産上の権利の保障」と、「私有財産制の保障」の二つの面を有する。（26出・30出・令2出）したがって、財産権の本質的な内容を否定したり、私有財産権を廃止する内容の法律を定めることは許されない。

憲法

274

○ 公共の福祉等による制約──財産権は、公共の福祉による制約を受け、又国家的見地から政策的制約に服することがある。（21出・30出）

□法律の制約──財産権の内容に制約を加える法律としては、都市計画法、建築基準法、経済統制立法、独占禁止法や文化財保護法などがある。

□条例の制約──条例で財産権の内容を規制できるか否かでは、「法律の授権を要する説」と「法律の授権を要しない説」があるが、条例は議会の議決により民主的に制定されることから、法律の授権なくても財産権の内容を規制できるとする最高裁判決がある。したがって、「条例による財産権の制限を認める余地はある」。（30出）

・ため池条例①──財産権の内容を公共の福祉に適合するように法律で定めるとしているが、「条例」による財産権の制限も認めている。「奈良県ため池条例」がある。（21出・26出・30出）

・ため池条例②──「最高裁」は、奈良県ため池の堤とうの使用行為は、適法な財産権の行使の「らち外」にあるものとして、条例で禁止や処罰をすることができ、「合憲」であるとした。（令2出）

・私有財産の収用──私有財産の収用により特定の個人が受益者となる場合でも、収用全体の目的が「公共」のためであれば、収用は認められる。（21出・令2出）

・特別な犠牲──財産権の補償は、特定の財産権者に受忍の限度を超える「特別の犠牲」を加える場合に、財産権の尊重と公共の福祉との調整を図るために「正当な補償」をするとしている。すなわち、「正当な補償」は「特別な犠牲」がある場合に限られる。

・判例は、原則として「正当な補償」に立っているが、「土地収用法」が定める「土地」の補償のみは、「完全な補償」としている。

○ 補償請求権──財産権の「補償請求」は、財産権を制約する法律の規定に基づき行われるが、当該法律が補償規定を欠く場合であっても、憲法（29条3項）の規定を直接の根拠として請求することができる。（21出・26出・30出・令2出）

○ 判例

□完全な補償──最高裁は、土地収用法における損失の補償とはその収用によって当該土地の所有権者等が被る特別の犠牲の回復を図ることを目的とするものであるから、「完全な補償」、すなわち、収用の前後を通じて被収用者の財産価値を等しくならしめるような補償をすべきとしている。（令2出）

□正当な補償──最高裁は、農地改革の補償について、正当な補償とは当時の経済状態で成立する価格に基づいて合理的な算出された相当の額をいい、市場価格と完全に一致することを要するものではないと判示している。

## ■ 9　受益権

● 　裁判を受ける権利　（第32条）──憲法は、何人も裁判所において裁判を受ける権利を奪われないと定めている。

● 　国家賠償請求権　（第17条）──憲法は、何人も公務員の不法行為により損害を受けたときは、法律の定めるところにより、国又は地方公共団体にその損害を求めることができると定めている。

・**請求権**──国家賠償請求権は、公務員の「不法行為」によって損害を受けた者が、公務員の個人的責任の「有無」にかかわらず、国又は地方公共団体に対し損害賠償請求権を有することを定めたものである。

・**プログラム規定**──憲法の国家賠償請求権の規定は、国又は地方公共団体に対する国民の積極的地位を示すいわゆる受益権を定めたものであるが、それによって直ちに賠償請求が具体的に可能となるわけではない。請求権の「規定」は「立法者に対する命令」、いわゆる「プログラム規定」と解することができるため、その具体化には法律による補充が必要となる。この法律が「国家賠償法」である。

・**故意・過失と違法性**──国家賠償法1条では、国又は公共団体の公権力の行使に当たる公務員が、その職務を行うについて、「故意又は過失」によって「違法」に他人に損害を与えたときは、「国又は公共団体」がこれを賠償する責に任ずると規定している。

・**第三者も含む**──いわゆる公務員とは、公務員たる「身分」を持つ者に「限られず」、公務に従事する第三者も含まれる。

・**非権力作用**──国家賠償請求権は、「非権力的作用」による純然たる私経済作用によるものは、「民法」の規定により処理される。

・**営造物の瑕疵**──国家賠償法4条では、公の営造物の設置管理の「瑕疵」により他人に損害を与えたときは、「国又は公共団体」はこれを保障する責に任ずると規定している。

・**無過失責任主義**──公の営造物の設置管理の「瑕疵」には「無過失責任主義」をとっている。

● 　刑事補償請求権　（第40条）──憲法は、何人も抑留又は拘禁された後に、無罪の裁判を受けたときは、法律の定めるところにより、国にその補償を求めることができると定めている。

・**相当補償**──刑事補償の方法は「金銭」をもって支払われるが、補償の範囲は「完全補償を必要とされず」、「相当補償」で足りるとされている。

憲法

## ■ 10 社会権

● 社会権──社会権とは、国家が国民生活に積極的に「関与する」ことを内容とする権利である。とりわけ経済的自由権の制限を前提としている。基本的人権の中で最も古く唱えられたのは「自由権」である。（22出）

・社会権は、「国民が人間に値する生活を営むことができるように、国家に対して配慮を求めることができる権利をいう」。（令3出）

・保障権──社会権は、「20世紀」において自由権より「後に」登場した人権であり、国民に対し人間たるに値する生活・生存を保障する権利である。（令3出）

・基本権──社会権は、自由権的基本権に対し「生存権的基本権」とよばれるが、「財産権を含まない」。財産権は経済的自由権である。

● 生存権（第25条）──憲法25条は、全て国民は、健康で文化的な最低限度の生活を営む権利を有するとしている。この規定は「生存権」を保障する規定である。

□プログラム規定説──生存権の法的性格については様々な議論があり、最初に説かれたのは、憲法25条は国民が健康で文化的な最低限度の生活を営み得るように国政を運営すべきことを、「国の責務として宣言」したにとどまるとする「プログラム規定説」である。（令元出）

・憲法25条は「プログラム規定」であるから、憲法25条を根拠として、国に対し一定の行為を積極的・具体的に要求することができる「権利ではない」。

□抽象的権利説──憲法25条は国に生存権を実現すべき「法的義務」を課しており、生存権はそれを具体化する「法律」によってはじめて具体的な権利となるという「抽象的権利説」が説かれ、今日の通説となっている。（令元出・令3出）

○判例──最高裁は、「朝日訴訟事件判決」で、生存権を規定する憲法25条1項によって保障される健康で文化的な最低限度の生活水準は、国に国民の生存を確保すべき政治的・道義的義務を国に課したに止まるプログラム規定であるから、直接個々の国民に対して具体的な請求権を賦与したものではないとし、健康で文化的な最低限度の生活の認定判断は「厚生大臣の裁量に委ねられる」としている。（22出・27出・令3出）

● 環境権──環境権は憲法に明文規定はない。環境権を「生存権」の中に含める見解は多説ではないが、有力になりつつある。

・環境権を認めず──新しい人権として環境権などを保護する必要があるとす

る見解があるが、最高裁は、「大阪空港公害訴訟」において住民の損害賠償請求を容認したものの、航空機の夜間離発着の差止め請求を却下し、「環境権についても認めていない」。(22 出・27 出)

● <u>教育を受ける権利</u>（第 26 条）──憲法は、全て国民は、法律の定めるところにより、その能力に応じて等しく教育を受ける権利を有すると定めている。
・<u>教育を受ける権利は、国の介入、統制を加えられることなく教育を受けることができるという「自由権」としての側面と、国に対して教育制度の整備とそこでの適切な教育を要求するという「社会権」としての側面を持つとされる。</u>（令 3 出）
・<u>義務</u>──憲法は、全て国民は、法律の定めるところにより、その保護する子女に普通教育を受けさせる「義務」を負うとし、義務教育はこれを「無償」とすると定めている。（22 出）
・<u>権利と義務</u>──教育を「受ける権利」は全ての「国民」が持つが、「教育を受けさせる義務」は児童・生徒の「保護者」ないし後見人などが負う。
・<u>決定権</u>──教育を受ける権利は国民に保障されているが、必要かつ相当と認められる範囲で「国」が教育内容について「決定権」を持っている。
・<u>無償</u>──最高裁は、義務教育を無償とするこの「無償」の範囲は、「授業料の無償を意味する」ものであって、教科書代など義務教育において必要な一切の費用は含まないと判示している。（22 出・27 出）
・<u>無償の根拠法</u>──義務教育無償の措置として「義務教育国庫負担法」がある。

● <u>勤労権</u>（第 27 条）──勤労権（労働権）は、生存権的基本権の一つとする「ワイマール憲法型」の勤労権である。憲法は、全て国民は勤労の権利を有すると定めている。
・<u>具体化</u>──勤労の権利は、憲法 25 条の保障する「生存権」を労働政策の面で具体化したものである。この規定により、国は全ての国民に対し勤労の機会を提供すべき義務を負う。しかし国は「個々の国民」に対し「具体的」な勤労の機会を保障する義務を負うものではない。
・<u>関係性</u>──勤労権は、労働能力がありながら労働しない者には「生活保護」を与えないことを表明したものである。
・<u>プログラム規定</u>──勤労権は、国に政治的義務を負わせるにすぎない「プログラム規定」であり、したがって、国民は、勤労権の保障を「裁判所」に訴えることができない。
・<u>労働条件</u>──憲法は、賃金、就業時間その他の「労働条件に関する基準」は法律でこれを定めると定めている。これは、国家が法律で労働者の労働条件に積極的に関与し、最低限人間に値する生活を労働者に確保しようとするも

のである。
・児童の労働──憲法は、児童はこれを酷使してはならないと定めている。この規定は、労働関係以外でも児童の酷使を禁止する趣旨である。


● 労働基本権（第28条）──憲法は、勤労者の団結する権利や団体交渉その他の団体行動する権利を保障すると定めている。（令3出）
・憲法の保障──労働基本権は憲法によって保障されている。
・労働基本権──憲法では、「法律の留保」なしに争議権を含む「労働基本権」を保障している。
・労働三権──労働基本権とは「団結権」、「団体交渉権」及び「団体行動権」で、これらを「労働三権」という。
・勤労者とは──憲法28条の「勤労者」とは、職業の種類を問わず、賃金、給料その他これに準ずる収入で生活する者と解され「公務員も含まれる」。しかし農民、漁民、小商工業などの自営業は含まれない。
・法的性質──労働基本権は、労働者の生存権の保障を目指したものであり、労働基本権は、国に対して適用されるだけでなく、使用者と労働者という私人間の関係にも直接適用される。（22出）
・免責──労働基本権の行使には、刑事責任のみならず民事責任も免責される。
・争議権は正当な限界を超えない限り憲法の保障する権利の行使であり、「正当なものである限り」、債務不履行による「賠償責任」又は「不法行為責任」を生ずることはない。（令3出）
◇刑事責任──「正当な争議行為において」、外形的に業務妨害や住居侵入などの犯罪事実にあたることが行われても、争議行為者は原則として「刑事責任」を負わない。
◇民事責任──憲法は、勤労者の団結権や団体交渉権のみならず団体行動権（争議権）についても保障している。争議行為により使用者に損害を与えても、それが正当な争議行為による場合には、損害賠償など民事責任を負わない。（27出）
・制約──労働基本権は、無制限に認められず、他の人権や「公共の福祉」との関係で制約される。
・違法行為──労使の団体交渉になじまない「政治スト」は「違法」である。「同情スト」も同様である。
・生産管理──争議行為の手段として「生産管理」があるが、最高裁は、使用者の財産権を侵害することから正当な争議行為とは「認められない」としている。

## ■ 11　国会の構成

- ● ▐二院制▐（第 42 条）──憲法は、国会は、衆議院及び参議院の両議院でこれを構成すると定めている。その両院の「定数」は「法律」で定められる。
- ・兼職禁止──憲法は、何人も、同時に両議院の議員たることはできないと定めている。すなわち、兼職の禁止規定を置いてある。
- ・資格──憲法は、両議院の議員及びその選挙人の「資格」は法律で定めることとし、被選挙権の年齢について、法律は、「衆議院議員は満 25 歳以上」、「参議院議員は満 30 歳以上」と定めている。

- ● ▐衆議院の優越▐（第 59 条〜）──両議院の意思が合致しない場合、国会としての意思が統一できない危険性に対応する方法として、次の「優越」が制度化されている。
- □衆議院の優越──衆議院の優越には、①法律案の議決（59 条）、②予算の議決（60 条）、③条約の承認（61 条）、④内閣総理大臣の指名（67 条）がある。
- □参議院のみの権能──参議院には①緊急集会がある。
- ○優越の違い──衆議院の優越では、上の①法律案の議決と他の②〜④の 3 つとでは優越の程度が異なる。つまり、「法律案の議決」は衆議院で出席議員の 2/3 以上の多数で再可決すれば法律となるが、「他の 3 つ」は、衆議院で「再可決することなく」衆議院の意思が国会の議決となる。
- ・法律の優越──憲法のほかに、「法律で」、「衆議院の優越」を認めている場合がある。①国会の臨時会及び特別会の会期を決定する場合並びに国会の会期を延長する場合、②会計検査院の検査官の任命について同意を与える場合などがある。
- ①法律案の議決──「法律案」は、衆議院で可決し、参議院で否決した法律案は、衆議院で出席議員の「3 分の 2 以上」で再び可決したときは法律となる。
- ・参議院が、衆議院の可決した「法律案」を受け取った後、国会休会中を除いて「60 日以内」に議決しないときは、衆議院は、参議院がその法律案を否決したものとみなすことができる。（27 出）
- ②予算の議決──「予算」について、「衆議院と参議院で異なる議決をした場合に、両院協議会でも一致しないとき」、又は「参議院が衆議院の可決した予算を受け取った後、国会休会中の期間を除き 30 日以内に議決しないとき」は、衆議院の議決が国会の議決となる。（27 出・令 4 出）
- ・予算については「衆議院の予算先議権」がある。
- ③条約の承認──条約の締結に必要な国会の承認については、予算の議決に関する規定が準用される。

憲法

- 「条約」の締結について、「衆議院と参議院で異なる議決をした場合に、両院協議会でも一致しないとき」、又は「参議院が衆議院の可決した予算を受け取った後、国会休会中の期間を除き、30日以内に議決しないとき」は、衆議院の議決が国会の議決となる。（令4出）
- 条約の承認は、予算の議決と異なり参議院先議があり得るため、衆議院が参議院と異なる議決をしたときは、参議院が両院協議会を求めることになる。両院協議会を開いても意見が一致しないときは、衆議院の議決が国会の議決となる。（27出）

④内閣総理大臣の指名——内閣総理大臣の指名で、衆議院と参議院が異なった指名の議決をした場合に、「両議院の協議会でも意見が一致しないとき」又は「衆議院が指名の議決をした後、国会閉会中の期間を除き10日以内に参議院が指名の議決をしないとき」は、衆議院の議決が国会の議決となる。

⑤国会の会期の延長——国会の「会期の延長」は、両議院一致の議決によるが、両議院の議決が一致しないとき又は参議院が議決しないときは、衆議院の議決が国会の議決となる。（27出）

- 会期の延長は、常会にあっては1回、特別会及び臨時会にあっては2回までできる。（令4出）

○ 両院協議会——両院協議会は、「法律案の議決」、「予算の議決」、「条約の承認」、「内閣総理大臣の指名」の議題について、衆議院と参議院の意見が対立した場合に両者間で妥協の途を探るために設けられた制度である。（令4出）

- 開催方法——両院協議会は、衆議院の優越性の程度によって開催方法が異なる。つまり、両院協議会は両院独立活動の原則の例外であり、「法律の議決について」両院の意見が一致しないときに必ずしも開く必要はないが、（27出）予算の議決、条約の承認、内閣総理大臣の指名の3つの場合は、優越性が強いため必ず開催しなければならない。（令4出）
- 構成員——両院協議会の構成員は、各議院で選挙されたそれぞれ「10人」の委員である。
- 2/3議決——両院協議会で、出席委員の「3分の2以上」で協議案が議決されたときは、成案となり、協議会を求めた議院が先にこれを議決し、他の議院に送付される。
- 可否のみ——成案は、両議院とも「可否」を決し得るだけで、「修正」は許されない。

● 緊急集会 （第54条）——緊急集会は、「参議院のみに」認められる権能である。
- 内閣が召集——衆議院が解散されたとき参議院も同時に閉会となるが、国政上「緊急の必要」があるときは、「内閣」は参議院の緊急集会を求めることが

できる。（令4出）
- 議決の範囲──緊急集会では、衆議院の優越が認められている法律案の議決、予算の議決、条約の承認など、国会の権能の「全て」を議決することができるが、ただし、内閣総理大臣の指名や憲法改正の発議などは決定できない。
- 議決後の措置──緊急集会で採られた措置は、あくまで臨時のものであり、次の国会開会後「10日以内」に衆議院の同意がない場合には「その効力を失う」。（令4出）失効の効力は、将来に関するもので遡及することはない。

## ■ 12　国会議員

### ● 議員たる地位の得喪
①議員たる地位（第43条）──憲法は、両議院の議員たる地位は、もっぱら選挙に基づいて取得されると定めている。すなわち、議員たる地位は、選挙において当選した者がその当選を承諾することによって国会議員たる身分を取得するとしている。
②地位の喪失──国会議員は、「任期の満了」、「解散」、「訴訟で無資格判決」、「除名」、「辞職」、「兼職禁止」、「被選挙権の喪失」、「判決による選挙無効又は当選無効」の場合に地位を失う。
- 議員の特権──国会議員は、全国民の代表者として重要な国政の審議決定に参加することから、その活動に当たっては、その自由と独立とが保障されている。

### ● 免責特権 （第51条）──憲法は、両議院の議員は、議院で行った演説、討論又は表決について、院外で責任を問われないと定めている。
- 免責の主体──免責特権の主体は「議員」である。ただし、国務大臣が同時に議員である場合には議員としての発言に限って免責される。
- 免責特権行為──免責を受ける行為は、「議院で行った演説、討論又は表決」である。
- 院外とは──免責特権の「院外」で責任を問われないとは、刑事上の処罰、民事上の損害賠償及び公務員の懲戒責任を追及されないことを意味する。
- 院内責任──免責特権は「院内」で責任が問われる。各議院において無礼の言葉を用い、他人の私生活にわたる言論を行い、又は議院の秩序を乱し品位を傷つけた場合には「一定の懲罰を受ける」。また議院の発言表決について政治的責任が問われることもある。

### ● 不逮捕特権 （第50条）──憲法は、両議院の議員は「法律の定める場合を除いて」国会の会期中逮捕されず、会期前に逮捕された議員は、その議院

の要求があれば会期中これを釈放しなければならないと定めている。

・**会期中**——不逮捕特権は、「会期中に逮捕されない特権」であって、不逮捕の期間は国会の「会期中」に限られる。「会期中」とは召集の日から閉会の日までの期間をいうが、休会中はこの会期の中に含まれる。
・**除外例**——法律の定める場合を除いて、不逮捕特権を享受しうる「法律の定める場合」には次の２つの場合がある。
・①院外における現行犯の場合と②議院の許諾のある場合である。
・**被逮捕議員の釈放**——会期前に逮捕れた議員は、その所属議院の要求があれば会期中に釈放される。この議院の要求も一つの議事であるから「出席議員の過半数」によって決せられる。

# ■ 13 国会の活動 ■

● **国会の会期**——国会の会期とは、国会が活動能力を有する一定の期間をいう。憲法も間接的ながら「会期制」を認めている。
・**会期不継続の原則**——議会は、会期を単位として活動能力を有し、会期と会期との間には意思の継続は認めない「会期不継続の原則」を採用している。
・**会期は両院一致**——「会期」は、「国会法」により、両議院一致の議決で決められる。両議院が一致しないとき又は参議院が議決しないときは、「衆議院の議決」したところによる。
・**会期延長**——会期は、両議院一致の議決で「延長」することができる。

● **３つの会期**——会期の種類は、「常会」、「臨時会」及び「特別会」の３つに区分される。
□ **常会**（第52条）——憲法は、国会の常会は「毎年１回」これを招集する定めている。すなわち常会は定例的に召集される会期の種類をいう。
・「国会法２条」は、常会の召集は、毎年「１月中」に招集することを「常例」とすると定めている。
□ **臨時会**（第53条）——臨時会は、常会と常会の間の期間に、国会の活動が必要とされる場合に召集される会期の種類をいう。
・臨時会の召集権は「内閣」に決定権がある。
・臨時会は、①内閣自身が招集する場合、②いずれかの議院の総議員の「４分の１以上」の要求がある場合、③衆議院議員の任期満了による総選挙後、④参議院議員の通常選挙後その任期が始まる日から30日以内に召集される。
□ **特別会**（第54条）——特別会は、衆議院の解散による「総選挙の後」に召集される会期をいう。
・特別会は、衆議院の総選挙の日から「30日以内」に召集される。

○ 　国会の召集　──「召集」を行うのは「天皇」である。天皇は、常会、臨時会、特別会の全てについて、内閣の助言と承認のもとにこれを召集する。
○ 　国会の会議手続
①定足数（第56条①）──憲法は、両議院は、各々その「総議員」の「3分の1以上」の出席がなければ議事を開き議決することができないと定めている。
・総議員とは現在の「議員数」を指す。
・定足数を欠いた議決は「無効」であり、「裁判所の形式的法令審査の対象となる」。
②議決（第56条②）──憲法は、両議院の議事は、この憲法に特別の定めがある場合を除いては出席議員の「過半数」で決し、可否同数のときは「議長」の決するところによると定めている。
・議事は原則として「過半数」で決するが、この場合、「棄権」や「無効投票」は出席議員の数に入らない。
・「議長」は、まず議員として「表決」に加わり、その結果可否同数となったときは「決裁」をなし得る。ただし、慣例として議長は議員としての表決権を行使しないのが通例である。
○特別議決──議事は、次の場合は「特別多数議決」による。
　(1)「出席議員」の「3分の2以上」の特別多数による場合
　□議員の資格争訟の裁判における議席喪失の判決
　□議院が秘密会とする決定
　□院内の秩序を乱した議員の除名の決定
　□法律案について参議院で異なった議決をした場合の衆議院の再議決
　(2)「総議員」の「3分の2以上」の特別多数による場合
　□憲法改正の発議
③会議の公開（第57条）──憲法は、両議院の会議は「公開」とすると定めている。本会議は公開が原則であるが、委員会は原則として非公開である。
・公開の内容──会議の公開は、国民の傍聴の自由及び報道機関の報道の自由をも含む。
・秘密会──公開の原則の例外として、「出席議員」の「3分の2以上」の多数で議決したときは、「秘密会」を開くことができる。

● 　衆議院の解散（第69条）──衆議院の解散とは、衆議院議員を全体として任期満了前にその地位を失わしめる行為をいう。（20出）
・解散と総辞職──憲法は、内閣は、衆議院で不信任の議決案を可決し又は信任の議決案を否決したときは、「10日以内」に衆議院を解散しない限り総辞職しなければならないと定めている。（20出・24出・28出）
・解散権──衆議院の解散権は、行政権と立法権とが妥協の余地のない対立に

逢着した場合にとられる制度で、<u>解散決定権は「内閣」に帰属し、憲法では、</u>衆議院の「他律的な解散」のみを認めるものと解され、衆議院には「自律権」により解散を決定できる明文の「規定はない」。(20出・28出)

・**天皇の国事行為**――<u>衆議院を解散することは「天皇」が行う国事行為であるが、</u>天皇は衆議院を解散する実質的な決定権を有せず、天皇は内閣の助言と承認により、形式的解散行為を国事行為として行うにすぎない。(20出・28出)

・**解散後の総選挙**――<u>衆議院が解散された場合には、解散の日から「40日以内」</u>に衆議院議員の総選挙が行われる。(20出・24出)

・**解散の効果**――<u>解散の効果として、憲法は、「衆議院が解散されたときは、参</u>議院は同時に閉会となるとしている。(24出) さらに、衆議院が解散されたときは、その選挙の日から「30日以内」に国会を召集しなければならない」と定め、この国会の召集があったときは、内閣は総辞職をしなければならないと定めている。(20出・24出・28出) <u>この場合に召集される国会を「特別会」</u>という。(28出)

・**衆議院議員の任期**――<u>衆議院議員の任期は原則として衆議院議員総選挙の「期</u>日」から起算するが、解散の場合の衆議院議員の任期は「解散時」までである。(24出)

● **参議院の緊急集会**(第54条②)――<u>衆議院が解散されたときに、衆議院</u>が解散され臨時会が召集されるまでの間に「国に緊急の必要があるとき」には、「内閣」は参議院の緊急集会を求めることができる。(20出・24出・28出) 議員にはこの権限はない。

・**召集不可の場合**――<u>参議院の緊急集会は、国会を召集する暇がない場合には</u>「召集できない」。(23出)

・**国事行為によらない**――<u>参議院の緊急集会は、国会の召集と異なり、「天皇」</u>による国事行為としての国会の召集は行われない。(23出)

・**発案権**――緊急集会での「議案の発案権」は「内閣」のみに属し、議員はこれに関連するものに限って発議しうるにとどまる。

・**議決の範囲**――緊急集会においては、参議院は「緊急性」の要件を満たす限り、国会の権能である「法律」の議決のほか「予算」の議決も行うことができる。<u>ただし、内閣不信任の決議、憲法改正の発議や内閣総理大臣の指名を行うこ</u>とはできない。(23出)

・**会期中と同様の特権を有する**――<u>参議院の緊急集会中の参議院議員は、国会</u>の会期中と同じく、議員の不逮捕特権と免責特権が認められている。(23出)

・**会期の期限はない**――緊急集会には「会期」の定めはない。必要案件が議決されたときに参議院議長の緊急集会の終了宣言で閉じる。

・**緊急集会での措置**――<u>緊急集会で取られた措置は、臨時のものであり、次の</u>

国会開会の後、「10日以内」に衆議院の同意を得られない場合には、将来に向かって効力を失う。（23出）

## 14　国会の機能

● **法律の制定**（第59条）――法律案の発案権は、「議員」のほか「内閣」にもある。

・憲法は、法律案は、この憲法に特別の定めがある場合を除いては、両議院で可決したときに法律となると定めている。憲法に定める場合とは次の場合である。

①**衆議院の再議決による場合**――法律案について衆議院と参議院が異なった議決をした場合には、衆議院が「出席議員」の「3分の2以上」で再び可決したときは、衆議院単独の議決で法律となる。

②**参議院の緊急集会における議決の場合**――この場合は、参議院の単独の議決だけで法律が制定される。

③**地方自治特別法制定の場合**――この場合は、両議院の可決だけでは法律が成立せず、特別法に対する「住民投票」が必要である。

・**署名等**――法律には、全て「主任の国務大臣」が署名し、「内閣総理大臣」が連署する必要がある。

・**公布**――天皇は、内閣の助言と承認に基づき国民のために法律を公布する。

● **条約の承認**（第73条）――条約は、内閣が国会の承認を得て締結し、天皇がこれを「公布」することによって国内法的効力を持つ。

・**条約の範囲**――条約は、国家間の合意のうち条約の名称を有するものに限られず、協定・協約・議定書などの名称を有するものも含まれる。（21出）

・**条約の締結**――条約の締結は内閣の権限に属するが、条約を成立させるためには国会の承認を受けるのが原則であるものの、内閣が任命する全権委員が調印又は署名し、内閣が批准する場合があり、この批准には事後による国会の承認が必要である。なお条約の公布は天皇によって行われる。（21出）

・**締結の手続**――条約の締結には、「全権委員による条約文書の署名」と「政府によるその批准」を必要とする。しかし、署名のみで条約が確定する場合もある。

・**承認手続**――条約の締結に際しては、「事前」に、時宜によっては「事後」に、国会の承認を得る必要がある。事後承認の場合は、急を要し国会の承認をあらかじめ得ることが困難な場合に限られる。

・**優越と先議権**――条約は、締結に当たって国会の承認を要し、その承認には衆議院の優越が認められているが、「衆議院に先議権はない」。（21出）

・**効力**――条約は国際法の法形式であるが、国内法としての効力が認められる

場合も少なくない。この場合、特別の国内法を制定する必要はなく、条約が公布されることによって国内法的効力を有する。（21 出）

・判例——最高裁は、条約の締結は高度の政治性を有する統治行為であり、条約について裁判所が違憲審査権を行使する場合には、一見極めて明白に違憲無効であると認められない限り「裁判所の審査の対象外」であるとした。（21 出）

● **内閣総理大臣の指名**（第 67 条）——憲法は、「内閣総理大臣は、国会議員の中から国会が指名し、天皇が任命する」と定めている。この指名は、他の全ての案件に先立って行わなければならない。（26 出）

・指名——内閣総理大臣は、「国会議員」の中から指名される。衆議院議員でも参議院議員でもよい。

・文民——内閣総理大臣は「文民」でなければならない。文民とは、職業軍人たる経歴を有しない者をいう。

・両院の指名——内閣総理大臣の指名は、原則として両議院の指名が一致しなければならないが、衆議院と参議院とが異なった指名を行った場合、①両院協議会を開いても意見が一致しないとき、又は②衆議院が指名の議決をした後「10 日」以内に参議院が指名の議決をしないときは、衆議院の議決が国会の議決となる。（26 出）

・地位の喪失——「内閣総理大臣」は、解散や任期満了などの一般的な理由によって、国会議員たる地位を失っても当然にその地位を去る必要はないが、「当選訴訟」や「資格争訟」の結果失格し又は「議院により除名された場合」など「個人的理由」による地位の失格の場合には内閣総理大臣の地位を失う。

・国務大臣の任命等——その他の「国務大臣」は、「内閣総理大臣」が「任命」し、「天皇」が「認証」する。

● **弾劾裁判所の設置**（第 64 条）——憲法は、国会は、罷免の訴追を受けた裁判官を裁判するために、両議院の議員で構成する「弾劾裁判所」を設けると定めている。

・設置——弾劾裁判所の設置は「国会」の権限であるが、弾劾裁判そのものを行うのは憲法上独自の機関たる弾劾裁判所の権限であって、国会の権限ではない。

・関係法令——憲法は、弾劾に関する事項は法律でこれを定めると定めている。その法律としては「国会法」や「裁判官弾劾法」がある。

・両議院の議員で構成——弾劾裁判所は「両議院の議員」で構成される。両議院から選ばれることが必要であり、一院の議員のみで構成することは許されない。

・訴追事由——裁判官の訴追事由は、①裁判官が職務上の義務に著しく違反し又は職務を怠った場合、②その他職務の内外を問わず裁判官として職の威信を著しく失うべき非行があった場合である。

## ■ 15　議院の権能

● 　国政調査権　（第 62 条）——憲法は、各々国政に関する調査を行い、これに関して「証人の出頭」及び「証言」並びに「記録の提出」を要求することができると定めている。

・限界——国政調査権は、議会の権能と無関係な事項は調査の対象ならない。したがって、国政に関係ない私的事項には調査権は及ばない。また刑事責任を追及することを目的とする調査は許されない。

・例外——「司法権の独立の例外」として、衆議院及び参議院は、現に裁判所に係属中の事件に関して、裁判所と異なる目的であれば必ずしも訴訟と並行して国政調査を行うことはが禁じられないが、国政調査権に基づいて、司法権に類似する調査を行うことはできない。（26 出・令 2 出）また、裁判所の判決内容にまで及ぶことはできない。

● 　資格争訟の裁判権　（第 55 条）——憲法は、両議院は、「議員の資格」に関する争訟を裁判すると定めている。ただし、議員の議席を失わせるには出席議員の「3 分の 2 以上」による議決を必要とする。

・出訴できない——「資格争訟」における議院の議決に対しては、結果に不満でも、当該「議員」は司法裁判所に「出訴」できない。

● 　議員懲罰権　（第 58 条）——憲法は、「院内の秩序を乱した議員」を「懲罰」にできると定めている。

・院内とは、議院の建物の内部に限られない。純然たる個人的行為は懲罰事由にあたらない。

・除名——「除名」には、出席議員の「3 分の 2 以上」の多数による議決を必要とする。

## ■ 16　内閣

● 　内閣と行政権　（第 65 条）——憲法は、行政権は内閣に属すると定めている。すなわち、内閣は最高の行政機関である。

・最高の行政機関——内閣は最高の行政機関であるから、内閣から組織的・機能的に独立した行政機関を設けることは原則として許されない。

・任命関係——「天皇」は、国会の指名に基づき「内閣総理大臣」を「任命」する。その他の「国務大臣」は「内閣総理大臣」が「任命」し「天皇」が「認証」する。

・合議制の機関——内閣の所管ながらも、内閣から独立して職務を行う「合議制」

の機関がある。これを「独立行政委員会」という。「人事院」、「国家公安委員会」、「公正取引委員会」、「中央労働委員会」などがある。

○ 議院内閣制 ——議院内閣制とは、国会と内閣との関係において、国会に、内閣の存立を左右するほどの優位が認められ、内閣の成立と存続とが国会の意思に依存せしめられている制度をいう。

① （第63条）——内閣総理大臣その他の国務大臣は、両議院の一に議席を有すると有しないとにかかわらず、いつでも議案について発言するため「議院」に出席することができる。また答弁又は説明のため出席を求められたときは出席しなければならない。（21出）

② （第66条③）——内閣は、行政権の行使について国会に対して「連帯」して責任を負う。

③ （第67条）——内閣総理大臣は、「国会が指名」し、「天皇」がその指名に基づいて「任命」する。内閣総理大臣は国会議員の中から選ばなければならない。

④ （第68条）——国務大臣の任免は、その過半数は「国会議員」でなければならない。この過半数の要件は選任の要件のみならず構成の要件でもある。（26出・令元出）

⑤ （第3条）——内閣は、「天皇の国事行為」に関する助言と承認の機関として特殊な地位を有する。

・議会と内閣の関係——議院内閣制のもとでは、議会は内閣の不信任議決権を持ち、内閣は議会の解散権を持つ。

● 内閣総理大臣の権能 ——内閣総理大臣は、次の権能を持つ。
①任免（第68条）——内閣総理大臣は、他の国務大臣を「任命」し、かつ任意に「罷免」することができる。（21出）国務大臣の任免は内閣総理大臣の専権事項に属し、これを閣議にかける必要はない。

・罷免——内閣総理大臣は、「任意に」国務大臣を「罷免」することができる。罷免に当たっては国会の同意を必要としない。（21出・26出・令元出）

②訴追の同意（第75条）——国務大臣に対する「在任中」の訴追を防ぐため、内閣総理大臣の同意がなければ国務大臣は訴追されず、内閣総理大臣は、正当な理由があるときは同意を与えないことができる。（26出）

③議案の提出（第72条）——内閣総理大臣は、予算のほか、法律案を含み、議案を国会へ提出できる権限を有している。（21出）

④国会報告（第72条）——内閣総理大臣は、「一般国務」及び「外交関係」を国会に報告する。（21出）

・内閣は、条約を締結する場合、国会の承認を得ることが必要である。（25出）

⑤指揮監督（第72条）——内閣総理大臣は、行政各部を指揮監督する。
⑥法律・政令に主任の国務大臣と連署（第74条）

・内閣総理大臣は、「法律及び政令」を、全ての「主任」の国務大臣として署名し、又は主任の国務大臣とともに連署する。（21出・25出）
・内閣は、「政令」には、法律の委任がある場合を除き「罰則」を設けることができない。（25出）
⑦出席権限（第63条）──内閣総理大臣は、議案について発言するため議院に出席する。

● 内閣の組織 （第66条）──内閣は、法律の定めるところにより、その首長たる内閣総理大臣及びその他の国務大臣で組織されると定めている。（令元出）
・閣議──閣議とは、内閣が合議のために行う会議である。「閣議は非公開」であり、また閣議決定は全員一致の方法により行われる。

● 内閣の総辞職 （第69・70条）──内閣は、次の場合に「総辞職」しなければならない。
①衆議院で内閣不信任が議決されたとき──憲法は、内閣は、衆議院で不信任の議決を可決し、又は信任の議決案を否決したときは、「10日以内」に衆議院が解散されない限り総辞職をしなければならない。（令元出）
②新たな国会が召集されたとき──内閣は、衆議院を解散しても直ちに総辞職するわけではなく、衆議院選挙後に初めて召集される国会において総辞職をしなければならない。（21出・令元出）
③内閣総理大臣が欠けたとき──内閣総理大臣が欠けた以上、内閣の統一性が失われることから総辞職が必要とされる。

● 内閣の権能 （第73条）──憲法73条は、特に重要な一般行政事務として次の事項を定めている。
①法律の執行及び国務の総理（令元出）──法律の執行とは、国会が制定した法律に基づきかつ法律に従って行政は行わなければならないことをいう。これを「法律による行政の原理」又は「法律の留保」という。
②外交関係の処理──内閣は、日本を代表して外交事務を処理する。
③条約の締結（令元出）──内閣は条約の締結を行うことができるが、事前又は事後に国会の承認を得る必要がある。（令3出）
④官吏に関する事務の掌理──内閣は、法律の定める基準に従い、官吏に関する事務を掌理する。
・最高裁判所の長たる裁判官は、「内閣の指名に基づき天皇が任命する」。その長たる裁判官以外の裁判官は「内閣」で任命する。これらは内閣総理大臣ではなく内閣の権限である。（令3出）

憲法

⑤<u>予算の作成及び提出</u>（令元出）——予算案の作成・提出権が内閣に専属している点が法律案の場合と異なる点である。

⑥**政令の制定**——内閣は憲法及び法律の規定を実施するために政令を制定することができ、その政令には特に法律の委任がある場合を除いて「罰則」を設けることができない。（令3出）

・<u>内閣の責任を公証するため、法律及び政令には、全ての「主任の国務大臣」が署名し、「内閣総理大臣」が連署する必要がある。</u>（令3出）

⑦**恩赦の決定**——<u>内閣は、大赦、特赦、減刑、刑の執行の免除及び復権を決定することができる。内閣が恩赦などを決定する際に「国会の承認を必要としない」。</u>（25出・令3出）

## ■■■ 17　司法権 ■■■■■■■■■■■■■■■■■■

● 司法権と裁判所（第76条）——憲法は、全て司法権は、最高裁判所及び法律の定めるところにより設置する下級裁判所に属すると定めている。

・**特別裁判所**——特別裁判所は「設置できない」として、特別裁判所の設置を明文上「禁止」している。

・**終審的裁判の禁止**——行政機関は終審として裁判を行うことができない。これは行政機関による終審的裁判を禁止することを意味する。

● 裁判所の構成——裁判所は、「最高裁判所」と「下級裁判所」とによって構成される。

・**先例**——最高裁判所の判決が先例として法的な「拘束力」を持ち、基本的には下級裁判所は最高裁判所の判決に拘束される。

■ 最高裁判所——最高裁判所は、「最高裁判所長官」と「法律の定める員数（14人）の裁判官」の「15人」によって構成される。

・**任命手続**——<u>最高裁判所「長官」は、「内閣」の指名に基づいて「天皇が任命」し、最高裁判所の「裁判官」は「内閣が任命」し「天皇」が認証する。</u>（25出・令2出）

・**国民審査**——<u>最高裁判所の「裁判官」は、任命後初めて行われる「衆議院議員選挙」の際に国民審査に付され、その後「10年」を経過するごとに同様の審査に付される。</u>（令3出）

・**定年制**——<u>最高裁判所の「裁判官」の定年は「満70歳」である。</u>（20出・令2出）

・**規則制定権**——最高裁判所は、訴訟に関する手続、弁護士、裁判所の内部規律及び司法事務処理に関する事項について「規則」を定める権限を有する。「規則制定権」は最高裁判所にのみ認められている。

・**司法部内関係**——司法部内において、最高裁判所「長官」は、具体的な事件の裁判に関しては監督権の行使により裁判官の裁判権に影響を及ぼし、又はこ

れを制限することが「できない」。(26出)

■ 下級裁判所 ——憲法は、下級裁判所については直接規定せず、法律の定め(裁判所法)によるものとしている。

・4つの下級裁判所——裁判所法では、「下級裁判所」は、高等裁判所、地方裁判所、家庭裁判所及び簡易裁判所の4つとしている。

○裁判官の任命——下級裁判所の裁判官は、「最高裁判所」の指名した者の名簿によって「内閣」が任命する。(26出)

・任期——下級裁判所の裁判官は、「10年の任期」で任命される。ただし、「再任」することができる。定年に達したときは退官することとされている。(20出)

・再任——下級裁判所の裁判官の再任は、最高裁判所や内閣の裁量事項である。

・定年制——下級裁判所の裁判官の定年は、簡易裁判所裁判官は「満70歳」、その他の裁判官は「満65歳」とされている。(令2出)

・報酬と過料——下級裁判所の裁判官は、全て定期に相当額の報酬を受け、この報酬は在任中、これを減額することはできない。(20出・令3出)なお、懲戒処分として過料を科すことはできる。(20出)

○ 裁判官の職務の独立 ——全て裁判官は、その良心に従い独立してその職務を行い、この憲法及び法律のみに拘束される。

・裁判官は、具体的事件の裁判に当たっては、完全に独立してその職権を行い、立法権や行政権はもちろん司法部内の指揮・命令も受けない。(令2出)

○ 裁判官の罷免 ——裁判官の罷免は、①執務不能の裁判による場合、②公の弾劾による場合、③国民審査による場合の3つの場合に限られる。(令2出)

①執務不能の裁判による場合——裁判官は、裁判により心身の故障のために職を執行することができないときは、「裁判により」罷免される。(20出・26出・令3出)

②公の弾劾による場合——裁判官は公の弾劾によって罷免される。

・公の弾劾は、国会の「裁判官訴追委員会」の訴追に基づき、「国会議員」をもって組織する弾劾裁判所によって行われる。(令3出)

・公の弾劾による罷免の事由は、職務上の義務に著しく違反し又は職務を甚だしく怠ったとき、及び職務の内外を問わず、裁判官としての権威を著しく失うべき「非行」があったときである。(20出・令3出)

③国民審査による場合——国民審査の対象となるのは「最高裁判所」の裁判官であり、全ての裁判官ではない。

・最高裁判所の裁判官は、任命後初めて行われる「衆議院議員選挙」の際に国民の審査に付され、その後10年を経過するごとに同様の審査に付される。(20出・26出)

・裁判官の懲戒——裁判官も、職務上の義務に違反し、若しくは職務を怠り又は品位を辱める非行があるときは懲戒に服する。だが、裁判官の懲戒処分は

行政機関が行うことはできない。

- 裁判官の懲戒は、「戒告又は1万円以下の過料に限られており」、「懲戒免官は認められていない」。(令3出)

○ 司法権の範囲と限界

- 裁量行為——司法権は、他の国家機関の裁量行為には及ばない。しかし当該行為が裁量の範囲を逸脱したり、裁量権を濫用するものであれば、その行為は違法となる。
- 統治行為——統治行為とは、政治部門の行為のうち「法的判断が可能」でも、その「高度の政治性」のゆえに、裁判所の司法審査から除外される国家行為をいう。
- 判例——「砂川事件」に関する最高裁の判決では、日米安全保障条約のように高度の政治性をもつ条約は司法裁判所の審査に原則としてなじまない性質のものであり、一見極めて明白に違憲無効と認められない限りは違憲審査の対象外にあるとしている。(22出)

● 違憲審査権 (第81条)——憲法は、最高裁判所は、「一切の法律」、「命令」、「規則」又は「処分」が憲法に適合するかしないかを決定する権限を有する「終審裁判所」であると定めている。(30出)

- 対象——違憲審査権は、裁判所が法令の憲法適合性を審査できる権限であり、違憲審査の対象は、「一切の法律、命令、規則又は処分」が対象となるが、(22出) これらは例示的な列挙であり、「条例」も含められる。
- 審査——裁判所は、憲法を頂点とする法体系の整合性を確保するため、具体的事件と関係する争訟事件が提起されることにより、国家行為の合憲性を審査することができる。(22出) したがって、具体的な争訟事件とは無関係に法令などの合憲性を一般的・抽象的に審査することはできない。
- 付与範囲——違憲審査権は、最高裁判所だけに与えられている権限ではなく下級裁判所にも与えられているが、違憲審査における終審裁判所は最高裁判所である。(22出・30出)
- 消極主義——裁判所は、違憲審査権の行使に関して「司法積極主義」又は「司法消極主義」の立場をとることができるが、わが国の裁判所は「司法消極主義」の立場にあるとされる。(22出)

○違憲判決の効力説——違憲判決の効力には「一般的効力説」と「個別的効力説」がある。

□一般的効力説は、司法に「消極的」立法作用を与える説である。(30出)

- 一般的効力説は、違憲と判断された法律は客観的に無効となり、議会による廃止の手続なくしてその存在を失うとする説である。しかし最高裁判所は司法裁判所の性格しか有しないことなどから、「違憲判決に一般的効力を認める

ことはできない」と解されている。

□個別的効力説は、法令が違憲判決を受けた場合、法令の効力自体が失われるのではなく、単にその訴訟において「違憲とされた法令」が効力を有しないものと解されている。（30出）

○憲法判断の回避——裁判所は、訴訟において「違憲」の争点が提起されているにもかかわらず、当該争点には触れず、あえて憲法判断をしないで事件を解決すべきであるという考え方を行う場合がある。これを「憲法判断の回避」という。

● 法令違憲と適用違憲 ——法令の違憲には、「法令違憲」と「適用違憲」がある。

・「違憲判断」の方法は、当該法令を当該事件に適用する限りにおいて「適用違憲」とする方法に限定されず、法令そのものを「法令違憲」と判断する余地があるが、「抽象的」に「違憲審査」を行うことは「できない」。（30出）

□法令違憲の判例には次のものがある。

①尊属殺重罰規定違憲判決——刑法200条が、尊属殺を死刑又は無期懲役のみに限る点は、普通殺に関する法定刑に比較し著しく不合理な差別的取り扱いをするものと認められ、憲法14条に「違反」し無効であるとした。

②薬事法距離制限条項違反判決——薬事法6条2項と4項は、憲法22条に「違反」し無効である。

・「薬事法違反事件判決」では、薬事法が薬局開設の許可基準として距離制限を定めたことが問題となり、職業選択の自由に対する警察的規制の合憲性が争われた裁判で、薬局の配置規制について、国民の生命及び健康に対する危険を防止するための規制であるが、過当競争による不良医薬品の供給の危険性は観念上の想定にすぎないため「合理的な規制とはいえず」、立法府の判断は、その合理的裁量を超えるもので「違憲」無効とした。（20出・28出・令2出）

□適用違憲とは、当該法令の規定自体を違憲とはせず、当該事件におけるその具体的な適用だけを違憲と判断する処理の仕方をいう。判例には次のものがある。

①第三者所有物没収事件判決——「関税法」118条が、犯罪に関係ある船舶、貨物等が被告以外の第三者の所有に属する場合にも没収する旨の規定を設けながら、所有者たる第三者に告知、弁解等の機会を与える規定を定めておらず、かかる規定を設けていない関税法は、憲法31条と29条に「違反」するとした。（令元出）

憲法

# 18　財政の基本原則

● <u>租税法律主義</u>（第84条）――<u>憲法は、あらたに租税を課し又は現行の租税を変更するには、法律又は法律の定める条件によることを必要とすると定めている。</u>（25出）

・<u>租税</u>とは、国又は地方公共団体がその経費に充てるための財力取得の目的で、その課税権に基づいて、一般国民から、反対給付なく、一方的・強制的に賦課徴収する金銭負担をいう。（25出・29出）

□<u>租税法律主義</u>――<u>租税法定主義とは、納税義務者、課税物件、税率等の課税要件のみならず税の賦課・徴収の手続も法律で定めなければならないとする原則である。</u>（25出）

□<u>永久税主義</u>――租税を法律で規定することは「永久税主義」を容認することを意味する。このことは「一年税主義」を否認するものではない。

○<u>適用範囲</u>――<u>租税法律主義は、租税に限らず、国が国権に基づいて徴収する課徴金の全てについて適用される。</u>（29出）だが、法律又は国会の議決によることなく、命令で定めることはできない。（25出）

○<u>一年税主義と永久税主義</u>――<u>租税には、いわゆる「一年税主義」と「永久税主義」とがある。「一年税主義」は国会の権限を強化するもので、法律で一年税主義を定めることができる。一方、明治憲法以来、一度議会の議決を経ればこれを変更する場合のほかは、改めて議会の議決を経ることなく、毎年賦課徴収することができるとする「永久税主義」を現在も採用している」。</u>（29出）

・<u>概念</u>――租税は、負担金・手数料・専売物資の価格・国の独占事業の料金をも含む概念である。

・<u>手続</u>――<u>租税法律主義は、課税要件の全てと、租税の賦課及び徴収の手続は、法律によって規定されなければならないとする。</u>（29出）

・<u>地方税にも適用</u>――<u>地方公共団体が住民から徴収する地方税は「条例」に基づいて課されるが、地方税にも「租税法律主義」が適用される。</u>（25出）

○<u>判例</u>――<u>法律上課税できる物品が実際上は非課税として取り扱われてきた場合、通達によって当該物品を新たに課税物品として取り扱うことも、通達の内容が法の正しい解釈に合致するものであれば「違憲ではない」。</u>（29出）

# 19　憲法改正

○ <u>憲法の分類</u>――現行憲法は、法典としての存在形式を示している「成文憲法」であり、制定主体から国民主権を基礎とする「民定憲法」であり、改正手続が厳格であることから「硬性憲法」である。

○ 憲法の最高法規制 ──憲法の最高法規性として次のものがある。

①形式的最高法規（第 98 条①）──憲法では、この憲法は、国の最高法規であって、その条規に反する法律、命令、詔勅及び国務に関するその他の行為の全部又は一部は、その効力を有しないと定めている。したがって、憲法は最高の位置にあり、これに反する国家行為は全て効力を有しないとしている。この規定は国法秩序の中で最も強い「形式的最高法規性」を有する。

②実施的最高法規（第 97 条）──憲法では、この憲法が日本国民に保障する基本的人権は、人類の多年にわたる自由獲得の努力の成果であって、これらの権利は、過去幾多の試練に堪へ、現在及び将来の国民に対し侵すことのできない永久の権利として信託されたものであると定めている。

③条約の遵守と憲法の最高法規性（第 98 条②）──憲法では、日本国が締結した条約及び確立された国際法規は、これを誠実に遵守することを必要とすると定めている。すなわち、条約及び確立された国際法規を誠実に遵守することが日本国のみならず日本国民の義務であることを明示している。

・憲法と条約との関係では、憲法優位説に立っている。

④公務員の憲法尊重擁護義務（第 99 条）──憲法は、天皇又は摂政及び国務大臣、国会議員、裁判官その他の公務員は、この憲法を尊重し擁護する義務を負うと定めている。したがって、天皇はじめとして公務員には憲法を尊重し擁護すべき義務があることを明示している。

・一般の国民を憲法の尊重義務の主体としていないのは、国民は憲法の制定者であることから、あえて義務者とするにはあたらないためである。

・憲法の尊重擁護義務の法的性格は「道徳的」なものであって、法律的なものではない。

● 憲法改正 （第 96 条）──憲法改正とは、憲法所定の手続に従い、憲法典中の個別条項について削除・修正・追加を行うことにより、又は、新たなる条項を加えて憲法典を増補することにより、意識的・形式的に憲法の変革をなすことをいう。

・改正の前提──憲法改正は、憲法典の存続を前提とするものであり、憲法典を廃止して新憲法典に代わる行為を意味しない。

○改正手続──憲法改正は、憲法 96 条に基づいて、「①国会の発議」、「②国民の承認」、「③天皇の公布」の手続を通して行われる。

①国会の発議──憲法改正の発議とは、「国会」が発議し、憲法改正案を確定してこれを国民に提案することをいう。

・「発議」は、「国会」すなわち両議院の議員である。内閣には、改正案の発案権は属さない。

・「国会の発議」は、改正案の発案、審議及び議決の過程で行われる。

- 「憲法改正案の議決」には「各議院の総議員の3分の2以上の賛成」を必要とする。
- 衆議院の優越はなく、両議院はまったく対等である。

②**国民の承認**——憲法改正の「承認」は、「特別の国民投票」又は「国会の定める選挙の際に行われる投票」のいずれかによって行われ、その「過半数」の賛成を必要とする。

- 上述の「過半数」は、有権者の過半数や総投票の過半数ではなく、「有効投票の過半数」である。
- 国民投票の方法、手続、投票権者などは特別法で定められる。

③**天皇の公布**——憲法改正について前項の承認を得たときは、天皇は、憲法改正を「内閣の助言と承認」のもとに、「国民の名」で、この憲法と一体を成すものとして直ちに公布される。

- 憲法改正は、国民投票によって確定的に成立する。天皇の公布は、すでに成立した改正を国民一般に知らせる行為である。天皇の公布は、まったく「形式的な行為」にすぎない。天皇は公布を拒否しえず、これを遅延せしめることも許されない。

○ **憲法改正の限界**——憲法改正には「限界」がある。特に、憲法の三大原理である「国民主権」、「基本的人権の尊重」、「平和主義」については、これを改正することはいかなる理由があっても許されない。

憲法

**東京都主任試験**
**「法律科目」【過去問・要点整理】**
［過去の出題を体系的に整理］

2023 年 3 月 27 日　［初版］発行

　　　著　者　　昇任・昇格試験スタンダード研究会
　　　発行人　　武内　英晴
　　　発行所　　公人の友社
　　　　　　　　〒 112-0002　東京都文京区小石川 5 － 2 6 － 8
　　　　　　　　ＴＥＬ 0 3 － 3 8 1 1 － 5 7 0 1
　　　　　　　　ＦＡＸ 0 3 － 3 8 1 1 － 5 7 9 5
　　　　　　　　Ｅメール　info@koujinnotomo.com
　　　　　　　　ホームページ　http://koujinnotomo.com/

# 東京都主任級選考〈論文〉対策

## 【増補版】
## 合格者が書いた
## 主任試験
## 合格レベル論文
## 実例集

### 定価（2,500円＋税）　A5判・204頁

　小社は、昇任・昇格試験「論文」受験生のための「4ウェイ論文通信添削講座」を通年開講し、毎年、多数の合格者を誕生させてまいりました。

　本「実例集」は、「4ウェイ論文通信添削講座」を受講されていて見事合格された受講者が、講座で書き上げた論文の中で掲載承諾を頂いた〈論文〉を選別・編集したものです。

　「元論文」と〈添削指導〉によって見事に変貌した「書き直し」論文を可能な限りセットで取り上げることで、受験者がどのように「論文指導」を受け入れ「確かな論文力」を身に付けるにいたったかが確認いただけると思います。

　本増補版は新たに7本の論文を加え、さらに内容の充実を図りました。
　本書が皆様にとって有益なテキストになることを願っております。
　ご活用ください。

　本書は、論文掲載を快諾くださった受講者と添削指導講師のご協力無くしては実現できませんでした。
　皆様に心よりお礼申し上げます。

「4ウェイ方式」論文通信添削研究会

## 東京都主任試験
# 「統計データ分析」
# 択一問題集

定価（本体 2,000 円＋税）　A5 判・160 頁

◎この問題集は、過去の出題を中心に、編集している。

◎「統計データ分析」は基本的には「職員ハンドブック」の中からの出題であるが、「職員ハンドブック」には練習問題が少ない。

◎ 100 問の問題にあたることによって、知識が整理され、確実に得点を得ることができる。

◎まず、この問題集にあたり、知識を確実なものにしてください。

## 東京都主任試験
# 「都政実務」
# 択一問題集

予価（3,600 円＋税）　A5 判・400 頁前後

◎この問題集は、隔年で発行される都の「職員ハンドブック」に沿って、過去の出題を中心に、編集している。

◎「都政実務」の基本書は、職員ハンドブックである。だが、一読しても、簡単に頭に入るものではない。頭への定着を高めるには、問題に当たるに限る。

◎まず、この問題集にあたり、正解できない箇所があれば、職員ハンドブックで確認する方法で、活用してもらいたい。